JN296448

ワークアウト国際人権法

"人権"を理解するために

Wolfgang Benedek 編
ヴォルフガング・ベネデック

編訳 中坂恵美子
　　 德川信治

翻訳 板倉美奈子
　　 建石真公子
　　 西片聡哉

Prohibition of Torture	拷問の禁止
Freedom of Poverty	貧困からの自由
Non-Discrimination	無差別
Right to Health	健康に対する権利
Human Rights of Women	女性の人権
Rule of Law	法の支配と公正な裁判
Religious Freedoms	宗教の自由
Right to Education	教育についての権利
Human Rights of the Child	子どもの人権
Human Rights in Armed Conflict	武力紛争における人権
Right to Work	労働の権利
Freedom of Expression/Freedom of Media	表現の自由とメディアの自由
Right to Democracy	民主主義に対する権利

東信堂

UNDERSTANDING HUMAN RIGHTS
Edited by WOLFGANG BENEDEK
Translated with friendly authorization of the Publishing House
Neuer Wissenschaftlicher Verlag GmbH,
Argentinierstrasse 42/6, A-1040 Vienna, Austria
by arrangement through The Sakai Agency

Published by TOSHINDO PUBLISHING CO., LTD
1-20-6 Mukougaoka, Bunkyo-ku, Tokyo, Japan

編訳者まえがき

『人権を理解する』(Understanding Human Rights)——これが本書の原書のタイトルである。人権について学ぶだけではなく理解するための本だ。逆の立場からは、人権について教えるだけではなく理解してもらえなければならい。大学においてすでに1万人にものぼる学生たちに人権の授業をしてきたが、果たしてそのうちどれほどの人たちに理解してもらえただろうか。あるいは私自身本当に理解しているのだろうか。

どのような分野においても学問に最も必要とされるものの1つは想像力であると思うが、人権の理解にもとりわけその能力が求められる。何事に関しても、自分の身にふりかかっていないことに関しては、私たちは無関心であることが多い。例えば冤罪、17年半もの時間を奪われた足利事件や懲役3年の刑を終えた後に冤罪が判明した富山連続婦女暴行事件など、最近もマスコミで大きく取り上げられ話題になった事件がいくつもある。ひどい話しだと思いはしても、被害者の受けた途方もない苦しみに本当に想像が及んでいるだろうか？ 児童ポルノの被害者となる幼い子どもたちが受けるトラウマのかけらでも感じることができるであろうか？ 一人夜道を歩く時に女性の多くが感じる恐怖を同じ道を通る男性は思いもよらないかもしれない。ましてや、日本から離れたどこかの国で、生まれた時からエイズに侵されている子どもたちとその母親の生活がどのようなものであるかを思い浮かべることができるだろうか？

他人の受けた人権侵害に無関心でいることは、人権侵害を許す社会を容認していることになり、それは図らずも自分の身にそのような問題がふりかかる可能性を高めるのに力を貸すことになってしまう。自分を含めた人々の人権がまもられる社会をつくるために、無関心から脱却するには人権を理解するのである。学ぶだけでも知るだけでもなく、あらゆる想像力を駆使して、理解しようと努めるのである。本書は、その想像力を高めるお手伝いができる本である。とりあげたいくつかの人権について、そ

れぞれ具体的な「説例」と「論点」を示した後に、現在までに築きあげられてきた人権保障の体制を異文化間的な見地からの論争点も含めて提示し、そしていくつかの成功例や最近の傾向にも言及して、なぜそれが人権として保障されるべきものであるのかを全体として理解できるように工夫されて作られている。したがって、努力して理解する、問題を解くという意味をもった「ワークアウト」(Work out)という用語を日本語版のタイトルにはつけさせていただいた。

　本翻訳書の原書は、オーストリアのグラーツ市にある人権と民主主義のための欧州訓練研究センター (ETC) から出された *UNDERSTANDEING HUMAN RIGHTS – MANUAL ON HUMAN RIGHTS EDUCATION* (Neuer Wissenschafts-Verlag GmbH, Wien-Graz) の2006年に出版された第2版である。同センターは、1999年に設立された非営利組織で、グラーツ大学と連携をとりながら、人権、民主主義および法の支配の分野における研究・訓練プログラムに関しての活動を行ってきた。訓練者を訓練する、という新たな方法の開発に力点をおき、また、中東欧における人権と民主主義の確立にとりわけ力を注いできたという特色がある。そのETCが、1999年に立ち上げられた人間の安全保障ネットワークが2003年にオーストリアを議長国として会合を行うことになったのを機に、その人間の安全保障のための具体的な貢献として、すべての人のための人権教育マニュアルの作成を発案し、同国の外務大臣により政策を委任されて出来上がったのが上記の本である。

　この本を翻訳するきっかけとなったのは、2006年の秋に交流のあったグラーツ大学を訪れた編訳者が、ETCの活動と本書を知ったことである。当時すでに2003年に出版された初版が10カ国くらいにおいてそれぞれの言語に訳され出版されていた本書は、当時の国際人権法とその実施制度について十分に説明されているだけでなく、世界中の様々な事例を取り上げながら実際に人権保障を向上させていくための取組について考えさせる実践的な立場に立ったものでもあり、国際人権法に関する卓越した文献が多く出版されている日本においても、独自の有用性をもつと考えられた。また、人間の安全保障との関連性をすべての人権において解説しているのも本書の特色であった。出版言語は、現在では翻訳中のものも含めて、アルバニア語、アラビア語、中国語、クロアチア語、英語、フランス語、ドイツ語、マケドニア語、ポルトガル語、ロシア語、セルビア語、スペイン語、タイ語、ベトナム語、そして本書の日本語と15カ国語に拡張している。

　本訳書では、原書の出版から3年以上が経過していることもあり、本文中の説明で原著にはないその後の進展を考慮して一部補足を加えている。また、日本の読者の皆さんにはわかりにくいと思われる言葉に関しては、訳者が注意書きを加えたところも

あるので、本書はまったく原書と同じではない。原著では各章の最後に人権教育のためにワークショップなどで行える活動例と参考文献が、さらに、本文の終わりに追加的な参考文献の紹介が掲載されているが、本訳書では紙面の関係上省略せざるを得なかった点を、あらかじめお断り申し上げる。興味のある方は、ぜひ原著にあたってみて欲しい。

　この本が日本語読者のあらゆる人にとって役立つことを執筆者一同願っている。末筆ながら、なかなか進まない作業に辛抱強くつきあってくださった東信堂の松井哲郎氏に心からお礼を申し上げたい。

2010年3月

編訳者

・・・・・・・・・・・・・

【原書編著者紹介】

Wolfgang Benedek（オーストリア・グラーツ大学教授）
　　1990年からグラーツ大学国際法・国際問題研究所教授。人権および民主主義欧州訓練研究センター所長。1989年-92年、アフリカ人権委員会顧問、1993年からオーストリア世界大学サービス(World University Service)のチェアーを務める。ボスニア・ヘルツェゴビナ、モンテネグロ、コソボ、セルビアにおける大学の再建プログラム、また同地域の多くの大学に人権センターの設立に貢献し、ボスニア・ヘルツェゴビナにおける人道的活動を認められた複数の受賞。サラエボの名誉市民。プリシュティナおよびサラエボ大学名誉博士。

目　次／ワークアウト国際人権法

I 「人権」という概念を理解するための序論　　3

人権を理解するために………………………………………5
- A 人権を理解する　　5
- B 人権と人間の安全保障　　8
- C 人権の歴史と哲学　　11
- D 人権の概念と性質　　14
- E 普遍的なレベルでの人権基準　　16
- F 普遍的な人権文書の実施　　18
- G 人権と市民社会　　20
- H 人権の保護と促進のための地域的なシステム　　22
    - I 欧　州　　22
    - II 米　州　　28
    - III アフリカ　　29
    - IV 他の地域　　30
- I 普遍的管轄権と不処罰の問題　　31
- J 国際的な刑事管轄権　　32
- K 人権と都市におけるイニシアティブ　　32
- L 人権のための地球的な課題と好機　　35

II 人権に関する諸問題の構成要素　　37

1 拷問の禁止 ………………………………………39
- 説　例　　39
- 基礎知識　　41
    - 1 拷問からの自由な世界　　41
    - 2 定義と解説　　42
    - 3 異文化間的見地と論争点　　46

4　実施と監視　　　　　　　　　　　　　　　48
　展　開　　　　　　　　　　　　　　　　　　　50
　　1　成功例　　　　　　　　　　　　　　　　50
　　2　傾　向　　　　　　　　　　　　　　　　56
　　3　年　表　　　　　　　　　　　　　　　　57

2　貧困からの自由　……………………………………　58
　説　例　　　　　　　　　　　　　　　　　　　58
　基礎知識　　　　　　　　　　　　　　　　　　60
　　1　はじめに　　　　　　　　　　　　　　　60
　　2　定義と解説　　　　　　　　　　　　　　61
　　3　異文化間的見地と論争点　　　　　　　　66
　　4　実施と監視　　　　　　　　　　　　　　68
　展　開　　　　　　　　　　　　　　　　　　　71
　　1　成功例　　　　　　　　　　　　　　　　73
　　2　傾　向　　　　　　　　　　　　　　　　77
　　3　年　表　　　　　　　　　　　　　　　　78

3　無差別　……………………………………………　79
　説　例　　　　　　　　　　　　　　　　　　　79
　基礎知識　　　　　　　　　　　　　　　　　　81
　　1　「差別－平等を求めた終わりのない闘い」　81
　　2　定義と解説　　　　　　　　　　　　　　83
　　3　異文化間的見地と論争点　　　　　　　　92
　　4　実施と監視　　　　　　　　　　　　　　94
　展　開　　　　　　　　　　　　　　　　　　　97
　　1　成功例　　　　　　　　　　　　　　　　97
　　2　傾　向　　　　　　　　　　　　　　　　98
　　3　年　表　　　　　　　　　　　　　　　 101

4　健康に対する権利　………………………………　102
　説　例　　　　　　　　　　　　　　　　　　 102
　基礎知識　　　　　　　　　　　　　　　　　 105

1	広義の文脈における健康に対する人権	105
2	定義と解説	106
3	異文化間的見地と論争点	111
4	実施と監視	112

展開　　　　　　　　　　　　　　　　　　　　　　114

1	成功例	114
2	傾　向	118
3	統　計	119
4	年　表	122

5　女性の人権　……………………………………　123

説　例　　　　　　　　　　　　　　　　　　　　　123
基礎知識　　　　　　　　　　　　　　　　　　　　124

1	女性の人権	124
2	定義と解説	126
3	異文化間的見地と論争点	136
4	実施と監視	137

展　開　　　　　　　　　　　　　　　　　　　　　139

1	成功例	139
2	傾　向	140
3	年　表	142

6　法の支配と公正な裁判　……………………………　143

説　例　　　　　　　　　　　　　　　　　　　　　143
基礎知識　　　　　　　　　　　　　　　　　　　　144

1	はじめに	144
2	公正な裁判の定義と解説	148
3	異文化間的見地と論争点	155
4	実施と監視	156

展　開　　　　　　　　　　　　　　　　　　　　　158

1	成功例	158
2	傾　向	159
3	年　表	161

7　宗教の自由 …………………………………………… 162

　説　例　162
　基礎知識　163
　　1　宗教の自由：未だ進むべき長い道のり　163
　　2　問題の定義および解説　166
　　3　異文化間的見地と論争点　170
　　4　実施と監視　173
　展　開　174
　　1　成功例　174
　　2　傾　向　176
　　3　年　表　179

8　教育についての権利 ………………………………… 180

　説　例　180
　基礎知識　181
　　1　はじめに　181
　　2　問題の定義と解説　184
　　3　異文化間的見地と論争点　187
　　4　実施と監視　190
　展　開　195
　　1　成功例　195
　　2　傾　向　196
　　3　年　表　200

9　子どもの人権 ………………………………………… 201

　説　例　201
　基礎知識　203
　　1　子どもの権利の保障のための闘い　203
　　2　定義と解説　204
　　3　異文化間的見地と論争点　209
　　4　実施と監視　210
　展　開　212
　　1　成功例　212

2　傾　向　　　　　　　　　　　　　　213
　　3　年　表　　　　　　　　　　　　　　216

10　武力紛争における人権　　　　　　　　　217
　説　例　　　　　　　　　　　　　　　　217
　基礎知識　　　　　　　　　　　　　　　218
　　1　戦争にさえ限界があるのです　　　　218
　　2　保護される権利についての定義と解説　223
　　3　異文化間的見地と論争点　　　　　　226
　　4　実施と監視　　　　　　　　　　　　227
　展　開　　　　　　　　　　　　　　　　228
　　1　成功例　　　　　　　　　　　　　　228
　　2　傾　向　　　　　　　　　　　　　　233
　　3　年　表　　　　　　　　　　　　　　234

11　労働の権利　　　　　　　　　　　　　237
　説　例　　　　　　　　　　　　　　　　237
　基礎知識　　　　　　　　　　　　　　　239
　　1　21世紀における労働の世界　　　　　239
　　2　定義と解説　　　　　　　　　　　　242
　　3　国際的な人権章典における労働に関連する人権　244
　　4　異文化間的見地と論争点　　　　　　249
　　5　実施と監視　　　　　　　　　　　　250
　展　開　　　　　　　　　　　　　　　　252
　　1　成功例　　　　　　　　　　　　　　252
　　2　傾　向　　　　　　　　　　　　　　255

12　表現の自由とメディアの自由　　　　　260
　説　例　　　　　　　　　　　　　　　　260
　基礎知識　　　　　　　　　　　　　　　261
　　1　過去と現在の関連性　　　　　　　　261
　　2　表現の自由の内容および表現の自由に対する脅威　264
　　3　実施と監視　　　　　　　　　　　　267

4　異文化間的見地と論争点　　　　　　　269
　　　5　年　表　　　　　　　　　　　　　　　271
　　展　開　　　　　　　　　　　　　　　　　　272
　　　1　民主的社会のための自由なメディアの役割　272
　　　2　メディアと少数者　　　　　　　　　　273
　　　3　メディアの自由と経済的発展　　　　　273
　　　4　戦争宣伝と憎悪の唱道　　　　　　　　274
　　　5　成功例　　　　　　　　　　　　　　　274
　　　6　メディアの自由と人権教育　　　　　　275
　　　7　傾　向　　　　　　　　　　　　　　　275

13　民主主義に対する権利　　　　　　　　　　277
　　説　例　　　　　　　　　　　　　　　　　　277
　　基礎知識　　　　　　　　　　　　　　　　　279
　　　1　民主主義の向上？　　　　　　　　　　279
　　　2　定義と解説　　　　　　　　　　　　　282
　　　3　異文化間的見地と論争点　　　　　　　287
　　　4　実施と監視　　　　　　　　　　　　　290
　　展　開　　　　　　　　　　　　　　　　　　293
　　　1　成功例　　　　　　　　　　　　　　　293
　　　2　傾　向　　　　　　　　　　　　　　　294

略語一覧

ACHR　American Convention on Human Rights
　　　……米州人権条約
ACHPR　African Charter on Human and People's Rights
　　　……バンジュール憲章
ACP　African, Caribbean and Pacific States
　　　……アフリカ・カリブ海・太平洋諸国
ADL　Anti-Defamation League
　　　……名誉毀損防止同盟
AI　Amnesty International
　　　……アムネスティ・インターナショナル
AIDS/HIV　Acquired Immune Deficiency Syndrome / Human Immunodeficiency Virus
　　　……エイズ
ALRC　Asian Legal Resource Center
　　　……アジア法律資源センター
ANC　African National Congress
　　　……アフリカ民族会議
APT　Association for the Prevention of Torture
　　　……拷問防止協会
ASEF　Asia-Europe Foundation
　　　……アジア欧州財団
AU　African Union
　　　……アフリカ連合
ASEM　Asia and Europe Meeting
　　　……アジア欧州会合
BIM　Ludwig Boltzman Institute of Human Rights, Vienna, Austria
　　　……ボルツマン人権研究所(オーストリア・ウィーン)
CCW　Convention on prohibitions or restrictions on the use of certain conventional weapons
　　　……特定通常兵器使用禁止制限条約
CDDRL　Center on Democracy, Development, and the Rule of Law
　　　……民主主義・発展・法の支配センター
CEDAW　Convention on the Elimination of All Forms of Discrimination against Women
　　　……女子差別撤廃条約
CERD　Committee on the Elimination of All Forms of Racial Discrimination
　　　……人種差別撤廃委員会
CESCR　Committee on the Economic, Social and Cultural rights
　　　……社会権規約委員会
CHR　Commission on Human Rights
　　　……国連人権委員会
CIM　Inter-American Commission of Women
　　　……米州女性委員会

CJ　Citizens' Juries
　　　……市民陪審
CLADEM　Latin American and Caribbean Committee for the Defense of Women's Rights
　　　……ラテンアメリカ・カリブ海女性人権擁護委員会
CoE　Council of Europe
　　　……欧州評議会
CONGO　Conference of NGOs in Consultative Relationship with the United Nations
　　　……国連経社理との協議資格を有する非政府機関に関する会議
CPT　European Committee for the Prevention or Torture
　　　……欧州拷問防止委員会
CRA　Communication Regulation Agency
　　　……通信規制庁
CRC　United Nation Convention on the Rights of the Child
　　　……児童の権利条約
CRIN Child Rights Information Network
　　　……児童の権利情報ネットワーク
CSW　Commission for Security and Cooperation in Europe
　　　……女性の地位委員会
CSCE　Conference for Security and Cooperation in Europe
　　　……欧州安全保障協力会議
CWC　The Concerned for Working Children
　　　……働く子どもたちを支援する会
DGLI　Directorate General of Legal Affairs
　　　……法務局長
ECHO　European Community Humanitarian Office
　　　……欧州共同体人道援助局
ECHR　European Convention for the Protection of Human Rights and Fundamental Freedoms
　　　……欧州人権条約
ECOSOC　Economic and Social Council
　　　……国連経済社会理事会
ECPAT　End Child Prostitution, Pornography and Trafficking
　　　……ストップ子ども買春の会
EFA　Education for All
　　　……万人のための教育
ENAR　European Network of Ombudsmen for Children
　　　……欧州反人種差別ネットワーク
ENOC　European Network of Ombudsmen for Children
　　　……欧州児童オンブズマンネットワーク
EPZ Export Processing Zone
　　　……輸出加工地帯
ETC European Training and Research Centre for Human Rights and Democracy, Graz, Austria
　　　……人権と民主主義のための欧州訓練研究センター

EU European Union
…… 欧州連合
EUMC European Union Monitoring Center on Racism and Xenophobia
…… 欧州人種差別・排外主義監視センター
EURONET European Children's Network
…… 欧州児童ネットワーク
FAO The Food and Agriculture Organization
…… 国連食糧農業機関
FARE Football against Racism in Europe Network
…… 欧州サッカー人種差別反対運動
FDC Freedom from Debt Coalition
…… 債務からの自由連合
FGM Female Genital Mutilation
…… 女性性器切除
FIFA Fédération Internationale de Football Association
…… 国際サッカー連盟
FLO Fairtade Labelling Organization
…… 国際フェアトレードラベル機構
FWCW Fourth World Conference on Women
…… 第4回世界女性会議
GA General Assembly
…… 国連総会
GATS General Agreement on Trade in Services
…… サービスの貿易に関する一般協定
GC Global Compact
…… グローバル・コンパクト
GDP Gross Domestic Product
…… 国内総生産
GPF Global Policy Forum
…… 地球政策フォーラム
HDR UNDP Human Development Report
…… UNDP人間開発報告書
HIPC Heavily Indebted Poor Countries
…… 重債務貧困国
HR Human Rights
…… 人権
HRC Human Rights Council
…… 国連人権理事会
HREL Human Rights Education Learning
…… 人権教育・学習
HSN Human Security Network
…… 人間の安全保障ネットワーク

ICC　International Criminal Court
　　　……国際刑事裁判所
ICCPR　International Covenant on Civil and Political Rights
　　　……自由権規約
ICERD　International Convention on the Elimination of All Forms of Racial Discrimination
　　　……人種差別撤廃条約
ICESCR　International Covenant on Economic, Social and Cultural Rights
　　　……社会権規約
ICPD　International Conference on Population and Development
　　　……国連人口開発会
ICRC　International Committee of the Red Cross
　　　……国際赤十字委員会
ICTR　International Criminal Tribunal for Rwanda
　　　……ルワンダ国際刑事裁判所
ICTY　International Criminal Tribunal for Former Yugoslavia
　　　……旧ユーゴスラビア国際刑事裁判所
ICVA　International Council of Voluntary Agencies
　　　……ボランティア機関国際協会
IDB　International Development Bank
　　　……米州開発銀行
IDEA　International Institute for Democracy and Electoral Assistance
　　　……国際民主化選挙支援機構
IEC　International Executive Committee
　　　……国際執行委員会
IFEX　International Freedom of Expression
　　　……国際表現の自由交流
IHL　International Humanitarian Law
　　　……国際人道法
IIDH　Inter-American Institute for Human Rights
　　　……米州人権研究所
IJC　Inter-American Institute for Human Rights
　　　……国際法律家委員会
ILO　International Labour organization
　　　……国際労働機関
IMF　International Monetary Fund
　　　……国際通貨基金
IPA　International Publishers Association
　　　……国際出版協会
IPEC　International Programme for the Elimination of Child Labour
　　　……児童労働撤廃国際計画
IPI　International Press Institute
　　　……国際新聞編集者協会

MDGs	Millennium Development Goals	
	……ミレニアム開発目標	
MNCs	Multinational Corporations	
	……多国籍企業	
MSF	Médicins sans Frontières	
	……国境なき医師団	
MPs	Members of Parliament	
	……国会議員	
NGO	Non Governmental Organisation	
	……非政府機関	
NPA	National Plan of Action	
	……国内行動計画	
OSA	Organizaiton of American States	
	……米州機構	
OAU	Organization of African Unity	
	……アフリカ統一機構	
OCHA	The United Nations Office of the Coordination for Humanitarian Affaires	
	……国連人道問題調整事務所	
ODIHR	Office for Democratic Institutions and Human Rights	
	……民主制度・人権事務所	
OECD	Office for Economic Cooperation and Development	
	……経済協力開発機構	
OHCHR	Office of the United Nations High Commissioner for Human Rights	
	……国連人権高等弁務官事務所	
OIC	Organization of the Islamic Conference	
	……イスラム諸国会議機構	
OMCT	World Organization Against Torture	
	……世界拷問反対機構	
OSCE	Organization for Security and Cooperation in Europe	
	……欧州安全保障協力機構	
PAHO	Pan American Health Organization	
	……汎米健康機関	
PDHRE	People's Movement for Human Rights Education	
	……人権教育のための民衆運動	
PLCPD	Philippine Legislators' Committee on Population and Development Foundation Inc.	
	……人口と開発のためのフィリピン国会議員委員会	
PRODEC	The Decennial Development Program on Education	
	……教育のための10年開発計画	
PRSPs	Poverty Reduction Strategy Papers	
	……貧困削減戦略文書	
SAPs	Structural Adjustment Programmes of the World Bank	
	……世銀の構造調整計画	

SARS　Severe Acute Respiratory Syndrom
　　　……重症急性呼吸器症候群
SEE　South- Eastern Europe
　　　……南東欧
SEEMO　South East Europe Media Organization
　　　……南東欧メディア協会
SIM　Netherlands Institute of Human Right, Utrecht, the Netherland
　　　……オランダ人権研究所(オランダ、ユトレヒト市)
TASO　The AIDS Support Organization
　　　……エイズ支援機構
TM　Traditional Medicine
　　　……伝統医療
TNCs　Transnational Corporations
　　　……超国籍企業
TRIPs　Trade-Related Aspects of Intellectual Property Rights
　　　……知的所有権の貿易関連の側面
UDHR　Universal Declaration of Human Rights
　　　……世界人権宣言
UEFA　Union of European Football Associations
　　　……欧州サッカー連盟
UNCAT　United Nations Convention Against Torture and Other Cruel, Inhuman or Degrading Treatment or Punishment……拷問等禁止条約
UNCED　United Nation Conference on Environment and Deveropment
　　　……国連環境開発会議
UNDP　United Nations Development Programme
　　　……国連開発計画
UNESCO　United Nations Educational, Scientific and Cultural Organization
　　　……国連教育科学文化機関
UNEP　United Nations Environment Programme
　　　……国連環境計画
UNICEF　United Nations Children's Fund
　　　……国連児童基金
UNMIK　United Nations Mission in Kosovo
　　　……国連コソボ暫定行政ミッション
UNMISET　United Nations Mission of Support in East Timor
　　　……国連東チモール支援団
UNTAET　United Nations Transitional Administration in East Timor
　　　……国連東チモール暫定行政機構
VOICE　Voluntary Organizations in Corporation in Emergencies
　　　……緊急援助活動ボランティア組織連合体
WB　World Bank
　　　……世界銀行

WCAR	World Conference against Racism, Racial Discrimination, Xenophobia and Related Intolerance …… 人種差別撤廃世界会議
WCRP	World Conference on Religion and Peaces …… 世界宗教者平和会議
WFIRC	World Fellowship of Inter-Religious Councils …… 宗教間評議会世界協会
WFP	The United Nations World Food Program …… 国連世界食料計画
WHO	World Health Organization …… 世界保健機関
WMA	World Medical Association …… 世界医師会
WSIS	World Summit on the Information Society …… 世界情報社会サミット
WSSD	World Summit on Sustainable Development …… 持続可能な開発に関する世界首脳会議
WTO	World Trade Organization …… 世界貿易機関
WUK Kinderkultur	Werkstätten und Kulturhaus Kinderkultur …… 子供文化活動センター
YAP	Young Rights Action Plan …… 若者の権利についての行動計画

ワークアウト国際人権法

――"人権"を理解するために――

I 「人権」という概念を理解するための序論

人権を理解するために

| キーワード | 人間の尊厳　人権　人権教育　人間の安全保障 |

　人権の文化の最大の強みは、それぞれの個人が知識をもって期待するところからうまれる。人権保障の責任は国家にある。しかしながら、それぞれの個人が人権を理解し、尊重し、期待することによって、人権は日常生活で意味をもつし、日々の回復力になるのである。

　　　　　　　セルジオ・ヴィエイラ・デメロ（元国連人権高等弁務官）、2003年

A　人権を理解する

　すべての人間の尊厳を守りたいという強い願望は、人権の概念の核心です。それによって、人間が問題関心の中心に位置づけられます。その願望は、あらゆる人の人生は神聖なものである、という共通の普遍的な価値に基づいてうみだされ、国際的に受け入れられた諸規範や諸基準によって保護される人権システムをうちたてるための枠組を提供します。20世紀のあいだに、人権は道徳的、政治的および法的な枠組として、そして、恐怖と欠乏から自由な世界を発展させるためのガイドラインとして、徐々に発展してきました。

　世界人権宣言（UDHR）は1948年に国連によって採択されましたが、その第1条は、人権システムの主な柱、すなわち、**自由**、**平等**および**連帯**に言及しています。意見および表現と同様に、思想、良心および宗教の自由のような自由は、人権によって保護されています。同様に、人権は、平等、すなわち、女性と男性の完全な平等を含んだ、

あらゆる人権の享有におけるあらゆる形態の差別からの平等な保護を含みます。連帯は、人権の枠組のなくてはならない部分で、社会保障の権利、適正な報酬、および生活・健康・だれもが利用しやすい教育などにおける適切な水準の保障のような経済的および社会的権利を表しています。これらは、2つの平行した規約の中に法的に定義されていて、政治的、市民的、経済的、社会的および文化的人権として、5つの見出しのもとでくわしく述べられていますが、世界人権宣言とこの2つの規約が国際的に保障されるべき人権章典を定義しています。

「すべての人にすべての人権」は、1993年のウィーン世界人権会議のスローガンでした。人権は、すべての人権の完全な実現に向けて社会の変革を求めるように、共同体とともに個人をも力づけます。紛争は、法の支配の基礎の下に、人権の枠組のなかで、平和的な手段によって解決される必要があります。

しかしながら、人権はお互いに干渉しあうかもしれません；すなわち、人権は、他の人の権利や自由によって、または、民主主義社会における道徳、公的秩序、および一般的な福祉の要請によって、制限されます(世界人権宣言第29条)。他人の人権は、単に寛容されるだけでなく尊重されなくてはなりません。人権は他人の人権を侵害するために用いられてはなりません(世界人権宣言第30条)；そのように、すべての衝突は、公の緊急事態の時でさえ人権を尊重しながら解決されなければなりませんし、極限的な事例においてはいくつかの制約が課されることもありえます。

したがって、すべの人は、女性も男性も、若者も子どもも、自分たちの人権を自分たちの関心事や目標と密接な関連があるものとして知り、そして理解する必要があります。これは、正規または非正規の人権教育と学習によって達成可能です。人権の諸原則および手続の理解は、人々に彼らの人生を方向づける決定に参加することを可能とさせ、人権に導かれた紛争解決および平和維持に向けて働き、そして、人々中心の人間的、社会的、かつ経済的な発展のための実行可能な戦略となります。

> 「近年の人間の歴史のなかで、「人権」(という言葉)ほど、人間の尊厳の使命と重荷を支えるのに特権を与えられている言葉はない…——古典および現代の人間の思想の最大の贈物は、人権の概念である。実際に、歴史の現地点において我々が他のどんな道徳的な言語よりも利用できる最適な言語は、人権の言語なのである…」。
> 〔ウペンドラ・バキシ『非人間的な不正と人権』(1994)〕

人権教育(HRE)および学習は、すべての行為者または利害関係者によって、すなわち、政府や多国籍企業と同様に市民社会によっても行われなければなりません。人権学習を通じて、人権の尊重、保護、実現、実施および慣行に基づいた真の「人権文化」

の発展が可能となります。

人権教育への権利は世界人権宣言の第26条から引き出すことができます。同条項によれば、「すべての者は教育についての権利を有する…教育は人格の完成並びに人権及び基本的自由の尊重の強化を指向するものとする」のです。

☞ **教育についての権利**

1994年12月23日の国連総会決議49/184は、国連人権教育の10年は1995年から2004年までの行動計画の枠組において実施されるべきであることを宣言しています（1996年12月12日のUN Doc.A/51/506, Add. 1）。2004年12月10日に、国連総会は、新たな、人権教育のための世界計画を宣言しましたが（UN GA Res.59/113A）、それは3年毎に採択される行動計画によって実施されるはずのものです。人権教育のための世界計画の第一段階（2005-2007）の行動計画は（2005年3月2日のUN Doc. A/59/525/Rev.1）、初等および中等学校システムに焦点を当てています。

> 「人権教育、学習、および対話は、人権の枠組のなかで、政治的、市民的、経済的、社会的、および文化的関心事について、ジェンダーの視角をともなった批判的な考察と体系的な分析を呼び起こすにちがいない」。
> 〔シュラミス・ケーニッヒ、人権教育のための民衆運動（PDHRE）〕

このイニシアティブの背後の主たる原動力は、人権教育のための民衆運動（PDHRE）の創始者であるシュラミス・ケーニッヒで、彼は、まさに、「人々がそれらを知り主張するために」、私たちの地球上のすべての人にとって人権を手に入れやすいものとするという長期のビジョンを目標としています。したがって、人権教育の目的は、「すべての人のための人権の読み書き能力」です。または、ネルソン・マンデラの言葉では：「人権に基いた新しい政治文化を発展」させることです。

1994年12月23日の**国連総会決議49/184**は、国連人権教育の10年を宣言して、次のように述べています。「…人権教育は、情報の提供以上のものを含まなければならないし、発展のすべてのレベルの、そして、社会のすべての階層の人が、他の人の尊厳の尊重、そして、その尊重をあらゆる社会で追及する手段と方法を学習することができる、包括的で生涯を通じたプロセスでなければならない」。**国連人権教育の10年の行動計画**（1995-2005）は、次のことを強調しました：すなわち、「人権教育は、知識や技術の伝達や態度の形成を通じて人権の普遍的な文化を構築することを目的とした、訓練、普及および情報活動として定義され、次のことに向けられる：
(a)　人権および基本的自由の尊重を強化すること

(b) 人間の人格およびその尊厳の意味を十分に発展させること
(c) あらゆる国民、先住民、および人種的、国民的、民族的、宗教的および言語的グループのあいだでの、理解、寛容、男女平等および友好を促進すること」。

人権教育のための世界計画の第1段階(2005—2007)の行動計画
　　実施戦略は4段階をもうけている。
第1段階：人権教育の現状を分析する。
第2段階：優先事項を定め国内実施戦略を開発する。
第3段落：実施および監視を行う。
第4段階：評価を行う。

「人権教育とは、人権についての知識や技能さらには価値を発展させ、公正さ、寛容さと尊厳、そして、他の人の権利と尊厳の尊重をうながす、すべての学習である」。

〔ナンシー・フラワーズ、ミネソタ大学人権センター〕

B　人権と人間の安全保障

　世界人権宣言は、とくに、第2次世界大戦中のホロコーストの経験のような人間の尊厳のもっとも重大な侵害の結果として起草されました。焦点は、人間としての人です。宣言の序文は「恐怖および欠乏からの自由」について言及しています。同様のアプローチが人間の安全保障の概念にも本来備わっています。
　2000年7月にグラーツで開催された『人間の安全保障および人権教育に関する国際ワークショップ』において、人間の安全保障は人権を守ることを目標としていると述べられました。すなわち、紛争を予防し、不安定と傷つきやすさの根本原因に取り組むことによってです。人間の安全保障戦略は、人権に基づいたグローバルな政治文化の確立をめざしています。この文脈において、人権教育は、共通の地球的価値のシステムを基礎として、そして、権力志向のアプローチの代わりに規則志向で権利に基づいたアプローチを基礎として、人々に自分たちの問題を解決するように求めるための力を与えるので、人間の安全保障に向けての戦略となります。人間の安全保障は、女性にも男性にも共通の人々の基本的要求、すなわち、個人の安全、貧困、差別、社会正義および民主主義の諸問題をはじめ、さまざまな側面で社会を横断して促進されます。搾取または腐敗からの自由は人々が彼らの諸権利の侵害をもはや受け入れない

時に始まります。市民社会の組織(例えば、トランスパレンシー・インターナショナル)は、人権の知識に基づいたこの解放のプロセスを支援しています。

「人権と人間の安全保障の間にはいくつかのつながりがあります。個人の安全(例：恣意的拘禁からの保護)、社会保障(例：食料の安全保障のような基本的なニーズの供給)、および国際的な安全保障(安全な国際秩序のなかで生きる権利)という形における「安全保障」は現存する人権に対応します。「安全保障政策は人権、民主主義および発展を促進する戦略ともっとより密接に統合されなければなりません。人権、人道法および難民法は、人間の安全保障アプローチを基礎づける規範的な枠組を供給します」〔出典：外務および国際貿易省『人間の安全保障：変わりゆく世界の中での人々の安全』(カナダ、1999年)〕。

人権侵害は人間の安全保障に対する脅威を暴露し、そのことから、紛争予防のための早期警鐘メカニズムにおいて指標として用いることができます。しかしながら、人権は、紛争管理、紛争の転換および紛争後の平和構築の中でもまた一定の役割をはたしています。人権教育は、知識の伝達、手腕の構築および態度の形成を通じて、真の予防の文化の基礎となります。

> 「[人間の安全保障]は、根本的には、個人の安全が国際的な優先事項の中心であるような、そして、国際的な人権基準および法の支配が進められ個人を保護する密接な網状の組織へと編みこまれるような、グローバルな社会を建設する努力である」。
> 〔ロイド・アックスワージー、元カナダ外務大臣〕

そのうえ、人権は紛争予防のための必要不可欠な道具でもあり、さらに、政府構築と民主主義のための鍵となる概念でもあります。人権は、また、参加を活発にしたり、透明性や説明責任を増大したりすることによって、社会的および地球的な問題に取り組む基礎を提供します。「政府構築」は能力形成の2つの補完的な形、すなわち、「国家形成」と「社会的発展」から成り立っています。国家形成は「民主的な安全保障」を提供しますが、それは、紛争後の機能回復や再建築の努力の中にもっとも見られるものです。「社会的発展」は、人々に、自分たちの権利を主張したり、他人の権利の尊重をしめしたりできるような力を与えるための幅の広い人権教育を含みます(ヴァルター・リヒェム、PDHRE)。

> 「人々が彼らの日常生活において安全でないかぎり、世界はけっして平和ではない」。
> 〔国連開発計画『人間開発報告書1994』(1994)〕

人間の安全保障委員会は、緒方貞子（元国連難民高等弁務官）とアマルティア・セン（ノーベル経済学賞受賞者）の共同議長のもとで2001年に設立され、米州人権研究所および平和大学とともに、2001年12月にコスタリカのサンホセで、人権と人間の安全保障のあいだの関係についてのワークショップを開催しました。同ワークショップは、「人間の安全保障の必要不可欠な構成要素としての人権宣言」を起草しました。緒方貞子とアマルティア・センの共同議長によって作成された「人間の安全保障の現在」に関する報告書は、いくつかの人権問題を検討しています。元国連人権高等弁務官代理であるベルトランド・G. ラムチャランによれば、国際的な人権規範が人間の安全保障の意味を定義しています。

　世界人権宣言の第3条および自由権規約の第9条も、自由への権利と人間の安全保障を保護していますが、それらは、とくに、恐怖からの自由に言及しています。さらに、世界人権宣言の第22条および社会権規約の第9条は、社会保障への権利を認めていますが、同権利は、他の経済的および社会的権利とともに、欠乏からの自由に対応しています。グローバリゼーションと人間の安全保障のあいだの関係は、2000年の国連事務総長のコフィ・アナンによるミレニアム報告書においてとりあげられていますが、同報告書も、また、恐怖からの自由と欠乏からの自由を区別しています。この区別は、戦後秩序の理想像として第2次世界大戦中の1940年に米国大統領ルーズベルトによって宣言された4つの自由に遡る区別です。2005年の国連事務総長の報告書、「よりおおきな自由を求めて」は、どのように「開発、自由、平和のトライアングルを完全にする」のかに焦点を当てています。

　「せまく捉えられた国家の安全保障上の利益の防衛、そして、国家主権についての視野のせまい考え方への頑固な固執が切り札となって、犠牲者の人間の安全保障上の利益はないがしろにされてきた。しかし、たいへん皮肉なことに、人々の安全保障こそが、——集団的なものだけでなく、個人的なものも決定的に——その国家の安全保障を可能とするものなのである」。
　　　　　　　　　〔ルイーズ・アルブール（前国連人権高等弁務官）、2005年〕

　「今日国際的に行動している主体のあまりにもおおくが、恐怖に基礎をおいた政策を追求し、それが安全保障を増すと考えている。しかし、真の安全保障はそのような基礎のうえにはうちたてられえない。真の安全保障は証明された人権の原則のうえに基づかなければならない」。
　　　　　　　　　〔セルジオ・ヴィエイラ・デメロ（元国連人権高等弁務官）、2003年〕

貧困に対する闘いや経済的、社会的および文化的権利獲得のための闘いは、政治的自由および基本的自由を求める戦いと同様に、安全保障と深い関係があります。一方は他方から切り離されることはありえませんし、それらは相互依存しており、相互に関連しており、分割できないのです（☞**貧困からの自由、健康に対する権利、労働の権利**）。2005年のサミットの「成果文書」において、国連総会は人間の安全保障の定義を作成することを要求しました。

国連開発計画の2000年の人間開発報告書によれば、人権と人間開発は、共通の理想像と目的を共有しています。国連開発計画の人間開発報告書において用いられた人間開発指数は、教育、食の安全保障、ヘルス・サービス、ジェンダーの平等および政治的参加等の人権に直接関係するいくつかの指標を含んでいます。結論として、人間の安全保障と人間開発は重なり合っており、相互に強化してお互いが存在するための条件となっているのです。

ユネスコは人間の安全保障に焦点を当てていますが、暴力と開発の問題にも同様に注意を払っており、人間の安全保障に向けての地域的なアプローチからインスピレーションを引き出しています。

人間の安全保障への暴力的な脅威に焦点を当てた、アンドリュー・マックの監修による**「人間の安全保障報告書」**が2005年に発行され、毎年継続されることが予定されています。同報告書は、世界中での民主的な政府の増加が暴力的な紛争の減少につながっていることを論証し、紛争と民主的な統治の関係をしめしています。

> 「したがって、我々は安全保障なしに開発を享有することはないであろうし、開発なしに安全保障を享有することもないであろう。そして、人権の尊重なしにどちらも享有することはないであろう…」。
> 〔コフィ・アナン（前国連事務総長）「よりおおきな自由を求めて：すべての人のための開発、安全保障および人権」（2005年）〕

C 人権の歴史と哲学

人間の尊厳という考えは、人類の歴史と同じくらい古いものであり、あらゆる文化および宗教においてさまざまな形態で存在します。例えば、人間に高い価値が与えられていることは、アフリカの「ウブントゥ」（他者への思いやり）の哲学や、イスラムにおける外国人の保護の中に見られます。人は、自分が取り扱われたいと思うように他人を取り扱わなければならないという「黄金律」はあらゆる主要な宗教において存在します。同様のことが、貧者の面倒を見るという社会の責任と社会的正義の基本的な概

念についても言えます。しかしながら、「人権」という考えは合理主義と啓蒙運動の哲学、自由主義と民主主義、さらには社会主義にも基礎をおいた現代の哲学的思考の成果です。近代的な人権の概念は主として欧州から発生したのですが、人権にとって根本的なものである自由と社会正義の概念はすべての文化の中に存在していたということを確認しておく必要があります。エレノア・ルーズベルト、ルネ・カサン、そしてジョセフ・マリクは世界人権宣言を作り出しましたが、その起草のためには、北と南から来た80人の人々がその理念と言葉を形づくるために働きました。経済的、社会的および文化的権利の概念、自決権と発展の権利、人種差別とアパルトヘイトからの自由という点で、東と南からの強い影響を受け、人権は世界中で通じる概念となりました。

歴史的には、**市民**が、基本的自由と経済的および社会的権利のための闘争の結果として憲法的に護られた人権の最初の受益者となった一方で、**外国人**は例外的な場合または二国間の合意を基礎においた場合にのみ権利を享有することができました。彼らは、自分の国による保護を必要とし、国家は外国にいる自国民を代表しました。

非自国民の保護のルールの発展には、**人道法**が非常に重要でした。それは、敵の戦闘員の取扱いのための基本的なルールをうちたてることを目的としていましたが、武力紛争における文民の保護も範囲に入っていました。現行の国際人権法の初期のさきがけは、ウエストファリア条約に含まれているような**宗教の自由**や、1815年のウィーン会議の奴隷貿易に関する宣言、1833年の米国の反奴隷制協会の設立、そして1926年の奴隷条約等に見られるような**奴隷の禁止**に関する合意に見られました。**少数者の権利**の保護もまた長い歴史をもち、1919年のベルサイユ平和条約と同年に設立された国際連盟における重要な問題でした。

> 「われらは、次の事柄を自明の真理であると信ずる。すべての人は平等に創られ、創造物によって一定の奪うことのできない権利を与えられ、その中には生命、自由および幸福の追求が含まれる。これらの権利を確保するために人々のあいだに政府が組織され、その権力の正当性は被治者の同意に由来する」。
>
> 〔米国独立宣言、1776年〕

フランス革命は、1776年の米国の独立宣言とバージニア権利章典の宣言から発想をえて、1789年に人と市民の権利を宣言しました。それらの権利は自由、平等および連帯のカテゴリーに分類分けされましたが、この分類は2000年欧州連合の基本権憲章において再びとりあげられました。

> 「第一に、言論と表現の自由——世界中いたるところで。第二に、すべての人が自分のやり方で神を崇拝する自由——世界中いたるところで。第三には、欠乏からの自由——それは、すべての国家にその住民のために健康的で平和な生活を保障するような世界的な経済的取決め——世界中いたるところで。第四に、恐怖からの自由…」。
> 〔フランクリン・D. ルーズベルト（第32代米国大統領）、1941年〕

しかしながら、すべての人間のための**普遍的な人権**という概念は、第2次世界大戦の恐怖を経験したのちに、世界人権宣言を国連システムに必要不可欠な構成要素として、社会主義諸国と南アフリカの8カ国の棄権を含めて当時の48カ国が合意に達した時に、ようやく諸国家によって受け入れられたのです。その時から、国連の構成国は191カ国へとふえましたが、これまで同宣言に異議を唱えた国はなく、それは今日では大部分が慣習国際法と考えられています。

国際人権法は、国連の枠組で合意された諸国が共有する価値に基づいており、地球的な倫理の要素を構成しています。ジャン・ジャック・ルソー、ヴォルテール、ジョン・スチュワート・ミルのような哲学者は人権の存在を主張しました。普及していた「契約論」は、支配権力への忠誠と引き換えに権利を与えましたが、他方で、エマニュエル・カントは彼のコスモポリタンなアプローチのなかで、「世界市民」のための一定の権利を主張しました。ハンス・キュングの指揮の下で、国際プロジェクトである「地球倫理」は、すべての主要な宗教は共通の核となる価値を共有しており、それは概ね基本的な人権に対応しているということを見い出しました。

☞宗教の自由

『責任という原理』（ハンス・ヨナス）と『人権を支持する地球的な倫理』（ゲオルゲ・ウルリヒ）が、グローバリゼーションの挑戦に対抗するために提案されてきました。

特定の権利の優先と普遍性vs文化的相対性の論争は、テヘランとウィーンにおける人権に関する2つの世界会議において取り組まれてきました。1968年のテヘラン会議は、すべての人権は不可分で相互依存していることを明確にし、1993年のウィーン会議は、コンセンサスで「国家的および地域的独自性の意義、並びに多様な歴史的、文化的および宗教的背景を考慮に入れなければならないが、すべての人権および基本的自由を助長し保護することは、政治的、経済的および文化的な体制のいかんを問わず、国家の義務である」と合意しました（ウィーン宣言および行動計画、1993年、第5段落）。

☞宗教の自由

D　人権の概念と性質

　今日、人権の概念は、ウィーン世界人権会議により採択された宣言や1998年に世界人権宣言50周年の場において採択された国連決議において見られるように、**普遍的**なものであると認められています。人権の普遍性を疑問視する懐疑論者には、1940年代の後半にその概念の起草に参加した諸国の中には、中国、レバノン、チリのような地理的に多様な国々があったということを思いおこさなければなりません。いずれにせよ、それ以降、さらにおおくの国々が世界人権宣言への支持を表明してきましたし、同宣言に基礎をおいた自由権規約と社会権規約に批准してきました。女子差別撤廃条約は、おおくの留保がありますが、186カ国によって批准されていますし、児童の権利条約は193カ国によって批准されています。

　人権の概念の出発点は、世界人権宣言および1966年の2つの国際人権規約にかかげられているように、**人間の仲間の構成員すべての固有の尊厳**の概念です。これらの文章もまた、恐怖および欠乏からの自由を享有し、平等で不可譲な権利を与えられている自由な人間の理想像を認めています。したがって、人権は普遍的で不可譲であり、そのことは、人権はどこにおいても適用し、同意をもってしても人から奪い去ることができないということを意味しています。1993年のウィーン世界人権会議で国連事務総長ブトロス・ブトロス・ガリによって述べられたように、**「人権は生来の権利」**なのです。

　人権は、また、不可分であり相互依存的なものでもあります。さまざまな人権の次元やカテゴリーが区別できます：すなわち、**市民的および政治的な権利**(表現の自由等)と、**経済的、社会的および文化的権利**(社会保障に対する人権)のような分類がされますが、後者は国家に対して財政的な負担を課すことになるので「漸進的実現」がされなければならないものです。過去においては、特定の国家や国家グループ、とくに社会主義諸国が、経済的、社会的および文化的権利を市民的および政治的権利よりも優先させ、米国や欧州評議会の構成国が市民的および政治的権利に一定の好みをしめしたりもしました。しかしながら、1968年のテヘランでの世界人権会議においても、1993年のウィーンにおける世界人権会議においても、この非生産的な論争は、人権の両カテゴリーまたは両次元とも等しく重要であることを認めるというということに向かいました。1968年にテヘランで、経済的、社会的および文化的権利は市民的および政治的権利なしにはほとんど実現不可能であり、逆もまた同様であるので、それらは不可分で相互依存していると宣言されました。

　1980年代には、人権の追加的なカテゴリーが承認されました。すなわち、平和に対する権利、発展の権利、そして健康的な環境に対する権利です。これらの権利は他のあらゆる権利の完全な享有のために必要な枠組を提供します。しかしながら、あるカテゴリーの人権が他のカテゴリーの人権の前提条件であるという意味においての条件

性はまったくありません。第三のカテゴリーは**連帯の権利**としてもっとも適切に説明されます。なぜならば、それらは国際的な協力を要求し、共同体形成を目的としているからです。人権はいくつかの利益団体が宣伝している「動物の権利」や「地球の権利」とは区別される必要があります。

人権は、特定の国の市民権をもつともたないとにかかわらず、すべての個人の権利である一方で、**市民の権利**は、例えば、選挙権や被選挙権、あるいは、ある国の公共サービスへアクセスする権利等、特定の国の国民にのみ与えられる基本的な権利です。

人権はまた、**少数者の権利**とも区別されなければなりません。少数者の権利は、特定の民族的、宗教的、または言語的特徴をそなえたグループの構成員の権利です。自分だけで、またはグループの他のメンバーとともに、少数者は自分たちの文化を享受する権利、自分たちの宗教を告白し、実行する権利、または、自分たちの言語を使用する権利を享有します(自由権規約第27条)。1993年の国連少数者の権利宣言および欧州の地域的な人権文書には、より特定された規則が含まれています。

先住民の人権には特別の注意が払われています。1982年以降、国連の先住民に関する作業グループが、先住民の人権、とくに、土地との関係においての人権を促進し保護する方法について討論しています。

> 先住民の権利宣言は2007年9月に国連総会でようやく採択されました。一方で、ILOは、以前の宣言を改正して、1989年に、「独立国における先住民および部族民に関する第169号条約」を採択しました。2001年には、「先住民の権利および基本的自由に関する国連特別報告者」が指名されました。1993年のウィーン世界人権会議の勧告に続いて、「先住民問題に関する常設フォーラム」が経済社会理事会の補助機関として2000年に設立され、2002年に第1回の会合を開催しました。人と人民の権利に関するアフリカ委員会も、先住民に関する作業グループを設立しました。

ユネスコの枠組のなかで、2005年の文化的表現の多様性の保護と促進に関する条約、および2003年の無形文化遺産の保護のための条約が、文化的アイデンティティの保存においての人権および少数者の権利を補足しています。

人権の概念は、今日では全地球的に共有されており、そのようなものとして、諸国家、国際諸機関および社会的活動団体からなる国際共同体の基礎を形成していて、それらのどれもが自分たちを国際社会の構成員と考えています。人権は、**人々が社会変革のための道具としてつかうことができる手段**ともなりえます。したがって、人権の概念は民主主義の概念と密接に関連しています(☞**民主主義に対する権利**)。欧州連合および欧州評議会が、新規加盟の許可を与えるために行う要求も、同様の方向性をしめしています。しかしながら、人権がこのような変革の効果を生み出すことができるか

どうかということは、人々自身が人権の知識をもち理解をしているかどうか、そして、人権を変化のための道具としてつかおうという用意があるかどうかにかかっているのです。人権の伝統的な概念は、フェミニストから、女性と男性の平等を適切に反映していないことやジェンダーの感性を欠如していることを批判されてきました。世界女性会議と、女子差別撤廃条約の起草は、とりわけ、女性の人権に対して、ジェンダーに敏感なアプローチに貢献し、それはまた国連の女性に対する暴力に関する宣言にも反映されています（☞**女性の人権**）。人権文書は、女性を法的に完全で平等な人間であると認めることによって、新たな社会的および政治的な概念を提示しているということに注目するのは重要です。

　特定の人権は自分たちには他の人たちと同じようには適用できないと主張する際に、自分たちの歴史的、宗教的および文化的特徴を指摘する国家もあります。ウィーン世界人権会議の宣言および行動計画は、人権の実施に対して、歴史、宗教および文化の要因に基づいた異なるアプローチが存在することを認めましたが、同時に、すべての国家がすべての人権を実施する義務を繰り返し述べました。したがって、文化的または宗教的な違いが存在することは、国際人権義務を完全に実施しない言い訳として用いられてはならないのです。しかしながら、文化的文脈も考慮されるべきです。国連で行われている文明間の対話は、人権義務を果たさないことへの言い訳を与えることなく異なる文明の積極的な価値を認めるという、まさにこの目的をもっているのです。もっとも困難な問題の1つは、一定の文化における女性の地位であり、それは、あらゆる対話で議題としなければならない重大な人権侵害を生み出すかもしれません。

E　普遍的なレベルでの人権基準

　地球的規模での基準設定の最近の歴史は、史上最大の人権侵害がおきた第2次世界大戦後の1948年12月10日に国連総会で採択された**世界人権宣言**(UDHR)から始まります。

　ホロコーストのなかでユダヤ人に対して行われたようなジェノサイドの防止と処罰は、世界人権宣言の一日前に採択された「ジェノサイド防止条約」の主題です。

　世界人権宣言に含まれていたコミットメントを、法的拘束力のある義務にするために、国連人権委員会は2つの規約を起草しました。1つは、市民的および政治的権利に関するもので（自由権規約）、もう1つは、経済的、社会的、および文化的権利に関するものです（社会権規約）。冷戦のために、それらは1966年になってようやく採択され、35カ国によって批准された1976年に発効しました。2008年7月22日現在、自由権規約は162カ国、社会権規約は159カ国がそれぞれ加入しています。国連において当時新たに多数国となっていた発展途上国と社会主義国が、経済的、社会的および文化的権利を優先させたので、社会権規約の方が先に採択されました。

人権を理解するために 17

　1960年代には人種差別およびアパルトヘイトに対する闘争が前面に出てきて、その結果、人種差別撤廃およびアパルトヘイト罪の抑圧に関する2つの条約ができました。さらに、女子差別撤廃条約、拷問等禁止条約、そして、児童の権利条約が採択されました。これらの条約は、両規約の規定をより明確にしたり明細に述べたり、特定のグループの人間の必要性に特別の配慮を与えています。**「留保の問題」**は人権条約についての一般的な問題ですが、1979年の女子差別撤廃条約の場合にはとりわけ重要になります。というのは、おおくのイスラム諸国が一部の女性の人権を留保によって制限しようとするからです。

もっとも重要な国連人権条約の概観
- 世界人権宣言（1948年）
- 社会権規約（1966年）
- 自由権規約（1966年）
- ジェノサイド防止条約（1948年）
- 拷問等禁止条約（1984年）
- 人種差別撤廃条約（1965年）
- 女子差別撤廃条約（1979年）
- 児童の権利条約（1989年）

　差別禁止原則によると、国家はその領域内にいるすべての個人に、人種、皮膚の色、性別、言語、宗教、政治的もしくは他の意見、国民的もしくは社会的出身、財産、門地または他の地位によるいかなる差別もなく、すべての人権を尊重し、保障しなければなりません（自由権規約および社会権規約第2条）。さらに、欧州人権条約第12追加議定書は、いかなる公権力による差別も禁止されるという一般的な差別禁止の権利を提供しています。

　しかしながら、例外とクローバック条項（条件付回収条項）を用いる可能性もまたあります。国民の生活を脅かす公の緊急事態の場合においては、もしも、緊急事態が公に宣言され、とられる措置がその状況によって厳密に必要とされる限度にとどまるのなら、国家はその義務を離脱することが許されます。措置は差別なくとられなければなりません（自由権規約第4条1項）。他の当事国は国連の事務総長を通じて情報を与えられなければなりません。しかしながら、生命の権利、拷問および奴隷制の禁止、刑事犯罪の遡及禁止、思想、良心、および宗教の自由の権利（自由権規約第4条2項）のような一定の条項に対しては、いかなる制限も許されません。これらの権利は、それゆえに免脱できない権利と呼ばれています。緊急条項はテロリズムに対する闘いにおいて、さらに重要性を増しています。同様の条文が欧州人権条約にも存在します（第15条）。

自由権規約委員会は、「緊急事態(第4条)」に関する一般的意見のなかで、国家の義務を明確にしています(一般的意見29、2001年)し、米州人権委員会や欧州評議会の閣僚委員会もそれぞれ、「テロリズムと人権」に関する報告書とガイドラインを採択しています。

権利の中には、国家の安全、公共の秩序、公衆衛生または道徳、または他の人の権利や自由のために必要であるならば、一定の権利の制限を認める、いわゆる「クローバック条項」を含むものもあります。とりわけ、移動の自由、自国を含むいかなる国をも離れる自由、宗教または信念の告白を含んだ思想、良心および宗教の自由、表現と情報の自由、集会および結社の自由に関しては、そのような可能性があります。これらの制限は法によって定められなければない、すなわち、議会で採択されなければならないということです。それぞれの法的文書を解釈する機関は、これらの条項が間違って用いられることを制御する義務があります。ですから、欧州人権裁判所や米州人権委員会および裁判所においては、緊急時の権限またはクローバック条項の適用に関して、複数の事件が係争されてきたのです。

F　普遍的な人権文書の実施

国家は、人権を**尊重し、保護し、および充足する義務**を負います。おおくの場合に、実施とは、プライバシーの権利や表現の権利を尊重するというように、国家とその当局が受け入れた権利を尊重しなければならない、ということを意味します。これは、とりわけ、市民的および政治的権利の場合に当てはまりますが、経済的、社会的および文化的権利の場合は、実施とは、教育や健康のような一定のサービスを与えたり提供したり、最低水準を保障したりというように、国家による実現のための積極的な行動が行われることを意味します。この文脈において、その国家の能力が考慮されることになります。例えば、社会権規約の第13条はすべての者に教育の権利を認めていますが、同条は、初等教育に関してのみ無料で利用ができなければならないことを明記しています。中等教育および高等教育はすべての者が一般的に利用可能でアクセス可能でなければなりませんが、無料の教育は漸進的に導入されることが期待されているのみです。それぞれの国家の能力におうじた漸進的な実現という概念は、いくつかの経済的、社会的および文化的権利に適用されます。

保護をする義務は、国家に、その領域にいる人たちのあいだでの暴力や他の人権侵害を予防することを要求します。したがって、人権はまた「水平的な局面」をもつのであって、それは、グローバリゼーションの時代に、多国籍企業の社会的責任の問題を提起することによって、重要性を増しつつあります。

もう1つの発展は、構造的な措置によって**人権侵害を予防する**ことがますます強調されるようになったことです。それは、国家機関による場合もありますし、**平和維持**

活動に人権の局面を組み入れることによって行われることもあります。予防の目的は、人権に対する**人間の安全保障アプローチ**においてもまた優先される事項です。

☞ **人権と人間の安全保障**

　人権は、第一義的には**国内レベル**で実施されなければなりません。しかしながら、腐敗や非効率的な行政や司法といった「よい統治」の欠如のような**障害**もありうるでしょう。国家がその義務を果たすことを確保するために、ほとんどの国際人権条約には、国家の実行を国際的に監視する仕組みが作られてきました。この監視は、さまざまな形態があります。**報告制度**は、おおくの国際条約の下で存在しています。したがって、国家は定期的に人権保護に関する自国の実行を報告しなければなりません。通常、専門家からなる委員会が報告書を審査し、実施を強化する方法について勧告を出します。委員会は、また、条約の適切な解釈に関しての「一般的意見」も出すことができます。自由権規約の場合のように、委員会に人権の侵害を申し立てる人からの**個人通報**を受けとる権限を与えている追加議定書がある場合もありますが、個人通報は、追加議定書を批准した国家に住んでいる人々のみが行うことができます。**国家間通報**のための規定をもうけている条約もありますが、この可能性はほとんど用いられません。**司法手続**は、欧州および米州人権条約がそなえており、欧州または米州人権裁判所が国家に拘束力のある決定を下すことができます。また、アフリカ人権裁判所も2006年に発足しました。

　人権諸条約のような人権文書に含まれている手続を補足するものとして、いわゆる、**「憲章に基づいた手続」**がありますが、それは、全世界における人権侵害に取り組むために国連憲章を基礎として発展してきたものです。そのうちの1つは、1967年の国連経済社会理事会の決議1235に基づいているもので、それによって、人権委員会が全世界の大規模で組織的な人権侵害を公開手続において取り扱うことができました。もう1つは、1970年の経済社会理事会決議1503に基づいた非公開の1503手続であり、それは、ジュネーブの国連人権高等弁務官事務所に対して申立てが行われ、それが、人権の促進および保護のための小委員会の専門家グループによって審査されるということを認めていました。この手続は、主に大規模な人権侵害に適用することが意図されていたものです。

　人権委員会とその**専門機関**である小委員会の仕事のなかで、**特別手続**、すなわち、特別報告者および人権委員会の代表または国連事務総長の人権問題に関する代表による活動の重要性が増してきました。それらには、ボスニア・ヘルツェゴビナやユーゴスラビア連邦共和国、アフガニスタン、スーダン、またはハイチに関する特別代表のような「国家報告者」、拷問または女性に対する暴力に関する特別報告者のような「テーマ別報告者」があります。すべてあわせると、40ちかくのそのような特別手続があり、それぞれの活動分野に従って国別または世界中の情報を収集しています。それ

らは、国連の活動の活発性の増大を反映し、また、人権擁護者宣言のように強制手続が予見されていないか効力がない場合、または、教育、食糧、適切な住居、健康への人権のようないくつかの経済的・社会的権利、構造調整政策または海外債務の場合において、フォローアップや監視の仕組みを提供します。さらに、「独立専門家」(例として、発展の権利に関する独立専門家)や、「作業グループ」(例として、強制された非自発的失踪に関する作業グループ)等もあります。2006年には、国連の主たる人権機関を強化するために、国連改革の結果として47の構成国からなる**人権理事会**が人権委員会のすべての任務、機能および責任を引き継ぎました。

さらに、国連人権高等弁務官は、人権状況に問題のある国に、高等弁務官事務所の派遣団を次々と配置しています。そのような派遣団は、アフガニスタン、ボスニア・ヘルツェゴビナ、カンボジア、コロンビア、ガテマラ、ハイチ、コソボ、モンテネグロ、セルビア、シエラレオネ等の国に設立されています。それらは、法整備のプロセスにアドバイスをしたり、国際的な共同体の任務に参加したりすることによって、情報の収集や人権水準のひきあげを行います。

これらの特別の機関の活動は、保護的または促進的な両方の目的をもっています。それらは、人権についての意識を向上させることや、採用された解決策がしっかりと人権に基礎をおいたものになるように、すべての活動の中に人権をくみ入れることを促進しています。実際に、人権の促進とは、より広範な仕事であり、国際機構や組織のみの力によって達成できるものではありません。人権の促進は、まず、第一に、人々に自分の人権に気づかせること、彼らに自分の権利に関する情報を与え、人権をもっとも有効に活用する方法を教えるということを意味します。この目的のために、さまざまな主体がかかわりをもつでしょう。それらには、大学や一般的な教育部門がありますが、非政府機関もまた含まれます。

国内レベルでは、国連は、オンブズパーソンや国内人権委員会のような、人権を促進し保護するための「国内機関」の設立を勧告しています。この目的のために、権限と責任、独立と多元主義の保障、および実施方法に関するいくつかの原則が国連総会によって採択されています(「人権の促進と保護のための国内機関」、国連総会決議48/134、1993年12月20日)。

G 人権と市民社会

人権システムの発展のためには、おもに**NGO**に代表される市民社会の影響力が決定的です。NGOは、自由権規約第22条によって保障されている結社の自由に基づいています。NGOは、人権の保護と促進のための市民社会における立役者で、国連においてある種の「世界の良心」へと発展してきました。それらは、しばしば、表現の自

由やメディアの自由(アーティクル19)、拷問および非人道的または品位を傷つける取扱いの防止(拷問防止協会)といった特定の保護利益を追求します。アムネスティ・インターナショナルのようなNGOは、政府に圧力をかけるために「緊急行動アピール」といった特別の行動をとります。主に独立したメディアの助けによって成し遂げられた「恥辱の念の動員」の戦略は、おおきな効果をもつことがあります。人権のための国際ヘルシンキ同盟や国際危機グループ、またはヒューマンライツ・ウォッチのようなNGOは、事実調査と監視に基づいた良質な報告書を通じて政府と国際社会に影響を与えます。他の効果的なNGOのアプローチとしては、国際監視機関へ政府が提出する公式な国家報告書と平行した「影の報告書」の作成があります。

1998年の国連総会決議、人権の擁護者宣言によれば、人権のために働いている人々およびNGOはその活動のために必要な自由を与えられなければならないし、いかなる種類の迫害からも保護されなくてはなりません。いくつかの国では、アムネスティ・インターナショナルやヘルシンキ委員会のような組織は批判にさらされていて、その仕事のために迫害にあっていることさえあります。人権活動家が合法的な活動を行ったために投獄された事例は世界中に多数あります。国家は、これらの活動家を、警察のような国家機関からだけではなく、法によらずに自分勝手に相手を処罰する殺戮軍のような暴力団体からも守る義務があります。

国連事務総長は、それぞれの国連宣言の実施を支援するための人権擁護者に関する特別代表を指名しました。

NGOはまた、人権教育と学習においても、しばしば国連やユネスコ、欧州評議会や他の政府間機関と協力して、カリキュラムを開発したりトレーニング・プログラムを編成したり、トレーニングのための素材を作成したりすることによって、重要な役割を果たしています。グローバルなレベルでは、国連人権教育の10年を創始した人権教育のための民衆運動が途上国にまで活動範囲を広げ、インド、アルゼンチンおよびマリ等で、地域的な人権学習機関の設立を助けています。人種主義および人種差別的な行動に対するトレーニングの分野では、名誉毀損防止同盟が世界中で活動を行っています。

NGOのネットワークは女性の平等および保護を求める闘争のなかでとりわけ重要性を増してきました。国連女性開発基金(UNIFEM)、ラテンアメリカ・カリブ海女性人権擁護委員会(CLADEM)または女性と開発ネットワークヨーロッパ(WIDE)はすべて、完全な平等と差別禁止の実現を妨げている障害を克服する目的で、女性を力づけるために、人権教育および学習をそれぞれの行動指針のなかで高く位置づけています。アフリカでは、NGOは「アフリカ人権委員会」の会期の前に定期的に会合を開き、会期に出席し、合同訓練活動を組織しています。オーストリアのNGOである人権と民主主義のための欧州訓練研究センター(ETC)は、南東欧のおおくの人権センターと協

力して、地方または地域的な人権教育および訓練プログラムを提供しています。バルカン人権ネットワーク(BHRN)は情報の共有や合同での活動のために多数のNGOを集めています。

> 市民社会組織は、経済的および政治的に力を奪われた人々の声を拡大するのを助けています。公正な貿易、女性に対する暴力、人権、そして、環境への暴力に関連する特定課題のキャンペーンにおいて、国際市民社会は、人間の安全保障への脅威を世界中に注目させました。
>
> NGOは、経済的および政治的なプロセスに市民の参加を促進して、人々の要求に応える制度的取決めがなされるように、権利に基礎をおいた教育を通じて、自国内の一定の範囲の市民社会組織を力づけ、動員することができます(人間の安全保障の現在2003年、人間の安全保障委員会、88)。

H 人権の保護と促進のための地域的なシステム

人権保護の普遍的な文書に加え、人権の地域的なシステムがいくつか発展してきていますが、それらは通常、権利の水準も実施水準も、より高度なものを提供しています。

地域的なシステムの利点は、申立てをより効果的に処理できる能力があるということです。裁判所の場合なら、補償をともなった拘束力のある決定が下され、また、人権委員会の勧告は一般的に国家に真剣に受け止められています。それらは人権文書の規定を解釈して明確にする「先例」となるだけでなく、国内法を国際的な人権義務に両立させるように改正させることにもつながります。さらに、地域的なシステムは、文化的、宗教的な事柄に対して、もしもそれらに正当な理由があれば、より敏感に配慮をしています。

I 欧 州

欧州人権システムは三層からなっています。すなわち、欧州評議会(47加盟国)、欧州安全保障協力機構(56加盟国)、欧州連合(27加盟国)のシステムです。

人権の欧州システムはもっとも精巧に作りあげられた地域システムです。それは、第2次世界大戦中の大量の人権侵害を教訓として発展してきました。人権、法の支配および多元的民主主義は欧州の法秩序の土台です。

欧州の人権文書
- 欧州人権条約(1950年)と14の追加議定書
- 欧州社会憲章(1961年)、1991年と1996年に改正、および1988年と1995年の追加議定書
- 欧州拷問防止条約(1987年)
- ヘルシンキ最終議定書(1975年)および新しい欧州のためのパリ憲章(1990年)を含んだ欧州安全保障協力会議／欧州安全保障協力機構のフォローアップ・プロセス
- 地域的または少数者言語のための欧州憲章(1992年)
- 欧州民族的少数者保護枠組条約(1995年)
- 欧州連合の基本権憲章(2000年)

1 欧州評議会の人権システム

a 概 観

　主な文書は、1950年の**欧州人権条約**とその14の追加議定書です。とりわけ重要なのは死刑廃止に関する第6および第13議定書で、それらは欧州の人権アプローチを米国の人権アプローチと異なるものとして特色づけるものです。また、第11議定書も重要なもので、それは、欧州人権委員会と欧州人権裁判所を、1つの常設的な欧州人権裁判所におき換えました。欧州人権条約は、主に、市民的および政治的権利を含んでいます。

　1961年の**欧州社会憲章**は、経済的および社会的権利を追加するためにつくられましたが、欧州人権条約と同様の重要性をもつにはいたりませんでした。当初から、同憲章は実施のためのシステムが弱く不十分であるという難しさがありました。しかしながら、1980年代後半から、普遍的なレベルにおいて経済的および社会的権利への注目が増していったのと並行して、欧州社会憲章も新たに注目されるようになり、1988年と1995年に2回改正され、現在、追加議定書に基づいた集団的申立の可能性をも用意しています。

　1987年の**欧州拷問防止条約**によって重要な革新が導入されました。同条約は、欧州拷問防止委員会を設立しましたが、その委員会は、あらゆる拘禁場所へ定期的または特別な訪問をするために派遣団を送ります。したがって、このシステムの論理は、欧州人権条約とその裁判所が引き受けている事後的な保護とは対照的な予防的な効果ということです。2002年12月に、国連総会は国連拷問等禁止条約の追加議定書を採択しましたが、それによって、欧州拷問防止条約と同様のメカニズムが世界中で機能することが期待されています。

☞ **拷問の禁止**

欧州民族的少数者保護枠組条約(1995年)は、1993年のウィーンでの欧州評議会首脳会議ののち、欧州における少数者の権利の問題に対処するために起草されました。これらの問題はソビエト連邦の解体とユーゴスラビア社会主義共和国の解体、そして、より一般的には1990年代の欧州における自決の過程がもたらしたものです。同条約によれば、国家は少数民族のメンバー個人の権利を保護しなければなりませんが、同時に、少数者が彼らの文化や独自性を維持できるような条件を与えなければなりません。しかしながら、実施措置は報告制度とその報告書を審査する責任を負う専門家による諮問委員会があるにすぎません。

1999年に欧州評議会もまた**「人権弁務官」**を設立しましたが、彼／彼女は年次報告書においてその活動についての情報を提供することになっています。さらに、人権のさまざまな分野で構成国の義務の遂行に関する**非公開の監視システム**があり、それは事務局によって用意された報告書を基礎として閣僚理事会が責任をもって行う活動です。

欧州の人権機構と機関

欧州評議会：
- 欧州人権裁判所(1998年に裁判所への一本化)
- 欧州社会権委員会(1999年改定)
- 欧州拷問防止委員会(CPT、1989年)
- 民族的少数者枠組条約の諮問委員会
- 人種差別および不寛容に関する欧州委員会(ECRI、1993年)
- 欧州人権高等弁務官(1999年)
- 欧州評議会の閣僚委員会

欧州安全保障協力機構：
- 民主制度・人権事務所(ODIHR、1990年)
- 少数民族高等弁務官(OSCE、1992年)
- メディアの自由代表(OSCE、1997年)

欧州連合：
- 欧州裁判所
- 欧州連合人権主義・排外主義監視センター(EUMC、1998年)
- 欧州連合基本権庁(2007年)

---

b 欧州人権裁判所

欧州における人権保護の重要な道具は、ストラスブールにある欧州人権裁判所です。その義務的な管轄権は、今日では欧州評議会のすべての構成国によって承認されています。裁判官の数は欧州評議会の構成国数と同じで、各事案に、いわゆる「国籍裁判官」

が国内法の理解を容易にするために含まれます。しかしながら、裁判官はいったん任命されたら個人の資格においてのみ任務を果たします。

申立てが受理されるためには、4つの重要な前提条件が満たされていなくてはなりません：
 a. 欧州人権条約およびその追加議定書によって保障されている権利の侵害があること
 b. 申立人が人権侵害の犠牲者であること
 c. すべての効果的な国内的救済を完了していること
 d. 国内救済の完了後6カ月内に申立てがなされていること

もしも受理可能であれば、7人の裁判官からなる小法廷が事件の本案について決定を行います。事件がとくに重要である、あるいは新たな解釈をしめすものであると考えられると、上訴審として17人の裁判官からなる大法廷が用いられることになりますが、そうでない場合は、小法廷の判決が最終的なものになります。判決は拘束的であり、損害に対して賠償を与えることもできます。判決の履行の監視は閣僚委員会の任務です。

この制度の現在における主な問題は、受けとった申立数のおおはばな増加で、1989年の1000件から2004年には4万4000件以上にまでなり、制度の過剰負担を招いています。2004年の第14議定書は、この問題に取り組むために採択されました（2010年6月発効）。

2 欧州安全保障協力機構（OSCE）の人権制度

欧州安全保障協力機構は、1994年に欧州安全保障協力会議を引き継いだものですが、たいへん特殊な機構です。それは、法的な性格も国際法人格もなく、その宣言と勧告は政治的な性質をもつにすぎず、国家に対して法的に拘束力をもつものではありません。それにもかかわらず、さまざまなフォローアップ会議または専門家委員会においてしばしば詳細な義務のカタログが採択され、それらが、構成国の代表による理事会や定期的に組織されるフォローアップ会議によって監視されるのは、かなり成功している監視メカニズムといえます。「ヘルシンキ・プロセス」は、冷戦時代に東と西の間に協力をうちたて、よりひろい56カ国の欧州においての協力のための基礎を提供するのに重大な役割を担っています。

「人間的側面」のタイトルの下に、欧州安全保障協力機構はとくに人権と少数者の権利の分野において多数の活動を行っています。これらの活動は、ボスニア・ヘルツェゴビナ、セルビア・モンテネグロ、そしてコソボの場合のようにさまざまな現地活動団においても重要な役割を果たしています。この目的のために、欧州安全保障協力機構の活動団は人権部をもち、国内いたるところの人権状況を監視し報告するために、

さらには、人権を促進し、一定の場合には保護を援助するために、人権官が配置されています。欧州安全保障協力機構はまた、活動団をおいている国では、ボスニア・ヘルツェゴビナやコソボにおけるオンブズパーソンのような国内の人権機関の支援もしています。

少数民族高等弁務官とメディアの自由代表という形態で、特別のメカニズムが発展してきました（☞**表現の自由とメディアの自由**）が、それらはそれぞれハーグとウィーンに事務所を構えています。少数民族高等弁務官は紛争予防のための道具であり、可能なかぎり早期の段階で民族間の緊張状態をとりあげる権限をもっています。欧州安全保障協力機構はまた、欧州の多くの国が多元的民主主義へと移行する際に、民主的選挙を監視するのにも重要な役割をはたしていました。民主化の過程と人権の促進は、ワルシャワにおかれた**民主制度・人権事務所（ODIHR）**によって支援されています。欧州安全保障協力機構はまた、欧州における紛争解決と紛争後の再建においても重要な役割を演じています。

3　欧州連合の人権政策

1957年に設立された欧州経済共同体は、はじめは、人権のような政治的な問題には関わっていませんでした。1980年代から欧州連合の設立へむけて欧州が政治的な統合を進めたことによって、人権と民主主義は、欧州に共通な法秩序の鍵となる概念へと変化しました。欧州裁判所がこのための重要な役割を担っていますが、同裁判所は、人権に対する管轄権を、「構成国に共通の憲法的な伝統」、および、構成国が当事者である国際条約、とりわけ欧州人権条約から引き出して、発展させました。人権の中には、財産権、団結権、宗教の自由、または平等原則のように、共同体法の一般原則として解釈されてきたものもあり、それらは欧州共同体法のなかでとりわけ重要なものです。

1980年代から、欧州共同体は、また、第三国との関係において人権政策を発展させてきましたが、それもまた、東欧・南欧の新しい諸国の承認のための、いわゆるコペンハーゲン基準に反映されています。1997年の欧州連合条約の第6条は明示的に1950年の欧州人権条約に言及しており、欧州連合が同条約に構成員として加入することを予見しています。

2000年に、欧州連合基本権憲章の起草のために会議が招集され、翌年のニース・サミットで採択されました。現在、この憲章は欧州のなかでもっとも今日的な人権文書であり、世界人権宣言と同様に、市民的および政治的権利も経済的、社会的および文化的権利も含んでいます。同憲章は、欧州連合の構成国が加入しているさまざまな国際条約が規定する人権義務のおおくをかかげているので、これらの拘束的な義務を解釈および明確化するものとして理解することができます。1995年以降、欧州連合は二国間条約に**人権条項**を挿入していて、それらは、「安定化・連合協定」、コトノー協定、

またはユーロメッド協定等にみられます。欧州基本権憲章に拘束的な地位を与えるはずの新欧州憲法は発効しませんでしたが、それに代わるリスボン条約が2007年12月に調印され、2009年12月に発効しました。

　欧州連合は、人権政策が共通外交・安全保障政策の一部を構成する時には、それを内部的な関係においても対外関係においても発展させてきました。欧州連合が発行している**人権年次報告書**は、欧州連合にとってのこの人権政策の重要性を全般的に反映しています。理事会は公式声明を出しますが、個別事例に根ざした「**人権外交**」において舞台裏でもまた活動し、欧州委員会とともに、中国やイランのようにいくつかの国との「**人権対話**」を行うことを追及しています。

　欧州議会は、先頭にたって、人権を欧州連合の政策課題のなかでつねに高く位置づけてきましたし、人権に関する年次報告書も発行しています。人権と民主主義の分野でのNGOのプロジェクトへの財政的支援が、欧州議会が率先して作り出した**民主主義と人権のための欧州イニシアティブ**から利用ができます。それは、欧州委員会が政治的な戦略を定め、ヨーロッパ・エイドが運営しているものです。拷問および死刑に反対する闘い、または国際刑事裁判所のためのキャンペーンに関しては、特別に力を入れています。

　欧州連合人種主義・排外主義監視センター（EUMC）は、欧州においてますますおおきくなっている人種差別と排外主義の問題に取り組むために、1998年ウィーンに設立されましたが、欧州における状況を監視し、人種主義および排外主義に反対する活動を促進しました。同センターの活動に基礎をおいた**欧州連合基本権庁（FRA）**が2007年に設立され、請求におうじて人権状況に関するデータを収集し報告書を提供し、欧州連合の人権政策を支援する活動をはじめました。

　1997年に、欧州共同体条約に現在の第13条が挿入され、共同体が人種または民族的な出身、宗教、年齢、障害または性的指向を理由とした差別と戦うための権限を与えました。理事会は指令2000/43/ECを採択しましたが、それは、人種または民族的な出身に関わらない平等な取扱いの原則の適用を、欧州連合内の公的・私的両部門において、とくに、雇用の分野、教育および訓練へのアクセス、および社会的な利益の分野で実施することを定めています。

　同様に、欧州連合は、**平等**に対して特別に焦点をあてています。欧州共同体条約の第141条によれば、「**男女同一報酬**」の原則を適用しなければならず、機会の平等を与える措置を採択しなければなりません。加えて、この原則は、改正された平等待遇指令2002/73/ECのような規則や指令においてさらに発展してきています。

☞ **無差別**

II 米　州

米州諸国間での人権システムは、米州機構(OAS)憲章とともに1948年に採択された米州人権宣言に始まりました。米州人権委員会は1959年に米州機構によって設立され、7人のメンバーから構成される、このシステムの主要な機関です。

1978年に、1969年に採択された米州人権条約が発効し、それ以来、経済的、社会的および文化的権利に関する議定書と死刑廃止に関する議定書という2つの追加議定書によって補足されてきました。委員会の所在地はワシントンD.C.ですが、米国は条約の構成国ではありません。同条約はまた米州人権裁判所についても規定しており、同裁判所は、1979年に、「米州人権研究所」もおかれているコスタリカに設立されました。

女性に権利を与えている法的な文書がいくつかありますが、1995年に発効した女性に対する暴力の防止・処罰・根絶に関する米州条約(ベレン・ド・パラ条約)は、とりわけ言及するに値します。これは、すでに米州機構の35加盟国のうちの32カ国によって批准されています。この条約によれば、定期的な国家報告書が、1928年にすでに設立されている米州女性委員会に提出されることになっています。1994年から、女性の権利に関する特別報告者ももうけられています。

☞女性の人権

> **米州人権システム**
> ・米州人権宣言(1948年)
> ・米州人権委員会(1959年)
> ・米州人権条約(1969/1978年)
> ・経済的、社会的および文化的権利に関する追加議定書(1988年)
> ・死刑廃止に関する追加議定書(1990年)
> ・米州人権裁判所(1979/1984年)
> ・米州女性委員会(1928年)
> ・女性に対する暴力の防止・処罰・根絶に関する米州条約(1994年)

個人、グループまたはNGOが「請願」と呼ばれる申立てを米州人権委員会に行うことができ、同委員会は人権に関してどのような措置をとったのかという情報を要求することができます。米州人権裁判所への訴えは、個人等から直接ではなく、委員会を通じてのみ可能であって、どの事件を裁判所に移行させるのかは委員会が判断します。このようにして、過去においては、裁判所が扱った事件はおおくはありませんでしたが、現在は変化しているように見えます。裁判所は条約の解釈について勧告的意見も与えます。委員会のように、裁判所も7人で構成されており、非常設的に活動しています。

委員会はまた、特定の関心事項に関して現地調査も行い、特別報告書も出します。人権侵害の犠牲者が事件を米州人権委員会や裁判所へともちこむのを援助するNGOがいくつかあります。

III アフリカ

アフリカの人権システムは、1981年に当時のアフリカ統一機構による**人と人民の権利に関するアフリカ憲章**（バンジュール憲章）の採択によって創設されましたが、同憲章は1986年に発効しました。同憲章がもうけた11人からなる**アフリカ人権委員会**は、ガンビアのバンジュールにおかれています。今日、アフリカ連合（AU、2001年にアフリカ統一機構を引き継いだ）の53構成国すべてが、同憲章を批准していますが、同憲章は、世界人権宣言のアプローチにならってすべての人権カテゴリーを1つの文書に組み入れています。その前文は「**アフリカ文明の価値**」に言及しており、そのことによって、アフリカの概念としての人と人民の権利を鼓舞しています。同憲章は、個人の権利の他に人民の権利についても言明しています。さらには、個人の義務、例えば家族や社会に対する義務等も規定していますが、実効面ではあまり意味をもっていません。

> **アフリカの人権システム**
> ・バンジュール憲章（1981年、1986年に発効）
> ・アフリカ人権委員会（1987年）
> ・アフリカ人権裁判所の設立に関する追加議定書（1997年、2003年発効）
> ・女性の権利に関する議定書（2003年、2005年発効）
> ・子どもの権利および福祉に関するアフリカ憲章（1990年、1999年発効）

委員会は、人権の促進の分野でおおくの権限をもっていますが、国家（これまでにはまだ例がありません）および個人または団体からの申立てを受けとることもできます。受理許容性の基準は広く、人権侵害の犠牲者のためにNGOまたは個人が通報することも認めています。しかしながら、委員会は、法的に拘束力のある決定をすることはできず、そのことが理由の1つとなって、**アフリカ人権裁判所**の設立に関する議定書が採択され、2003年に発効しました。同裁判所は、米州システムと同様に、委員会を通じてのみ申立てを受けとることができます。個人からの直接の申立ては、国家がそのための特別の宣言をしている場合にのみ可能ですが、それは今のところ例外的にすぎません。2006年に人権裁判所が発足し第1回の会期を開きました。2004年には、国家元首および政府の長の総会が、新しい法文書を基礎にして同裁判所をアフリカ連合裁判所と合併することを決定しましたが、現在まだ議論が進行中です。

国内の人権状況の定期的な監視は、委員会による国家報告書の検討を基礎として行われますが、それらの報告書はしばしば不定期にしか出されなかったり不十分であったりします。国連の実行に続いて、委員会は、**特別報告者**を、**超法規的、即決のあるいは恣意的な死刑執行**、刑務所および拘禁条件、女性の権利、人権擁護家、および表現の自由に関して、それぞれもうけています。

委員会は、また、事実**調査使節団**および**人権促進使節団**を派遣し、特別の事件においては特別会期を催します。例えば、1995年のオゴニ人民のサバイバル運動の9人のメンバーの死刑執行や彼らの不公正な裁判が行われた後で開催されました。委員会は、そのすべての公開された会合に参加が認められているアフリカとその他の諸国のNGOから、おおくの勢いをえています。それらは、しばしば違反事例をもちこみ、委員会と特別報告者の仕事を支援しています。各国政府が**自国の法制度**のなかで、憲章を直接適用可能とすることは重要です。例えば、ナイジェリアの事例では、「憲法的権利プロジェクト」のようなNGOが憲章違反の事例をナイジェリアの国内裁判所にもちこむことに成功しました。

1989年の国連児童の権利条約の採択に続いて、**児童の権利および福祉に関するアフリカ憲章**が1990年に採択されました。1999年になってようやく発効し、2008年7月現在、アフリカ連合の構成国のうち43カ国が批准しました。同憲章は、最低1年に1回会合を開く「子どもの権利および福祉に関するアフリカ専門家委員会」の設立を規定しています。

IV 他の地域

イスラム諸国に関しては、1990年の**「イスラムにおける人権に関するカイロ宣言」**に言及する必要があります。同宣言は、**イスラム諸国会議機構**の外相たちによって起草され採択されました。この宣言に規定されているすべての権利はイスラムのシャリアに従っています。

さらには、アラブ人権憲章が、アラブの人権専門家たちによって起草され、アラブ連盟の理事会で1994年に採択されましたが、NGOや研究者からの批判を受け、改良された新しいバージョンが2004年に再び採択され、2008年3月に発効しました。

アジアでは、いくつかの試みがあったにもかかわらず、地域内の多様性が主な原因となって、地域的な人権文書を採択すること、またはアジア人権委員会を設立することは、これまで可能ではありませんでした。しかしながら、アセアンのような地域統合の場において努力がなされており、将来、最終的にはアジア人権委員会へとつながるかもしれません。市民社会のレベルでは、200以上のNGOが香港のアジア法資料センターの主導のもとで、1998年の世界人権宣言50周年記念の時に、「人民の憲章」としての「アジア人権憲章」を作成しました。人権に関する**ユーロ・アジア対話**も欧州連合

とアセアン10カ国のあいだで行われています。同様の対話は、**欧州連合と中国**とのあいだでも存在しています。

　地域間合意としては、78のアフリカ・カリブ海・太平洋諸国（ACP）と欧州連合の15の構成国とのあいだで2000年に結ばれた**コトノー・パートナーシップ合意**は、その第9条2項が、「人権、民主主義および法の支配の尊重…は、この合意の必要不可欠な要素を構成する」ことを想起しています。

I　普遍的管轄権と不処罰の問題

　不処罰をなくすための闘い、および説明責任を求める闘いは、広く地球規模の問題となっています。考慮されるべき重要なことの1つとして、さらなる犯罪の防止ということが挙げられますが、それは、通常、人権と人道法の重大な違反になります。重大な人権侵害を処罰しないでおくことは、非民主的な支配者（しばしば将軍）を、民主的に選ばれた政府に権限を委譲するように説得するために世界中で行われてきたことです。それは、戦争や体制の変化がおこった後に軽犯罪に対して与えられる「恩赦」と混同されてはなりません。**不処罰**は、説明責任の原則に反していますが、説明責任の原則は、国内および国際レベルで、例えば特別および一般的な国際刑事法廷または裁判所の設立を通じて、ますます実現されています。

　人権侵害を防止するために、1984年の国連拷問等禁止条約のような一定の国際条約が犯罪の犯人の**普遍的な訴追**の義務を定めています。チリの前独裁者であるアウグスト・ピノチェト将軍の場合は、1998年のスペインの判決が英国からの彼の引渡しを求め、それは、貴族院の注目すべき決定により当初は認められましたが実行はされませんでした。普遍的な管轄権は国際刑事裁判所や国家レベルにおいても適用されています。リベリアの元国家元首のチャールズ・テーラーは、はじめナイジェリアに出国することが認められていましたが、2006年3月に裁判を受けるために戻されました。彼は、ハーグで特別開廷されるシエラレオネ特別法廷において2007年から裁かれています。

　説明責任の確立の他の形態として、かならずしも犯人の処罰につながらないものの中に、「**真実和解委員会**」があります。それは、南アフリカや他の国で、処罰を求めない正義の形態として確立されてきたものですが、そのような委員会は、すくなくとも、犠牲者が真実を知り社会が過去の教訓を学ぶチャンスをあたえます。

　アルゼンチンの場合は、米州人権委員会が、不処罰を規定する恩赦法が司法的な保護および公正な裁判への権利を侵害しているという判断をしました。不処罰に反対する国際的なキャンペーンがありましたが、そのなかで地方のNGOがおおきな役割を果たしました。ついに、1998年、恩赦法は撤回されました。

J　国際的な刑事管轄権

1998年ローマで採択され、2002年に発効した国際刑事裁判所の規程によれば、国際刑事裁判所は常設的な裁判所としてハーグに設立されました。その管轄権は、ジェノサイド犯罪、「文民に対して向けられた広く組織的な攻撃の一部として犯された」人道に対する罪(レイプ、性的奴隷、強制的な妊娠、または重大な性的暴力の他の形態を含む)、強制的失踪または苦痛を引き起こす同様の非人道的な行為(精神的または身体的な健康の重大な損傷等)、戦争犯罪、そして、将来は、侵略に対する罪におよびます。

旧ユーゴスラビア国際刑事裁判所は、1993年にハーグに安全保障理事会によって、旧ユーゴスラビアの領域内における人権と人道法の大規模な違反を取り扱うために設立されました。したがって、その権限は、1949年のジュネーブ諸条約の重大な違反、武力紛争中に犯された殺人、拷問、レイプまたは他の非人道的な行為のような人道に対する罪、およびジェノサイドを含みます。1994年のルワンダでのジェノサイドの結果として、**ルワンダ国際刑事裁判所**がタンザニアのアルーシャに設立されました。シエラレオネ特別法廷は2002年から機能しており、真実和解委員会と協力していましたが、同委員会は、現在のところは仕事を終了しています。**カンボジア**の場合は、2003年にカンボジア特別法廷の設置が国連とカンボジア政府のあいだで締結され、2006年7月から本格的に捜査を開始しました。

旧ユーゴスラビア国際刑事裁判所やルワンダ国際刑事裁判所のように、国際刑事裁判所の管轄権も**国内の司法管轄権の補完的**なものです。国家が犯罪の犯人を訴追したがらない、またはすることができないときだけ、国際刑事裁判所は事件をとりあげます。すべての裁判所は、容疑者の公的な職務がどのようなものであるかに関わらず、個人責任の原則に基礎をおいています。

> シエラレオネ特別法廷は、殺人、レイプ、性的な奴隷、殲滅、テロリズム行為、奴隷化、略奪行為と焼き殺しを捜査します。同裁判所は、シエラレオネにおける人々の被害に対するもっとも重大な責任を負う個人を訴追することのみを意図しています。それは、司法的なメカニズムを通じて国家の和解を促進し、永続的な平和に貢献することが期待されています。

K　人権と都市におけるイニシアティブ

人権を国内レベルで強化するための計画は、人権の枠組を社会的および経済的な発展のためのガイドラインとして用いようとする新たなアプローチです。**人権教育のた

めの民衆運動(PDHRE)のイニシアティブによって、いくつかの都市は、「人権都市」または「人権共同体」の宣言を行ってきましたが、それらには、ロザリオ(アルゼンチン)、ティエス(セネガル)、ボンゴ(ガーナ)、カティ、カイ、トンブクトゥ(マリ)、モゴル(南アフリカ)、ナグプール(インド)、ディナプール(バングラディッシュ)、ブカイ市(フィリピン)、ポルト・アレグレ(ブラジル)、グラーツ市(オーストリア)、エドモントン(カナダ)等があります。

　バルセロナ市によってもう1つのイニシアティブがとられてきました。サンデニ市と協力して、「都市における人権保護のための欧州憲章」が1998年に作成され、2003年までに主に地中海周辺の300以上の都市によって署名されました。同憲章は、移民の権利等国際人権に基づいた政治的な義務を含んでいて、オンブズパーソンや人権理事会、または人権バランスシートのような、人権保護のための地方的な制度と手続の確立を推奨しています。ベニス(2003年)やニュルンベルグ(2005年)における定例会において、署名した都市や共同体が、成功した実践例についての情報交換を行っています。

　ユネスコによって始められた「人種主義に反対する国際都市連合」は、各都市が、その住民の文化的多様性をよりよく考慮に入れることができるようにするために、都市における人種主義と排外主義の問題に取り組んでいます。地域的なレベルでは、「欧州反人種主義都市連合」が2004年に始まりました〔参照 http://www.unesco.org/shs/citiesagainstinstracism〕。人権侵害を防止したり賠償したりする人権委員会やオンブズパーソンや他の制度をもうけている都市もあります。

　地方のレベルから始めて、人権を共同体全体で促進していこうという戦略は、日々の生活における人権問題に取り組むことができるという利点があります。「人権のための民衆運動」によって提案され、実際に成功裡に適用されている方法は、共同で人権の目録を作成し、ある都市においてどの人権が実現されどの人権が実現されていないのかを明らかにすることから始めて、戦略を行動計画の作成へと変えていくことです。住民は、その都市の財源の使用についての法と政策を審議し、自分たちの領域内で人権の実現を強化し、人権問題を克服する計画を発展させます。当局とともに、彼らはすべての決定、政策、または戦略が人権によって導かれなくてはならないことを誓約します。

　この目的のために、人権への包括的なアプローチが追求されますが、それは、すべての人権、すなわち、ジェンダーの視角を含んだ市民的、政治的、経済的、社会的および文化的権利が包括的に取り組まれなくてはならないということです。人々に、人権を意識させるためには、教師、行政官、警察官、ヘルス・ワーカーやソーシャル・ワーカー、地域の組合やNGOのリーダーのための「訓練者を訓練する」プログラムを含んだ学習および訓練活動がもっとも重要です。社会の中のあらゆる部門を含んだ運営委員会によって率いられる監視制度は長期的なプロセスを監督します(http://www.pdhre.

org参照)。

　国際的なレベルでは、人権都市連合が形成途上ですが、同組織は、その構成メンバーが必要とされる自己コントロールができているのかどうか、また、真剣に努力をしているのかどうかを監視することになるでしょう。地球規模の人権都市キャンペーンが、国連環境計画の支援を受けて「人権教育のための民衆運動」によって始められましたが、それは地方のプロジェクトにもまた従事してきました。

人権都市ナグプール(インド)の事例

第1段階(1999年1月から6月)：問題と利害関係者の確定
第2段階(1999年7月から2000年6月)：作業グループの援助を受けての活動の整理
第3段階(2000年7月から2002年12月)：能力形成と訓練活動；スラムで共同体の活用

人権都市カティ(マリ)の事例

2000年4月：プロセスのスタート
2001年2月：戦略的な行為者の総会：オリエンテーションおよびコーディネーション委員会と運営事務所の設立
2001年12月：専門家による諮問理事会
2002/2003年：人権教育に関するカリキュラムの開発と訓練セミナー

人権都市グラーツ(オーストリア)の事例

2000年9月：オーストリア外相、フェレーロ・ヴァルトナーによる国連ミレニアム総会での発表
2001年2月：グラーツ市評議会での全会一致の決定
2001年5月：シュラミス・ケーニッヒが出席した、グラーツ大学での正式な開始式
2002年6月：グラーツ市役所で100以上の個人および組織に協力をえて人権目録と行動計画案の提出
2003年10月：第一実施段階の結果に関する会議
2005年：人種主義に反対する欧州都市連合への参加表明
2006年：人権諮問委員会の設立、市の人権賞のたちあげ

　このプロセスは、グラーツ市の人権と民主主義のための欧州訓練研究センターによって調整されたが、同センターはまたさまざまな人権教育および訓練プログラムを提供している。

L　人権のための地球的な課題と好機

　数十年かけて人権基準の設定を成功裡に成し遂げたのち、人権のための主な課題は、引き受けた義務を**実施**することに移りました。人権の実施を強化するために、地域的、国内的、さらには国際的なレベルでいくつかの新たな手段が開発されました。例えば、国際共同体がより活動的な態度をしめすようになったこともその一例ですが、そのような動きの中には、現在では国際的な使節団に人権官がくわわるようになって、現場での人権問題を制度的に考察するようになり、それが紛争予防の重要な効果をもつことが期待できることも挙げられます。国連人権システムの変革、すなわち、人権委員会を人権理事会におき換えたことは、人権の諸機構にとって、重大な強化につながるはずです。

　人権尊重は、地方または国家レベルでも、地方の諸機構が人権問題に関しての**能力形成**を行うことによって強化されます。すなわち、人権都市や人権の促進および監視のための国家的機構を設立するという方法がありますが、そこにおいては、NGOが市民社会の代表としておおきな役割を果たします。現在進行している、バイオテクノロジー、遺伝子工学、臓器売買、文化的多様性等に関連した人権問題に取り組むための法的文書等の作業から分かるように、まだ、**基準設定**が必要とされる問題領域もあります。

　同時に、現存する人権は、国際労働機関のアプローチによって証明されているように、「中核的な権利」に焦点を当てることにより、より目に見えるようになります。「人道についての基本的な基準」（☞**武力紛争における人権**）のように、人権と人道法の相互連関についてより周到な考慮をすることも、新たな課題です。同様のことが、**人権と難民法**の関係にも当てはまりますが、それは難民問題の予防のレベルにおいても、難民の帰還のレベルにおいても存在する問題です。両方の事例において、出身国における人権状況が決定的です。これは、**人権と紛争予防**というより広い問題や**紛争後の復興**と再建の問題を提起します。後者は、人権と法の支配を基礎にして進められることが必要です。

☞法の支配、民主主義に対する権利

　人権侵害に対する**説明責任**と人権の尊重は、地球的な関心事となってきており、個人に対して求められるのみではなく、多国籍企業のような非国家主体、世銀、国際通貨基金、世界貿易機関のような政府間組織に対しても求められています。したがって、大量で組織的な人権侵害に対する賠償は、時事的な問題となっていて、国連の人権小委員会は「多国籍企業とその他の企業の責任に関する規範」を作成しました。

　2000年7月、当時の国連事務総長コフィ・アナンの提案に基づいて、グローバリゼー

ションの過程における新しく革新的なアプローチとして、**グローバル・コンパクト**が打ちあげられました。参加企業は、人権、労働基準、環境および腐敗防止の諸分野で、10の基本的な原則を受け入れ、地球的問題、すなわち、紛争地域におけるビジネスの役割に関連する結果思考的な対話に参加することになります。

☞ **労働の権利**

　テロリズムからの脅威の増大に対して闘いながらも、人権基準を維持し続けることは重大な課題です。犯罪やテロリスト行為の犠牲者の保護がもっと適切に行われる必要がありますが、それと同時に、誰も法の外におかれたり不可譲の人権を奪われたりしてはなりません。欧州評議会は、これらの新たな課題に取り組むために、「人権とテロリズムに対する闘いに関するガイドライン」や「テロリスト行為の犠牲者の保護」に関するガイドラインを採択しました。国連事務総長と国連人権高等弁務官は、人権の保護は、テロリズムに対する闘いの一部でなくてはならないと強調してきました。

> 「私は、人権とテロリズムのトレードオフはありえないと信じています。テロリズムと闘いながら人権を擁護することはおかしなことではありません：逆に、道徳的な人権の未来像――各人の尊厳を深く尊重すること――をもつことは、私たちにとってテロリズムに対するもっとも力強い武器となります。人権の保護において妥協をすることは、テロリストに彼らだけでは達成できない勝利を手渡すことになるでしょう。したがって、人権の促進と保護は、国際人道法の厳格な遵守と同様に、反テロリズム戦略の中心となるべきでしょう」。
> 〔コフィ・アナン（前国連事務総長）、2003、http://www.un.org/News/Press/docs/2003/sgsm8885.doc.htm〕

II 人権に関する諸問題の構成要素

1 拷問の禁止

| キーワード | 人間の尊厳と人間の完全性　非人道的および品位を傷つける取扱い　拷問 |

　何人も、拷問又は残虐な、非人道的な若しくは屈辱的な取扱若しくは刑罰を受けることはない。

世界人権宣言第5条、1948年

説　例

　私は、1991年11月25日午前9時頃街中で呼び止められました。その段階では問題はありませんでした。…ボログニィ警察署に拘引されました。2階まで連れて行かれ、そこで約8名の者が私を殴打し始めました。私は、膝をつかざるを得ませんでした。1人の警察官が私の髪をつかんで引っ張りました。もう1人の警察官は、野球バットのようなもので私の頭を繰り返し殴打しました。他の警察官の1人は、私を蹴り、また背中を殴ったのです。取調べは約1時間休みなく続けられました。
　1991年11月26日、某所で日中3、4人の警察官に尋問を受けました。…時折、髪を引っ張り、殴ったり、スティックで殴打されました。…
　警察官はみんな、午前1時まで暴行を働き続けました。虐待は午後7時頃に始まったと思います。ある時、私は彼らに長い廊下に引きずり出されました。そこで責任者と思われる警察官が、私の髪をひっつかみ、廊下を走らされました。その間他の者は廊下の脇に立っていて、私の足を引っかけて躓かせました。…

その後、ある事務所に連れて行かれ、私がしゃべらなければ痛めつけられると脅されました。私が自白を拒むと、2つのトーチランプに火をつけました。それは2つの小さな青いガスボンベにつながっていました。彼らは私を座らせ、私の足から1メートルほど離れたところにトーチランプをおきました。もはや私は靴を履いていませんでした。私はそれを見たとき、私は自分のシャツの袖を引き裂き、「やってみろ、何もできないだろう」と言いました。予想したとおり、彼らは、脅しを行うことはありませんでした。…

　警察官らによって、約15分間私はほっておかれました。その後その1人が、「おまえらアラブ人は、セックスを楽しんでいるんだってなぁ」と言いました。そして彼らは、私を抱え上げ、服を脱がせると、警官の1人が、私のおしりに小さな黒い棍棒をつっこんだのです。

　セルモウニは以上の状況を述べると泣き始めました。

　私は、あなたに語ったことが深刻なことだとわかっていますが、それが全くの真実の話です。私は、実際に虐待を受けていたのです。…

　欧州人権裁判所は、セルモウニ対フランス事件の事実ならびに証拠を検討した後、1999年7月28日に全員一致で欧州人権条約第3条の違反が存在すると認定しました。

［論　点］
1. セルモウニ氏に起こったことを、あなたはどのように考えるでしょうか。この報告を、あなたはどのように思いましたか。
2. 同様の行為が生じないようにするためには、何をなすべきだと考えますか。そのための国内的、地域的、あるいは国際的なレベルにおいてすでに存在するメカニズムを知っていますか。
3. 社会はセルモウニ氏のような被害者をどのように支援しかつ援助することができると考えますか。
4. セルモウニ氏が麻薬の売人であるとあなたが知った場合には、あなたは考えを変えますか。

基礎知識

1 拷問からの自由な世界

　21世紀初頭の現在、拷問および非人道的ならびに品位を傷つける取扱いからの自由な世界は、いまだ実現し得ない願望です。人権機関およびメディアでは、拷問および虐待の事件についての報告が非常に増えています。そして国家間で合意された共通の基準およびその遵守につき、双方に違いがあることについて認識を高める努力をしています。虐待の深刻な形態は、人権侵害が日常茶飯事である社会や国家に深くかかわるものであって、かつそこに原因があることが一般的なのです。驚くべきことに、拷問は、世界の3分の2の国家で行われており、先進国も含まれています。拷問は、貧困かつ「文明化していない」社会においてのみ生ずる現象であるとの考えが一般的な認識であるにもかかわらずです。拷問もしくはあらゆる虐待が世界中に存在してはいますが、そこで異なるのは、行われる程度と、そこで使用される手段です。

　拷問の禁止は絶対的であり、かつ、多くの国際的ならびに地域的な人権条約において確認されてきました。それは、免脱できない——つまりあらゆる状況下において有効であり、かついかなる理由をもってしても国家は免脱することが許されない——と考えられる人権に属するのです。拷問および虐待は、また慣習国際法において禁止されるものと考えられています。この禁止にもかかわらず、拷問および虐待が行われています。拷問および非人道的ならびに品位を傷つける取扱いは、頻繁にそして繰り返し生じるのです。それは、自由を奪われた人々に、異なる民族的、社会的ならびに文化的集団に属する人々に、老若男女に、起きることなのです。

　長きにわたり、拷問ならびに非人道的および品位を傷つける取扱いは、戦時および奴隷制度の残る時代の特徴的なものであると考えられてきました。他方、平和時にこれらが生じることは無視されてきました。しかしながら、今日拷問ならびに非人道的および品位を傷つける取扱いの事例をより綿密に検討してみると、虐待の深刻な形態は過去の歴史の産物に過ぎないとは言えないことがわかってきました。何年にもわたって、人類が進歩し発展してきたように、古代や中世の残酷な方法から、より精巧な方法に取って代わったのです。ただし残酷さは変わりません。さらにその効果も変化していません。つまり、拷問およびその他の虐待の深刻な事態は、重大な人権侵害であり、人間の安全保障を脅かすものであり続けるのです。それらは、人間の身体的および精神的完全性を侵害します。そのため、まずはじめにそれらの発生を防止するために、あらゆる努力が必要とされるのです。

　特に国際法の最近の展開ならびに情報のより素早い伝達機能によって、拷問およびその他の虐待の深刻な事態が持つ問題性に対する認識が高まりつつあります。そして、

この問題に対する注意喚起が世界規模で行われています。政府機関および非政府機関はともに、虐待のあらゆる形態がもたらす結果だけではなく、その固有の原因を特定しかつそれに対する取組みを始めました。保護と防止に関する明確な国際基準が、すでに確立し、広く受け入れられています。加えて、国内的および国際的なレベルにおける調査、監視および監督のため、これらすべてを一連の流れとして扱う機関が、これら防止基準を策定し、および拷問ならびにその他の残虐で、非人道的および品位を傷つける取扱いおよび刑罰の禁止についての義務の離脱できない権利を保護するために誕生してきました。

拷問の禁止と人間の安全保障

　拷問と虐待は、重大な人権侵害であり、すべての人間の安全に直接的に脅威をもたらすものです。したがって、人間生活を保障し、人間の身体的および精神的完全性を保持することは、人間の安全保障アプローチの核となるものです。拷問ならびにその他の残虐で、非人道的および品位を傷つける取扱いおよび刑罰の絶対的禁止は、人間の安全保障の探求に最も重要なものです。拷問および虐待からの保護および防止のための法的枠組みを改善するとともに、人権教育および学習を通じた人権意識を向上させることが、人間の安全保障や人間の福祉を強化するための基礎となることは疑問の余地がありません。加えて、すべての人権基準を改善することは、人間の安全保障の強化に向けた戦略全体の重要な要素となります。国際刑事裁判所規程は、その策定が人間の安全保障ネットワークによって熱心に進められたものでしたが、拷問を人道に対する罪および戦争犯罪として明示的に承認しており、よって人間生活および人間の安全保障を維持することをこれまで以上に強調しています。

「人を拷問する人は、言葉では表現できないほどの悪魔である」。

〔ヘンリー・ミラー〕

2　定義と解説

拷問とは何か

　拷問および虐待といった人権侵害を広く受け入れられるような方法で定義することは、たとえこれらに対する非難および禁止が、慣習国際法上の、つまりすべての国家に適用できる規範として受け入れられていたとしても、長きにわたる困難でした。拷問の絶対的禁止に関する国際的に合意された規定は、多くの国際的法文書に定められていますが、拷問の発生に対する十分な保障がある訳ではありませんでした。同様に、

定義上のあいまいさも常に存在していました。こうして国家当局に解釈の余地を認めながら、主要には国際規則の受諾を確保しようとしているのです。

拷問についての法的な定義は、1984年拷問等禁止条約（UNCAT）のすべての署名国によって定められ、支持されました（この条約は、1984年6月26日国連総会決議39/46によって採択され、署名、批准および加入に開放された。1987年6月26日に効力発生）。拷問等禁止条約第1条は、拷問の定義を次のように示しています。

> 「身体的なものであるか精神的なものであるかを問わず人に重い苦痛を故意に与える行為であって、本人若しくは第三者から情報若しくは自白を得ること、本人若しくは第三者が行ったか若しくはその疑いがある行為について本人を罰すること、本人若しくは第三者を脅迫し若しくは強要することその他これらに類することを目的として又は何らかの差別に基づく理由によって、かつ、公務員その他の公的資格で行動する者により又はその扇動により若しくはその同意若しくは黙認の下に行われるものをいう。「拷問」には、合法的な制裁の限りで苦痛が生ずること又は合法的な制裁に固有の若しくは付随する苦痛を与えることを含まない」。

拷問等禁止条約に基づく拷問の特徴的な要素は、次のとおりです。
・重大な身体的または精神的苦痛を引き起こす意図的な行為
・ある目的のために苦痛を与える行為
・国家公務員あるいは公的資格で行動する者による行為

この法的な定義が拷問および虐待の精神的および身体的の側面を考慮していることに注意が必要です。また、すべてを網羅したものではなく、かつあらゆるレベルのものを包含したものとしては述べているわけではありません。それはまた法的な制裁を除外しています。つまり、国内法に定める刑罰であったとしても、その刑罰が拷問等禁止条約の全体の精神と目的と両立するかどうか、時として問題が生じます。しかしながら、条約の定義は、国連人権委員会が述べているように、一般的な理解から、次のようにさらに拡大しています。「あらゆる拷問その他の残虐で、非人道的なもしくは品位を傷つける取扱いまたは刑罰は、…いかなる状況下においても正当化できるものではない」と。元特別報告者テオ・ファン・ホーベン氏もまた、「拷問その他の残虐で、非人道的なもしくは品位を傷つける取扱いまたは刑罰の禁止に対する法的および道徳的基礎は絶対的であり、強制的なものである。さらにはいかなる状況下においても、屈するものであってはならず、また他の利益、政策および慣行に服するものであってはならない」と強調しました。

国連拷問被害者を支援する国際日である6月26日の式典に、拷問被害者のための国際リハビリテーション評議会は、「拷問は、人が他の者に対して行うことのできるもの

の中でもっとも恐ろしいものの1つである」と宣言しました。拷問の目的は、被害者を死に至らしめることなく、可能な限りの苦痛を与えることです。身体的もしくは精神的な苦痛を意図的にもたらす刑罰は、拷問ならびに非人道的および品位を傷つける取扱いの性格をもつものです。法的な文言では、非人道的および品位を傷つける取扱いという行為と拷問との間は微妙なのですが、その区分は、行われた行為の性質とその背後にある目的であり、その重大性の程度と同様に利用された非情な手段です。言い換えれば、ある行為が、残虐で、苦痛を伴い、意図的なものであればあるほど、裁判所は、拷問の事件としてそれを検討する傾向となるのです。

> 「拷問とは人間の尊厳の残虐な侵害である。それは、被害者と迫害者の双方の人間性を失わせます。一人の人間によって他人に意図的に与えられた苦痛および恐怖は、決して消えない傷跡を残します。むち打ちによる背骨のねじれ、ライフルで突かれた事による頭蓋骨の陥没、被害者を常に不安に陥れる繰り返される悪夢。拷問からの自由は、あらゆる状況下において保護されなければならない基本的人権なのです」。
>
> 〔コフィ・アナン(前国連事務総長)、2001年〕

拷問の手段——いかなる方法で拷問が行われるのか？

だいたいにおいて、水から家庭用品まで、いかなるものも拷問の道具となりうるのです。今日、拷問の道具と手段は、退化するのではなくむしろ進化しているのであって、その残酷性と非人道性もまた、増しているのです。政府によるコントロールの不十分さ、あるいは欠如に関心を向けることが重要であることは、拷問に関する特別報告者が、拷問その他の非人道的もしくは品位を傷つける取扱いを行う意図をもって行われる、道具の取引および製造に関する研究において強調しています。今日広く行われている多くの拷問方法は、身体に目に見えるような物理的な痕跡を残すものではなく、被害者の内臓組織とともに精神面に決定的な影響を与えるものなのです。

つまり一般には、拷問の手段は、主には2つの種類に分類できます。それは身体的なものと精神的なものです。

身体的な拷問は、被害者に極度の苦痛と度を超した苦しみを引き起こします。もっとも冷酷な方法では、身体の切断、傷あるいは継続的な傷害をも引き起こすことがあります。もっとも利用されている拷問の手段は、鞭、金属物、石、太綱や警棒で打つこと、足で蹴ることならびに壁に向かって打ちつけることです。いわゆる「ファラカ」や「ファランジ」といった手段(被害者の足の裏を激しくたたくこと)が、電気ショック、窒息、緊縛や、たばこの火でやけどをさせること、あるいは被害者を極度に低温あるいは高温の場所に晒すことと同様に広く利用されています。

心理的な拷問は、食糧、水、睡眠および衛生設備の不与といった剥奪し消耗させる手段、独房監禁、他の被拘禁者あるいは外部世界との接触の断絶、他の人々の拷問に強制的に立ち会わせることなどによって与える拷問その他類似の執行の恐怖、継続的な屈辱・脅迫といった威圧や脅迫技術その他があります。加えて、性的暴力が、被害者の身体的および精神的能力を奪う手段として利用されます。

利用されるすべての拷問の手段は、人間の尊厳における重大な攻撃であり、人権侵害です。拷問からの自由な世界は、苦痛という意図的な虐待やある者が他の者へのその冷酷な手段の使用からの自由となる世界を意味します。

拷問の動機――なぜ拷問が行われるのか？

拷問の動機は、広く多様です。しかし、その核には、故意の衝動があります。権力を誇示したいとの欲望あるいは単に弱点を隠す欲望は、しばしば拷問あるいは品位を傷つける取扱いの深刻な事態をもたらします。

世界の歴史の各時代の中で、拷問は、支配を維持するため、ならびに反対者あるいは進歩的な考えを主張し、よって権力や統治システムを脅かす人々に対して権力を行使するための手段として利用されてきました。よって、拷問は、**政治的鎮圧および圧制の手段**、**処罰の手段**、**復讐の手段**、**反対派を抑える**手段として利用されてきたのです。伝統的には、拷問その他の形態の非人道的取扱いは、**情報を得る**ため、ならびに自白を得るため（強要されおよび身体的に強制されて行われた自白が、その有用性に問題があるにもかかわらず）に利用されてきました。

残虐で品位を傷つける取扱いは、また、人を脅迫し、傷つけ、人間性を失わせる手段として、つまり、自分が無用である、あるいは劣っているという感情を徐々に植えつけ、最終的にその人格を破壊していくため、屈辱感を与える手段として、利用されてきました。こうした行為すべてが、異なる動機に基づくものでしたが、拷問を受けた者の人格に長きにわたり影響を与えるのです。身体的リハビリや回復には通常何年もかかり、だからといってその結果、完全に回復するとは限らないのです。さらには、精神的な傷跡は、その後の人生に影響を与え、達成感ある生活を送ることを不可能としてしまうのです。

拷問、非人道的あるいは品位を傷つける取扱いの被害者と加害者

誰もが、拷問の被害者となる可能性があります。とりわけ法の支配の伝統のない社会、むしろ法や法が求める義務がほとんど尊重されない社会において生まれます。

虐待は、刑務所、警察署その他拘禁施設の中でもっとも発生します。しかしながら、私人の家庭においてあるいは不治のまたは精神的疾病を負っている人のための特別医療施設において生じた事件も、まれなものであるとは言えません。再拘留された受刑

者および懲役刑の犯罪人は、虐待行為をとりわけ受けやすい集団です。なぜならば、彼らは、もっとも基本的なニーズを当局に依存しているからです。こうした拘禁場所は当然に密室です。したがって、拘禁されている人々は、社会の他の人々から見えないところにおり、一般大衆がほとんど感情移入あるいは同情を与えない集団であることが多く、そのため被害者になりやすいと言えます。

社会的、宗教的、あるいは民族的であれ、少数者である場合や、難民あるいは庇護請求者の場合には、品位を傷つける取扱いの状況下におかれることが多く、外傷を与えられる危険性にさらされています。特別の施設ならびに病院で生活する高齢あるいは精神的な障害を抱えている人々は、放置されることも多く、忘れられることすらあるのですが、劣悪な物理的条件のもとでのほぼ拷問に等しい慣行の被害者になることもあります。そうした状況は、生活、医療介護ならびに高齢者の尊厳にふさわしい水準を確保するための資源が十分ではないことから生じます。

このように、老若男女すべてが、拷問の被害者になりうるのです。重大な虐待によって生じる効果に傷つかない人はいません。犯罪者もまた襲われるのです。

加害者側の人間は、警察または軍隊構成員であることがほとんどであり、その公的資格で行動します。多くの場合、虐待あるいは拷問を行った加害者は、命令に基づき、あるいはこうした慣行が日常の出来事とされる集団の行為の一部として行動します。また、特別の介護を必要とする人のための施設において医療スタッフや警備スタッフが、無視、監視行為の不作為、あるいは訓練などを行わないことによって、虐待の実行者となることもあります。

> 「彼らは、常に殺されることを要請する。拷問は、死よりも悪である」。
> 〔ホセ・バレラ、ホンジュラスの拷問者〕

3 異文化間的見地と論争点

文化的慣行と考え方が異なれば、明らかに国際法上の概念ならびに基準に対する理解にも影響を与えます。また特定の文化的な背景から生じる事実の歪曲を通じて、国際法規範の解釈が行われることもあります。例えば、体罰(矯正措置として行われる杖や鞭により苦痛を与えること)は、虐待の一形態であると広く知られています。しかしながら、イスラムのシャリア法の伝統においては、体罰あるいは手足の切断さえも容認されているだけでなく、いくつかの宗教裁判所を通じて合法な慣行であるとされています。この裁判所は、婚姻および相続ならびにムスリムの他の身体的および精神的生活の分野を規律しています。例えば、ナイジェリア・ザンファラ州のシャリア刑法では、2000年1月以降、鞭打ちおよび手足の切断は、死刑や懲役刑とともに、法律が

定める刑罰です。同様に、サウジアラビア、イラン、リビアならびにアフガニスタンにおいて、シャリア法原則に基づく宗教裁判所は、その決定の中で同様の見解をとっています。

　例えば、イスラエル諜報局長官は、尋問方法として行われる「節度ある身体的強制」が、拷問とみなされることがあるとの批判にさらされてきました。尋問中の「身体的強制の節度ある措置」の使用が必要性に基づき正当化されると述べた、1987年ランダウ調査委員会報告書の勧告の採択は、白熱した議論を呼び起こしました。しかしながら、「節度ある身体的強制」の基準がどこにあるのか、拷問行為となる場合についての明確なる基準は勧告されませんでした。1999年になって、イスラエル国家拷問禁止委員会対イスラエル事件において、イスラエル最高裁は、「節度ある身体的強制」の使用が、個人の尊厳についての権利の憲法的保護を侵害するものであるとして違法であると判示したのです。しかしながら、国連拷問禁止委員会は、同委員会の2001年11月23日付イスラエルに対する結論および勧告において次のように述べました。「…委員会は、説得力のあるものとは言えず、拷問等禁止条約によって定義される拷問は、国内法にはいまだ受容されていないという懸念を繰り返し表明する」。

　ここにあげた2つの例は、拷問禁止の基準が普遍的に受け入れられていたとしても、その解釈および実施が、各国によって異なることがありうることを示しています。しかしながら、それらの違いが、文化的に慎重な取扱いが要求される状況において拷問の普遍的かつ絶対的な禁止を強化するものになるか、あるいは明白に慣習法および条約国際法の双方の目的と精神と矛盾するのかどうかについて、幅広い解釈が可能な問題でもあります。

　その他いくつかの論争点や主張もまたここにあげることができます。現在、とりわけ米国においては、テロリズムの行為が他の人権侵害および犯罪とは異なり、よってそれらを防止しかつ闘うための特別な基準を認めることが必要なのではないかとの議論が白熱しています。

　アイルランド、トルコおよび米国といったいくつかの国家では、反テロ法を制定して、通常の国内刑事手続と比しても迅速な手続を導入しました。その結果いくつかの人権および自由が、制約されています。2001年9月11日以降、他の人々の生命を保護するため、テロリスト（犯罪者）を拷問にかけることが認められるか否かという昔から論じられてきた議論の復活が、多くの国家で目の当たりにすることになったことでしょう。米国議会での拷問問題に関するもっとも最近の議論は、一部は自身もベトナム戦争における拷問被害者であったマケイン上院議員によって提起されたものでしたが、拷問の絶対的禁止原則を復権させる必要があることを示しています。2004年ドイツでは、ウォルフガング・ダスクナア事件において、この事件は、警察署長であった彼が11歳の少年を誘拐した犯人に対して、少年の生命を守りたいとの思いから、実力

の行使によって脅したのでしたが、連邦憲法裁判所判決は、拷問の絶対的禁止原則と、あらゆる状況下においてもその例外あるいは効力停止は認められないことを明確に再確認しました。これは、被害者が、犯罪者よりもいっそう保護されるべき人権を持つ権利があるのか否か、ならびに犯罪あるいはテロ攻撃の実行者の生命が、他の人々の生命と同等の価値を有するのか否かという問題と密接にかかわるものです。そうした複雑な対立および未解決の道徳的ジレンマの中で正しいあるいは間違った答えというのはありません。しかしながら、国際法学者は、一貫して、基準の二重性が受け入れられるものではなく、国際基準が選択的に適用されてはならず、厳格に尊重されなければならないという立場をとっています。

4 実施と監視

1948年以来、拷問ならびに他の残虐で、非人道的なおよび品位を傷つける取扱いの禁止に関する国際法の規定は、実質的にも発展し改善されてきました。多くの国家がますます国際法的約束に署名し、批准しており、それらを国内法令や実行に導入してきました。拷問防止と拷問からの保護のための強力な地域的システムもまた、例えば欧州において、形作られてきたのです。

国際的には、**国連拷問禁止委員会および拷問に関する国連特別報告者**が、多くのNGOとともに、拷問や拷問に類する慣行を禁止する国家の義務の履行を監視します。

国連拷問禁止委員会(CAT) は、国連拷問等禁止条約第17条により設立された国連監視機関ですが、この委員会は、1988年1月1日にその活動を開始しました。この委員会は、条約締約国に4年ごとの提出が義務づけられた報告書を審査します。そこでは、委員会は、これら国家報告書に示された事実に関して、調査をすることができ、また説明や追加情報を要請することもできます。さらに、国家は、**個人通報あるいは国家間通報**を検討する権限を委員会に認める宣言を行うことができます。この手続は、委員会に、通報を検討し、さらには通報の通報者および関係締約国に対して、最終所見および行為に関する勧告を送付することを認めています。国連拷問禁止委員会は、拷問に関する国連特別報告者(☞**展開参照**)、欧州拷問防止委員会および国連拷問被害者基金と密接な連携を取っています。この委員会の活動に関するすべての記録は、年報にまとめられ配布されています。

拷問等禁止条約選択議定書

ニューヨークにおける2002年国連総会57会期は、拷問等禁止条約の選択議定書を採択しました。この選択議定書の目的は、拷問その他の残虐な取扱いを防止するために、人々が自由を奪われている場所へ国際的専門機関や国内的専門機関による定期的な訪

問の制度を確立することです。そのため、この選択議定書は、国連拷問禁止委員会の小委員会となる、国際専門訪問団を設置することを予定しています。選択議定書はまた、締約国に国内訪問団の設置を義務づけています。上述の小委員会の監視の下、国内団体は、定期的に人々が自由を奪われている場所を訪問し、自由を奪われている人々の取扱いやその拘禁状況の改善に関する勧告を行います。こうした予防に注目した取組みは、既存の国際団体は侵害が発生した後でしか行動することができないことを考えれば、国連人権システムの重要な発展方向を表しています。人々が自由を奪われている場所への訪問は、拷問を防止し、拘禁状況を改善するためには最も有効な手段のひとつといえます。国際文書としては初めてとなるこの選択議定書を通じて、国内専門家団体による訪問に効果的な予防的効果を持たせるための基準や手段が定められたのです。

　この選択議定書は、拷問ならびに非人道的および品位を傷つける取扱いに対する国際的および国内的な防止メカニズムを強化する実際的な一歩を踏み出したものと考えられています。しかしながら、拷問防止のための国際的な法的な保護手段が豊かになったとしても、国内レベルではそれらが十分に実施されるわけではありません。国内法令の規定が、国際基準に沿ったものであり、監視や報告を行う国内システムが設立されることは、必須の課題となっています。念入りに作られた国際文書が、すべての国連加盟国の国家レベルや地方レベルにおいて、独立したかつ公平な国内実施および監視システムの中で活用されることによってのみ、拷問の完全な根絶が、実現できるのです。さらに、拷問ならびに非人道的および品位を傷つける取扱いの被害者に、社会復帰支援、法的援助および補償ならびに社会生活への再統合を提供することは、公正な国内秩序にとって必須に求められるものです。

　拷問の効果的な防止にとって主要な3つの要素があります。
1. **効果的な法的枠組み**を設定し、その完全な実施を確保して、拷問防止のための適切な保護手段を求めること。例えば、拘禁場所の基本的保護手段（弁護士、医師、裁判などへのアクセス）および接見交通が認められない拘禁の禁止。
2. **監督制度**の設定、とりわけ拘禁場所への国内訪問制度および民間機関による独立した監視および報告制度の設定。
3. 警察官、刑務所職員、弁護人、裁判官、医師など、関係人の継続的な**訓練**。

　誰もが、拷問防止活動に参加することができます。それは、国際文書の批准やその国内実施を求める行動、宣伝活動そして陳情といった活動であったり、そうしたことを求める手紙や嘆願書を書いたりすることによってです。NGOの活動やボランティアを通じての活動を通じて、私たちは、家庭で、地域社会やその地域において意識向上活動や教育活動に貢献することもできます。最後に少なくとも、私たちは、拷問被害者を支援することもできます。それはまず彼らがかかえる問題にどのように取り組

むことができるかという点を知ることです。その上で、私たちは、彼らの事件を報告書にまとめることを手助けしたり、拷問実行者を法的に告訴することもできます。

展　開

1　成功例

　今日、拷問行為が常時生じるところではそうした拷問行為に対峙する社会を結集するためのイニシアティブ、非人道的取扱いを防止し、ならびに、拷問被害者に対する法的扶助や身体的および精神的リハビリテーションを提供する手段としての教育を行うイニシアティブといった、しっかりしたネットワークと協力した世界規模での数多くの活動があります。

　その行為の多くが、草の根運動です。つまり他の者が防止および保護の手段として地域の力や共同体の理解を築き上げようとしています。大事なことですが、組織力の確立と法律の実施の改善もまた、その過程において重要な役割を担っています。これらすべてのレベルが、相互関連性を持ち、かつ不可欠なものとなっています。イニシアティブは、それらすべてに行われています。

> **拷問と虐待を防止する取組み**は、次のものが挙げられます。
> ・草の根運動――地方レベルでの宣伝、ロビーイング、意識の向上、教育活動
> ・組織および能力の確立、既存構造および組織への働きかけ、その改革、あるいは問題対処能力を持つ新しい組織の立ち上げ。

オーストリア人権助言局

　オーストリア人権助言局は、欧州拷問防止委員会が内務省に対して助言した提案に基づいて1999年に設立されています。この機関は、オーストリア警察の活動全分野における人権に関する構造的な問題を対象とした報告および勧告を行っています。この機関は、6つの人権委員会を監督しており、その委員会は予告なしにいつでもオーストリアの警察留置施設を訪問することができます。こうしたことは、警察留置施設の重要な改善につながりました（http://www.menchenrechtsbeirat.at）。

> 「いつの新聞を開いてみても、世界のどこかで誰かが、意見や信仰を政府から認めてもらえないために、投獄され、拷問を受け、処刑されているという記事を目にする。そして読者は、うんざりするような無力感をおぼえる。

しかし、人権侵害に対するその嫌悪感を、世界中の人びとがひとつの行動へとつなげることができれば、必ず何らかの効果をもたらすことができるにちがいない」。
〔ピーター・ベネンソン（アムネスティ・インターナショナル創設者）「忘れられた囚人たち」より〕

国際機構の活動

拷問に関する特別報告者——目的、任務そして活動

　国連人権委員会は、決議1985/33において、拷問に関連する諸問題を検討すること、またこれら情報に関して説得力がありかつ信頼性のある情報を求めかつ受領することを任務とする特別報告者を任命することを決定しました。特別報告者は、毎年国連人権委員会に対してその活動に関する包括的な報告書を提出します。その報告書は、拷問行為の発生やその程度を検討し、また拷問を根絶するため政府に助けとなる勧告を行うものです。特別報告者の任務は、すべての国家を包含します。それは国家が拷問等禁止条約を批准しているどうかにかかわりません。

　任務は、主要には3つの活動からなります。緊急の申立ておよび申立ての書簡（拷問に関する事例）からなる通報を政府に送付すること、拷問が特異で散発的な出来事とはいえないことを示す情報がある国家に事実認定の任務（現地訪問）を遂行すること、ならびに特別報告者の活動、任務および活動方法について人権委員会および総会に年報で報告すること。

　国際条約に基づき設立された条約実施機関とは異なり、特別報告者は、拷問の危険性にかかわる個人の事件（「緊急申立」）、あるいは拷問に対する申立行為（「主張」）において、求められる国内救済手続完了が必要とはされません。

　2004年以降、拷問に関する国連特別報告者は、オーストリアのマンフレッド・ノヴァク氏です。彼は、すでにネパールおよび中国への訪問を行っています。他方、他の4名の特別報告者とともにグアンタナモに訪問することは、米国当局が勾留者への自由なアクセスを拒否したため、断念しました。

　特別報告者への情報提供をためには、あなたは下記のところに手紙を送ることができます。

Special Rapporteur on Torture
Office of the High Commissioner for Human Rights
8-14, Avenue de la Paix
1211 Geneva 10 Switzerland

欧州拷問防止委員会(CPT)
設 立
　欧州拷問防止委員会は、1987年に採択された欧州拷問防止条約に基づき設立されました。当委員会は、当該条約が発効した1989年にその作業を開始しました。
構成員
　欧州評議会加盟国であることが求められます。2002年3月以降、欧州評議会非加盟国が閣僚委員会の招請により加入することができるようになりました。
　当委員会は、医者、法律家ならびに警察問題、刑務所および人権に関する専門家から構成されます。委員会の人数は、条約締約国数と同数となっています。2000年3月以来、委員会の委員長を英国犯罪学者のシルビア・カサル氏が務めています。
委任事項
　委員会は、自由を奪われた人々の待遇に関する調査を行います。警察署、刑務所、精神病院ならびに、国際空港の乗り換え場所における庇護請求者の収容施設といった、人が勾留されることとなるその他すべての場所を審査します。委員会の委員は、内密に被拘禁者と面談する権利を有しています。
活動方法
　委員会は、すべての締約国に対して定期的訪問を行うとともに、必要に応じてアドホックな訪問も行うことができます。委員会の事実認定は、関係政府に対する非公開の報告において行われ、勧告が行われます。報告の非公開性は、委員会の信頼性の重要な基礎となっています。政府との恒常的で建設的な対話は委員会の国際的地位を高めてきました。報告は、当該政府によって行われた見解とともに、当該政府の同意のもとで公表することができます。
考えられうる制裁
　当該政府が、委員会の勧告にそって事態を改善するため、協力しないか、または拒否した場合には、委員会は、公式声明を出すことによって公の圧力を及ぼすことができます。今までに、委員会は、3度この権限を行使してきました。1992年と1996年にトルコに対して、2001年にロシア連邦チェチェン共和国に対するものです。

拷問防止委員会の現地調査と報告書
　2006年3月24日時点で、拷問防止委員会は、208回現地調査を行っており(そのうちの129回は定期訪問であり、79回はアドホックである)、154の報告書を公表しています。

> **14歳であるから、…**
>
> 　私が拷問について記すことが難しいのは、私が今14歳にすぎないからです。私は拷問について考えたくありません。なぜならば、14歳にすぎないからです。でも、私は拷問について考えなければなりません——私の町やその人々が拷問を受けたことを。だから、私たちが世界中で知られるようになったのです。私の町は、痛い目にあいましたが、殺されはしませんでした。彼らは、ダニューブ河とヴカ河を殺そうとしましたがそれは成功しませんでした。いかにして彼らは私の町の心臓を殺すことができるのでしょうか。姉妹のような2つの川、1つは古く、もう1つは新しい川です。彼らは、爆弾と銃弾で拷問を行いました。しかし、川は、流れており、その心臓はまだ脈打っていました。彼らは、木々や草を殺そうとしました。しかしそれも成功しませんでした。いかにして彼らは私の町の肺臓を殺すことができるのでしょうか。火や黒い煙でそれらを傷めつけましたが、今だ木々は息づいています。私は、何年もたったのちブコバルに戻りました。私は、痛めつけられた道、家屋、学校、教会を見ることになりました。…私は自由と平和を感じています。しかしながら、私の胸の奥では、私は許すことができないのです。14歳にすぎないので。
>
> 〔参考：クロアチア・ザグレブにある精神衛生・人権センターに提出されたブコバルの子どもによって書かれたエッセイ。2001年6月26日〕

NGOの活動

　1997年、国連は、6月26日を、国際拷問被害者を支援する日としました。それ以降、世界規模の拷問防止および禁止のための国際ネットワーク（CINAT）は、拷問の完全廃絶のための運動を行っています。多くの個人や著名人がこのイベントに参加しています。

　アムネスティ・インターナショナルによる世界規模の活動は、一般大衆および社会秩序双方に対する全体的なアプローチならびに能力構築の試みの1つの例です。

　1961年5月21日、英国法律家ピーター・ベネンソン氏が、「忘れられた囚人たち」という記事を英国ロンドンのオブザーバー紙に公表しました。その記事は、アムネスティ・インターナショナルの創設をもたらしたのです。

　アムネスティ・インターナショナルは、国際事務局がロンドンにありますが、今日、140カ国以上の国家において100万人以上の会員、読者および恒常的支援者を有しています。アムネスティ・インターナショナルの運動は、およそ100の国家および地域において7800以上の地域的グループ、若年者グループ、専門家グループおよび職業的なグループからなっています。アムネスティ・インターナショナルは、民主的な運動で

あり、9人のメンバーから成る国際執行委員会によって運営が行われています。この委員会のメンバーは、各部門を代表する国際評議会によって2年ごとに選挙されます。特定の人権問題に関して、政府に働き掛けながら、人権問題に関するキャンペーンや報告をおこなうことは、アムネスティ・インターナショナルが毎年行っている活動です。

2001年に、アムネスティ・インターナショナルは、女性、子ども、民族的少数者、レズビアン、ゲイ、バイセクシュアルおよび性転換の人々への拷問および虐待に反対する「拷問撲滅のための一歩を踏み出そう」運動を開始しました。

その年の末までに、188カ国の35000人以上もの人々が、電子メールの訴えを送付することによって緊急の事件に対処する行動を起こすべく、拷問キャンペーンのウェブサイトにアクセスしています。

2000年10月にはアムネスティ・インターナショナルは、拷問防止および拷問の発生および制度化からの保護すべき仕組みを強化するための国際行動のための綱領となる**12点にわたる拷問防止計画**を作成しました。

12点にわたる拷問防止計画

アムネスティ・インターナショナルは、すべての政府に対して当該組織の12点にわたる拷問防止計画を実施することを要請しています。

1) 拷問を正式に非難すること

各国家の上級機関は、拷問に対して完全な反対の態度を示すべきです。当該機関は、拷問があらゆる状況下においても許されないということをすべての法執行官に明確にするべきです。

2) 接見禁止状態の拘禁を制限すること

拷問は、被害者が接見交通できない状況、つまり彼らを助け、あるいは何が彼らに生じているかを理解することのできる外部の人々と接触ができない中で生じることが多いのです。政府は、接見交通禁止状況下の拘禁が拷問の機会とならないよう保護措置を講じるべきです。すべての被拘禁者は、勾引した後速やかに司法当局の前に連れて行かれること、ならびに親族、弁護士および医師は彼らとの速やかでかつ定期的なアクセスを持つことは、不可欠なことです。

3) 秘密拘禁をなくすこと

いくつかの国では、被害者が「失踪」させられた後、拷問が秘密の場所で日常的に発生しています。政府は、被拘禁者が公的に承認された場所で拘禁されること、さらには行方不明に関する正確な情報をその近親者や弁護士に知らされることを確保すべきです。

4) 取り調べおよび拘禁中の基準

政府は、拘禁および尋問の手続の定期的な見直しを行わなければなりません。

すべての拘禁者は、取扱いに関する不満を申し立てる権利を含む、自らの権利について迅速に告知されなければなりません。拘禁場所への独立の査察が定期的に行われるべきです。拷問に対する重要な保護措置は、拘禁に責任ある当局と尋問に責任を持つ当局を分離することでしょう。

5) 拷問に関する報告についての独立した調査

政府は、拷問に関するすべての申立ておよび報告が、公平かつ実効的に調査されることを確保すべきである。その調査の手段および認定は、公開されなければなりません。申立人および証人は脅迫から保護されなければなりません。

6) 拷問の下で引き出された証言の不採用

政府は、拷問のもと得られた自白その他の証拠は、訴訟手続の中で決して援用されないよう、確保すべきです。

7) 法による拷問の禁止

政府は、拷問行為は刑事法上の処罰対象犯罪とすることを確保すべきです。国際法に従い、拷問禁止は、戦争状態その他公の緊急事態を含む、あらゆる状況下において停止されてはなりません。

8) 拷問行為者の訴追

拷問に責任あるものは、裁判にかけられるべきです。その者がどこにいようと、犯罪がどこで行われようと、さらには犯罪人あるいは被害者の国籍が何であれ、この原則は、適用されます。拷問に対する「安全な天国」は存在しません。

9) 訓練措置

拘置、取調べまたは囚人の取扱いに従事するすべての公務員の訓練において、拷問は犯罪行為であることを明確にすべきです。拷問に関するいかなる命令にも従わないことが義務づけられていることを教育されるべきです。

10) 補償およびリハビリテーション

拷問の被害者およびその扶養家族は、金銭的補償を得る権利を有します。被害者は、適切な医療とリハビリテーションが与えられます。

11) 国際的な対応

政府は、拷問の存在で非難される政府を仲裁するために可能なあらゆるチャネルを利用するべきです。政府間制度が設立され、執拗に拷問に関する報告書を調査し、かつ、拷問に対する効果的な行動をとるために活用されるべきです。

12) 国際文書の批准

すべての政府が、自由権規約および個人通報制度を定める同規約選択議定書を含む、拷問に対する保護および救済手続を含む国際条約を批准すべきです。

倫理綱領：1975年東京において、世界医師会（WMA）は、勾留および留置における拷問およびその他の残虐で非人道的もしくは品位を傷つける取扱いまたは刑罰に関する医師のためのガイドラインに関する宣言を採択しました。WMAは、「医師は、拷問およびその他の残虐、非人道的もしくは品位を傷つける処置を、その処置の対象者が、容疑者、起訴されもしくは有罪とされた犯罪が何であれ、およびその対象者の信念または動機が何であれ、ならびに武力紛争および内紛を含むあらゆる状況下において、容認し、黙認ならびにそれに参加しない」と宣言し、よって拷問および虐待に反対する医療従事者の立場を明確にしたのです。国内の医師会の多くは、拷問および虐待に医師の関与を禁止する倫理綱領を作成してきました〔世界医師会：http://www.wma.net/e/〕。

2　傾　向

・手錠、足枷、親指ねじ責め具、鞭および電気ショック器具といった拷問器具の取引が過去20年の間に飛躍的に増加しました。アムネスティ・インターナショナルの2001年「拷問取引廃絶報告書」によると、電気ショック器具の生産または供給を行っているとされる国家の数は、1980年代の30カ国から2000年には130カ国を超えるところまで増加しました。拷問の撤廃に関する特別報告者であったテオ・ファン・ホーベン氏の主唱により、欧州連合は、2005年に拷問器具の取引禁止を決定しました。
・現在では、刑務所収監者人口は、世界のほぼすべてのあらゆるところで増加しています。その増加に比例して、女性および未成年者の収監者人口も劇的に増加しています。英国内務省による最近の世界刑務所人口報告書によると、収監者人口の69％増が、過去十年間で200の独立国および地域で記録されています。この増加は、確実に刑務所職員および刑務所の運営に負担を課すことになり、このことは、訓練、高い人権意識および資源をさらに必要とすることとなります。

3 年　表

1948年	世界人権宣言
1949年	ジュネーブ4条約
1957年	国連受刑者の取扱いに関する最低標準規則
1966年	市民及び政治的権利に関する国際規約（自由権規約）
1979年	国連法執行者のための行動規則
1984年	国連拷問等禁止条約
1989年	欧州拷問防止条約
1990年	自由を奪われた者の保護に関する規則
1998年	国際刑事裁判所規程
2002年	拷問等禁止条約選択議定書

2　貧困からの自由

> キーワード　不公平の削減　持続可能な生活　資源へのアクセス　参加　人間らしい生活水準

　すべての者は、…その尊厳…に不可欠な経済的、社会的および文化的権利の実現を求める権利を有する。
　すべての者は、労働…の権利を有する。
　すべての者は、自己およびその家族の健康および福祉のための相当な生活水準(食糧、衣類、住居および医療ならびに必要な社会的役務を含む。)についての権利…を有する。
　すべての者は、教育についての権利を有する。

世界人権宣言 第22条、第23条、第25条、第26条、1948年

説　例

食糧が余っている土地での餓死

　作物がなくなり、仕事もなくなると、インドのムンディアールの村人たちはジャングルで食物を探し始めました。しかし、彼らはなにもみつけられませんでした。代わりに、彼らがみつけたのは草でした。こうして、村の60世帯は、普通は家畜にあたえられる飼料であるサマを食べて、夏のほとんどの期間をしのいだのです。しかし、人間は草を食べる生き物ではありません。まもなく、村人たちの頬はすこしずつ痩せこけ、弱っていきました。そして、彼らは便秘や無気力を訴えました。やがて、ついに、死ぬ者がで始めたのです。

　村人の1人、ムラーリは、自分の家族全員がゆっくりと力尽きていくのを目撃しました。まず、父親のガンパットが亡くなり、妻のボーディがその後に続きました。そして、4日後には、彼は娘を失いました。

かつては鬱蒼と生い茂る緑の森に覆われていたのに、今では早魃により不毛の地となってしまったインド北部のこの辺鄙な地域のいたるところで、同じような物語が繰り広げられています。過去2カ月あまりで、サハリヤ族の集落では、40人以上が餓死しました。他方、政府の貯蔵所には、現在、約6000万トン以上の穀物があります。誰が見ても、これは巨大な食糧の山です。しかし、不幸なことに、それらの食糧がムンディアールや南東ラジャスタン（インド北西部パキスタンとの国境沿いの州）のその他のさらに人里離れた奥地の村々には届くことはなかったのです。

　公式には、インドで飢餓状態にある者はいません。公的な分配システムの下で、貧困線を下回る状態にある村人たちは、配給カードをもつ権利があたえられており、このカードがあれば、政府の助成により政府直営店から穀物を購入することが認められています。しかし、ボーヤルにおいては、他の地域と同様、このシステムが腐敗しているのです。地元のサーパンチ（村長）（パンチャーヤトと呼ばれる村会の議長）がすべての配給カードを親しい仲間や自分自身のカーストのメンバーに渡してしまうのだと村人たちはいっています。また、村長は、政府の年金を受ける権利がある未亡人の名前を名簿から消してしまいました。他方、政府直営店の店主たちは、安い穀物を不可触民であるサハリヤに売るのを拒みます。代わりに、彼らは穀物を闇市場に売り払うのです。サハリヤの人々が餓死し始めると、店主たちは自分たちの詐欺を隠蔽しようとして、配給カードの穴埋めをしたのです。

　1億人を超える国であるインドにおける栄養不良のレベルは、世界でもっとも高くなっています。インドの子どもの約半数が栄養失調であり、女性の50％ちかくが貧血で苦しんでいます。それにもかかわらず、インドの巨大な食糧の山のほとんどは、処分されるか、ネズミに食べられているかなのです。

　もっとも被害を受けているのは、インドの階層的なカースト制度の底辺におかれている人々です。バーラン地方の人口の30％を占めるこれらの部族の集落は、歴史的な不公正の犠牲者でもあるのです。1947年の独立以前、サハリヤの人々は狩猟とわずかな作物の育成によって生計をたてていました。独立後、役人たちは彼らをジャングルから追い出し、土地を没収しました。サハリヤの人々は農業労働者として職を求めざるをえなくなりました。そして、この夏、作物がなくなると、彼らは仕事を失い、その結果、食べ物も失ってしまったのです。

　「政治家は私たちのことには興味がないのです」。野草の種子であるサマで作られたチャパティの夕食を準備していたノッボという50歳の女性はいいました。

〔出典：ルーク・ハーディング・2002．食糧が余っている土地での餓死——カーストと腐敗がインドの貧困層から食糧が奪われることを黙認している——ラジャスタン州バーラン・ガーディアン紙〕

[論 点]
1　バーランの貧困層が経験している剥奪や脆弱性とは、どのようなものですか。これらはどのような「人権の侵害」であると考えられますか。
2　この経験からあなたが思い起こすのはなんですか。そして、あなたはなにがなされるべきだと思いますか。
3　バーランにおける貧困の状況とあなたの国／周辺の貧困層が経験している状況とを比較／対比してみましょう。あなたの経験における貧困のイメージとはどのようなものですか。
4　貧困の増大と人間の安全保障とのあいだになんらかのつながりがあると考えますか。説例に描かれている人々のように人々を取り扱うことが人間の安全保障に影響をおよぼしうると思いますか。もし、そうであるとすれば、それはどのような影響ですか。

基礎知識

1　はじめに

　貧困は歴史的現象であると見なされてきましたが、今日貧困のあらわれ方はますます複雑になりつつあります。この複雑さは人間同士の関係性、社会と生産要因・生産工程との関係性、貧困のさまざまな局面についての各国政府や世界銀行、国際通貨基金(IMF)、国連等国際機構の展望等おおくの要因の結果として生じたものです。
　貧困という概念は長年のあいだにすこしずつ変化してきました。かつて貧困は所得にのみ関連するものとして捉えられていましたが、現在は政治、地理、歴史、文化、社会の特性に由来し、これらと密接に関連する多面的な概念であると考えられています。発展途上国においては、貧困は広く蔓延しており、飢餓、土地や生活のための資源の欠如、非効率的な再配分政策、失業、識字率の低さ、流行病、保健衛生サービスや安全な水の欠如等の問題をかかえています。先進国においては、貧困は社会的排除という形態、失業や低賃金の増加としてあらわれます。いずれの場合においても、貧困が存在するのは、公平性、平等、人間の安全保障、平和が欠如しているためです。
　貧困は豊富な機会があるはずの世界においてアクセスが欠乏していることを意味します。貧困層は、**政治的自由が欠如していること、政策決定過程に参加できないこと、個人の安全が保障されていないこと、社会生活に参加できないこと、持続可能で世代を超えた公平性に対する脅威**のために、彼らの能力を活かす手段を否定されているので、自分たちの状況を変えることができないのです。**貧困は経済的、社会的、政治的なパワーや資源を否定するものであり、貧困層を貧困に埋もれたままにするものなのです。**

貧困と人間の安全保障

　貧困は、食や社会の安全をおおきく損なうものであり、人間の安全保障を直接的に侵害するものです。貧困は、非常にたくさんの人々の存在を脅かすだけでなく、暴力、虐待や社会的、政治的、経済的な発言権がない等、彼らをさらに脆弱にしてしまうものでもあるのです。

　貧困は、ベラルーシ共和国の貧しい女性がいったように、屈辱的なものであり、すべての者の人間の尊厳を失わせるものなのです。

　アマルティア・センは、貧困をグローバルな公平性や人間の安全保障に対する挑戦と見なす必要性を強調する一方で、いくらか異なった表現で、次のように述べています。

　「公平性を促進し、基本的な人間の安全保障を保護するための制度上の変革に関わる具体的な行動計画を確定することに加えて、概念を明確にし、公の議論を促進することが、緊急の任務として挙げられます。紛争や諸価値についてよりよく理解するためには、健康、教育、貧困の除去、ジェンダー間の不平等や不安定の除去という要求について調査することが不可欠なのです」。

〔出典：人間の安全保障委員会第2回会合報告書、2001年12月16—17日、http://www.humansecurity-chs.org/activities/meetings/second/index.html〕

　このように貧困は、剥奪という状態であると同時に、脆弱性という状態でもあります。その結果として生ずる国家間・国内での不平等や差別の拡大は、貧困層が安全に尊厳をもって生きる権利を侵害するのです。

2　定義と解説

貧困の定義やそのあらわれ方は多種多様です。

- 所得という観点からは、所得水準が定義された貧困線を下回る場合にのみ、貧困はその人を貧しいと定義します。おおくの国は、貧困という状況がどれだけ削減されているかを監視するために所得による貧困線を採用してきました。貧困線の仕切りは、指定された量の食糧のために十分な所得をえているかどうかによって画定されます。**国連開発計画(UNDP)人間開発報告書(HDR)**1997年版によると、「貧困とは、長寿で、健康的で、創造的な人生を送り、人間らしい生活水準、自由、尊厳、自尊心、他者に対する敬意を享有するという人間の発展にとってもっとも基本的な機会と選択肢とが否定されていることを意味します」。

- **人間貧困指数**(国連開発計画人間開発報告書1997年版)は、短命であること、基礎的な教育が受けられないこと、公的・私的な資源にアクセスできないこと等、剥奪のもっとも基本的な局面についての指標を用いており、それによって、人間の貧困は所

得の貧困に他ならないということを認めています。
- 人権という観点からは、**国連人権高等弁務官事務所**は、貧困を「相当な生活水準その他の基本的な市民的、文化的、経済的、政治的、社会的諸権利の享受のために必要な資源、潜在能力、選択肢、安全・パワーの持続的または慢性的な剥奪により特徴づけられる」と見なしています。
- 国連人権高等弁務官事務所による**「指針案：貧困削減戦略への人権アプローチ」**(2002年9月)において、貧困は「究極の形態の剥奪」と見なされています。なんらかの優先順位において基本的であると見なされるような能力が活かされないことこそが貧困と考えられるべきであると報告書は示唆しています。社会はそれぞれに異なりうるものですが、ほとんどの社会において基本的なものであると考えられる共通のニーズ群としては、十分な栄養をあたえられること、防ぐことができる疾病や早すぎる死を回避すること、十分な庇護を受けられること、基礎的な教育をあたえられること、個人の安全を確保できること、公平な裁判を受けられること、恥ずかしい思いをすることなく人々の面前にでられること、生活の糧を稼ぐことができること、社会生活に参加できること等のニーズが含まれます。

どのようにして貧困を定義し、測定するかについての議論は続いていますが、人間の生活の複雑さゆえに、貧困は今後もつねに定義を探り続けることになるでしょう。脆弱性、欠乏とは、本質的に主観的なものであるので、普遍的に適用可能な硬直的な枠組に絞り込んでしまうことはできないのです。

貧困の諸局面

貧困という現象は、特定の経済的、社会的、文化的、政治的文脈によって、多様に理解され、表現されるものです。話を先に進めるために、貧困についてのさまざまな定義(裁判、脆弱さ、尊厳、安全、機会等)に含まれる用語を現実生活の諸問題に関連づけてみましょう。これは貧困のさまざまな局面を説明することに役だつでしょう。

生　活

土地、森林、水等へのアクセスが拒否されていること。例えば、農村地域において、地域住民が本来は自分たちのものである食糧や飼料を収集することを国の森林法が認めていないこと。都市部において、都市は農村部から働きに来る移住労働者を必要としていますが、彼らの住宅、健康、教育に対するニーズについては責任を負っておらず、彼らをさらに傷つきやすく不安定な状態に追い込んでいること。カースト、民族、人種による差別も社会や集団が生活に不可欠な天然資源にアクセスすることを拒否し、その結果尊厳をもって生きるという人権をも否定する重大な要因です。

☞ **労働の権利**

基本的ニーズ

食糧、教育、健康な生活、住居が拒否されていること。例えば、水、電気、学校や病院のサービス等の商業化により、欠くことができないサービスの価格が貧困層の手の届かないところにまで上昇しているために、貧困層はその乏しい資産を売り払い、人間としての生存を下回るような生活を送ることを強いられ、**最終的に尊厳をもって生きる権利が貧困層から奪われていること**。
☞ 健康に対する権利、教育についての権利

裁　判

裁判それ自体あるいは時宜を得た裁判が拒否されていること。例えば、おおくの国において、貧困層は裁判に伴うコストが高いために司法制度にアクセスすることができません。スラム街の若者、民族的・人種的・宗教的少数者はやってもいない犯罪の御しやすい容疑者として真っ先に検挙され、また家庭内暴力の問題で警察の介入を求める女性は、私的な問題であるとの口実で無視されています。さらに、裁判所は、国家やその他の有力な圧力団体からの圧力のために、労働者への補償や強制移動させられた人々の社会復帰に関する裁判事案を遅らせることがかなりあるとみられ、それにより貧困層の生活が犠牲にされることになるのです。
☞ 法の支配と公正な裁判

労働組合

労働組合を結成し、権限をあたえ、不正に抵抗する権利が否定されていること。例えば、貧困のために、労働者がよりよい労働条件のために労働組合を結成する自由が阻害されていること等。

参　加

生活に影響するような決定に参加し、このような決定に影響をおよぼす権利が否定されていること。例えば、政界と財界の共謀が深まっていることにより、市民が基礎的なサービスの提供等の公的事項に実効的に参加する余地が不当に奪われています。文字の読み書きができないことや、強制移動のために情報が欠けていることは、避難民が将来について決定する権利を否定するものです。例えば、おおくのロマたちは、移動生活をしているために、しばしば選挙人名簿に登録されてすらおらず、そのために投票することができません。

人間の尊厳

敬意と尊厳をもって生活を送る権利が否定されていること。例えば、農村地域にお

いては、まったくあるいはほんのわずかしか土地をもたない人々の大部分を占めるカースト、種族、人種その他の少数者集団は、わずかな賃金のために尊厳を犠牲にすることを余儀なくされています。また、子どもたちは、学校に行く代わりに、廃棄物のリサイクル、皮なめし、農業等の搾取労働をすることを強いられています。

貧困に陥りやすい集団

貧困は広く蔓延する現象であり、世界中の人々に影響をおよぼしているのですが、女性や子どもにとってはとくに深刻なものです。

移行経済諸国においては、男性の労働のための移住や失業が増加していることや、低賃金で行われる家庭内での輸出向けの製品づくりが急増しているために、貧困の**女性化**が重要な問題となりつつあります。女性労働の大半は認可を受けておらず、報酬も支払われていません。労働者としては、女性は「従順な労働力」と考えられているので、おおくの経済部門において、男性よりも好まれています。おおくの社会において、女性は土地、水、財産その他の資源を所有しておらず、それらをコントロールすることもできず、自分たちの人権を実現するにあたって、社会的・文化的な障害に直面しています。

☞ **女性の人権**

貧困は、子どもたちが人間としての可能性を開花させる機会を否定し、彼らを暴力、人身取引、搾取、虐待等の被害に対して無防備にするものです。乳幼児死亡率の高さは、しばしば栄養不良により引き起こされるものであり、大人にくらべて子どもの比率が高いことは、所得面での貧困のさらなる原因となるのです。急速な都市化の進展に伴い、路上で暮らす子どもたちの数が増加しています。世界では約1億1300万人の子ども（その97％は途上国）が一度も学校に行ったことがなく、容易にさまざまな形態の搾取や児童労働の犠牲となっています。さらに、おおくの国において、教育・健康サービスの商業化の進展により、子どもたちは憲法上の基本的な諸権利を奪われています。

☞ **子どもの人権**

なぜ貧困はなくならないのか

世界経済を統括している北の国々の政府は、先進工業諸国に富を集中させ、最貧国やもっとも貧しい人々がグローバルな繁栄を共有することから排除している貿易や金融の構造を黙認し、維持しており、南北の国家のあいだで不平等が生じています。興味深いことに、先進国内・途上国内双方において、富裕層と貧困層の格差が拡大しています。

世界銀行の**構造調整計画(SAPs)** や国際通貨基金の安定化パッケージは、各国経済を

グローバルな経済システムに統合することによって、雇用機会・収入・富等の拡大、経済発展をうみだすという約束とともにもたらされました。しかし、構造調整計画は、分配システムの不平等に対処することなく、財政の締めつけを通して、貧困を除去しようとするものなので、各国は健康、教育、住居等の基本的サービスに対する支出を疎かにしてでも、債務を完済するために資金を消費することになり、かえって貧困を強化してしまうこともありうるのです。

☞成功例の「貧困削減戦略文書」

　新自由主義的なグローバル化は、輸出のための生産を重視するものであり、人々が自分たちのニーズを充たし、尊厳ある生活のために所得をえるという基本的な権利を無視するものです。国家が健康、教育、食糧、住居等の福祉を図る責任から撤退し、セーフティーネットが存在しないことは、貧困層に重大な影響をあたえるものです。自由化や資産の民営化により引き起こされるインフレ、雇用の収縮、実質賃金の低下も貧困層に不利に作用するのです。

　国連開発計画の人間開発報告書2002年版は、「すでに豊かな西欧、北米、オセアニア諸国における急速な経済成長は、インド亜大陸における緩慢な成長やアフリカにおける首尾一貫して緩慢な成長と相俟って、20世紀後半の**グローバルな不平等の増大**の一因となった。OECD（経済協力開発機構）諸国においてすら、利益はもっとも富裕な人々が獲得し、上位1％の家族の所得は平均の3倍、140％の成長をしめしており、所得の不平等が劇的に増大して、『新たな貧困層』を出現させている」と指摘しています。

・世界でもっとも豊かな5％の人々の所得は、もっとも貧しい5％の人々の所得の114倍を超えています。
・米国のもっとも豊かな2500万人の所得は、世界のもっとも貧しい約20億人の人々の所得に匹敵します。

　今日、世界の人々の4分の1は深刻な貧困のなかで生活しており、社会の隅っこに閉じ込められています。国連開発計画の人間開発報告書2002年版によると、12億人が1日1ドル相当以下で生存していると推測されています。興味深いことに、人間開発報告書2005年版では、この測定手法はもはや十分な承認をえておらず、ミレニアム開発目標を達成する過程において、その進捗状況をモニターするためには、より明確なデータが必要であると述べられています。そのうえで、この過程における進展を検討した結果、もし現在の政策が維持される場合には、子どもの死亡率を減少させるという目標を果たすことはできない、初等教育を確保するという目標も実現されず、2015年まで4700万人の子どもたちが学校に行くことができないままにされるという予測等、非常に警告的なデータも導き出されました。安全な飲料水へのアクセスや基本的な予防接種の提供に関しては進展が見られるものの、識字率100％の達成等いくつかの目

標はいぜんとして適正な実施手段を欠いています。人間開発報告書2005年版によると、世界では8億人の人々が、読み書きができないままです。考慮されるべきもう1つの残された問題は、子どもの死亡を減らすために闘うという誓約で、これは人間開発報告書2005年版が強調している努力目標ですが、報告書によると、2002年には3秒に1人の割合で5歳以下の子どもが死亡したとのことです。例えば、HIV/エイズとの闘いにおいては、さらにやるべきことがあります。エイズによりもっとも悪影響を受けている諸国のいくつかが、この問題を否定したり、軽視したり、または決まり文句を強調するだけという政策をとっていることは、けっしてミレニアム開発目標の関連部分を達成する助けにはならないでしょう。

3　異文化間的見地と論争点

相対的貧困と絶対的貧困

相対的貧困とは、特定の社会において、個人や人々の集団が他の個人や集団との対比で、あるいは適正な生活水準／消費水準と判断されているものに照らして、貧困であるということを意味します。**絶対的貧困**とは、最低水準の必須条件と考えられているものに照らして貧しいことを意味します。米国の基準によって絶対的貧困に分類される個人が、例えばアフリカにおいては相対的貧困であると判断されるということもありうるのです。

英国のポッシルパークの住人**ジム・ハーヴェイ**は、相対的貧困といっていい彼の貧困体験について、次のように語っています。

「貧困！　それが私になにを意味しているかって？　そう、私は48歳の老いた男で、結婚はしているが、扶養はしていない。私はグラスゴー北部にあるポッシルパークで暮らしている。私が労働者階級の経歴をもつことについては疑念の余地はない。いや、論争の余地はあるかもしれないな。なぜかって、私は何年間も失業していて、ほとんど給付金頼みなんだから。そこで、貧困についてだって？　私にとっては、貧困とは『一文無しである』ということだ。乏しい食物のおかげで生活スタイルを高めることもできず、レジャー活動に参加することもできないということだ。さらに、貧乏な生まれだという汚名もある。無力で、抑圧されていて、価値もなく、排除されていると感じるという無気力の罠もある。…なぜだ？　なぜ私が？…」。

〔出典：ロシアン（スコットランド南部の州）反貧困連盟：http://www.lapa.org.uk〕

ジムの基本的な経済的ニーズはケアされているのですが、彼は排除と停滞を経験し

ていて、自分の存在が粉々にされていて無力であるために不幸です。このような状況こそ、ジムが属する社会の社会的・政治的に活気がある他者とくらべて、ジムが相対的に貧困であるということをしめしているのです。

社会的排除

社会的排除はしばしば「相対的貧困」と同義で使用されていますが、この2つの概念は同一ではありません。社会的排除が貧困を導くこともありますが、同時に社会的排除は貧困の結果でもありうるのです。ジムの場合、社会的排除は彼の政治的存在を無力なものとする結果を招きましたが、ラジャスタンのサハリヤ集落の場合には、彼らの経済的貧困と窮乏が彼らを社会的に排除する手段となっています。

[論 点]
さらにたくさんの人々が自動的によりいっそうの貧困に陥ることになるのでしょうか？

後発発展途上国や途上国における人口急増がこれらの諸国における貧困の拡大の原因であるということが、広く信じられています。このような主張は、南北それぞれの政府が唱えているのですが、これは人口急増地域における貧困の根本的原因となっている中核的な諸問題から注意をそらそうとするものです。貧困の根本的原因となっている中核的な諸問題としては、先進国の企業による天然資源の継続的な抽出や搾取の結果、地域社会の資源に対する権利が剥奪されていること、教育、健康、水等の基礎的な生活便益(アメニティ)が提供されれば女性や子どもの死亡・疾病率をおおきく減少させることができるのに、これらの便益のために資金が割り振られないこと、資源に対するコントロールを手に入れるための紛争や戦争が増加し、そのために政治的・社会的・経済的な不安定が生じていることが挙げられます。

貧しい人々がたくさんいるということが、国家の発展の障害になっているという主張は正当ではありません。現実に障害となっているのは、開発の利益を正しい方法で配分する責任を負っているおおくの政府の再配分政策だからです。同様に、貧困層は天然資源の消費や環境劣化の元凶であるという意見にも疑問の余地があります。現実に元凶となっているのは、貧困層よりも高水準の消費を行っている富裕層だからです。

持続可能な発展は貧困の削減につながるでしょうか？

貧困は貧しい人々が持続可能ではない生活方法を選択するように仕向けるものです。例えば、衛生設備や廃棄物処理システムが存在せず、さらに燃料も不足していれば、貧困層は環境劣化に手を貸すような実行に走ることになるかもしれません。先進国が例えば温室効果ガスの排出を減らす、エネルギー効率の基準を導入する、国境を越えた資本移動についての取引税を支払う等、これまで世界に対して行ってきた約束を尊

重すると決めさえすれば、持続可能な発展を達成し、それにより貧困をかなり削減させることが可能になるのです。

貧困撲滅のために資金を調達することは可能でしょうか？

可能です。途上国においてすべての者に基礎的な社会的サービスを行きわたらせるための付加的なコストは1年に約400億米ドルと見積もられています。この額は2002年から2003年の米国の防衛予算の10分の1であり、また2001年から2002年のもっとも富裕な人の純所得を80億ドルも下回るものです。これらの資金のほとんどは、各国政府や多国籍銀行(世界銀行、アジア開発銀行その他)その他の援助機関による既存の支出構造を再編することによっても捻出することができます。

世界銀行、国際通貨基金等の国際機構や経済協力開発機構(OECD)諸国の政府が、現地の社会的要請に基づいた貧困撲滅に向けて資金を投入するために、各国政府が行った具体的な約束と引き換えに既存の債務を帳消しにするということを現実に決めるならば、貧困撲滅のために資金を調達することははるかに容易なものとなるでしょう。

さらに、個々の国家が富や資源の再配分という分野の根本的な改革に着手すること、防衛のための支出よりも発展のための支出に優先順位をあたえることを決断するならば、必要なコストの見積もりはさらにひきさげられることになるでしょう。

4　実施と監視

2000年の国連ミレニアム総会において、各国首脳・各国政府はグローバルなレベルで人間の尊厳、平等、衡平等の諸原則を支持することについての集団的な責任を認めました。各国は2015年までに達成されるべき**発展と貧困撲滅のための8つの目標**を設定しました。これには、極度の貧困と飢餓を撲滅すること、普遍的な初等教育を達成すること、ジェンダーの平等を推進し、女性の地位を向上させること、環境の持続可能性を確保すること、開発のためのグローバル・パートナーシップを推進することが含まれています。1997年から2006年までの10年間は**第一次国連貧困撲滅のための10年**と宣言されています。毎年10月17日は**国連国際貧困撲滅デー**として記念行事が催されています。

国連ミレニアム開発目標
目標1：極度の貧困と飢餓の撲滅
目標2：普遍的初等教育の達成
目標3：ジェンダーの平等の推進と女性の地位向上
目標4：子どもの死亡率の削減

目標5：妊産婦の健康の改善
目標6：HIV/エイズ、マラリア、その他の疾病の蔓延防止
目標7：環境の持続可能性の確保
目標8：開発のためのグローバル・パートナーシップの推進

〔出典：国連ミレニアム開発目標：http://www.un.org/millenniumgoals/〕

　グローバル化とそれによりもたらされるものは論争の的となっていますが、これらは新たな形態の貧困をうみだしています。さらに、これらの新たな形態の貧困は、さまざまな信条、信念、文化を有する人々から構成され、さまざまな社会政治的・経済的発展水準にある社会で顕在化しています。例えば、グローバル化のアフリカへの影響は、主としてインドとくらべるとアフリカにおける社会政治的・経済的状況が異なっているという理由のために、インドへの影響とはまったく違っています。これらの文化間・地理上の地域間での明白な相違は、人々が貧困化や社会的周辺化により出現する脅威をどのように受け止めているかにも影響をおよぼしています。

　したがって、決定的な問題は、グローバルなレベル・地方レベル双方において、こうした**さまざまな形態の貧困を監視する枠組**をさらに開発し、さらに人々が搾取を行っている勢力に抵抗し、闘争するための能力をあたえることができるかということなのです。

　国連憲章や世界人権宣言は、第2次世界大戦後の時代において、すべての人々のために人間の尊厳、平和、人間の安全保障を保護することを最大限強調しつつ、新たな権利義務のシステムを構築するための道徳的な枠組を提供しようとしました。

　多面的な性格を有する貧困への対応を可能にするのは、人権に対する包括的アプローチです。このアプローチは、貧困からの自由は貧困層が**人権教育を通して能力をあたえられる**場合にのみ可能であると認めるものであり、慈善事業を超越するものです。そこでは、**貧困層**は法的な資格を有しており、国家や非国家アクターはこれを実現する法的な義務を負っていることが確認されています。個々の国家は市民の人権を実現することについて主要な責任を負っていますが、他の国家や非国家アクターもこのプロセスに寄与し、これを支持する義務を負っているのです。このことは衡平、公正かつ保護主義的ではない多数国間貿易と十分な財政支援供与のための体制を確立し、貧困層がこのグローバル化しつつある世界において発展のプロセスに関与できるように確保するためにもっとも重要です。

　これらの**価値**は、貧困を撲滅し、持続可能な発展のための必須条件を作りあげることができるような国際的な発展に向けての設計図として諸国家が立案したリオ宣言、アジェンダ21、コペンハーゲン宣言(1995年の社会開発サミットで採択)、北京行動綱領(1995年の世界女性会議で採択)、ハビタット・アジェンダ(1996年の第2回国連人間居住会議

で採択)等の政治的な宣言にあらわれています。

貧困を監視するための条約機関

監視機関は定期的に国家報告について検討し、苦情を受理したり、国家、経済機構、国連機関その他に対して、貧困の緩和等、人権についての履歴を改善するためになんらかの措置を講ずるように所見を述べたり、勧告をしたりすることができます。

社会権規約委員会による締約国の報告書についての総括所見は、国内法における規約の地位が不明確であること、国際的な人権についての約束に基づいて法が執行されていないこと、条約文書についての情報が欠けていることを阻害要因であると示唆しています。そして、債務の負担、細分化されたデータの欠如、国家当局における腐敗の蔓延、司法制度を損なう軍事政権、差別を押しつけるような凝り固まった保守的な宗教の影響等が、貧困削減のための戦略の実施を阻害すると考察しています。

1990年以降、条約を批准する国の数は劇的に増加していますが、約束・政治的目的と現実の実施状況とのあいだにはおおきな隔たりがあります。政府の政治的な意思の欠如、世界貿易機関(WTO)のような国際的な討論の場において行われる矛盾する約束(例:企業の欲を満たすために医薬品のコストの上昇を招き、個人が健康な生活を送り尊厳をもって生きるという基本的な人権を否定するTRIPS—すなわちWTO知的所有権協定)、さまざまな約束を実現するための資金が十分に配分されていないことが主たる脅威です。

特別報告者・独立専門家

国連人権委員会は、これまで2人の独立報告者を任命しています。1人は発展の権利の実施に関する特別ワーキンググループに報告することを任務としており(決議1998/72)、もう1人は極度の貧困が人権におよぼす影響に関して調査や勧告を行うことを責務とするものでした(決議1998/25)。**人権と極度の貧困についての独立専門家**は、極度の貧困状況で生活している人々が人権を十分に享受できるようにするために、国内レベル・国際レベルで講じられた措置について評価し、極度の貧困状況で生活している男女が遭遇する障害やこれまでの進展について検討し、技術的支援の領域やその他の貧困の削減や最終的な貧困撲滅に関わるその他の諸分野について勧告・提案を行います。

国連人権委員会への報告書(E/CN.4/2001/54、2001年2月16日)において、独立専門家は貧困層の状況をどのように変えることができるかに関する非常に重要な所見を提示しています。これら貧困層の状況を変えるための必要条件を実現するためには、貧困層の地位を向上させ、彼らが自分たちの運命を変える助けとなるような人権教育が必要です。人権教育の過程は貧困層が直面するあらゆる状況や現実についての批判的な分析を促進し、強化するものです。人権教育は貧困層を貧困なままにさせる諸勢力に対

処するための適切な知識、技能、能力をあたえるものです。人権教育は、貧困層がすべての人権の漸進的な実現と貧困の完全な撲滅を要求し、追求することができるようにするために、組織を設立し、自助のネットワークを創造することを可能にします。人権と極度の貧困についての独立専門家であるベルギー人のリーツィン氏は、2004年の報告において、「2003年の世界の軍事予算の総額だけでも、アフリカの0歳から18歳までの若年層が必要としている学校をすべて建設し、15年間にわたりその教師に報酬を支払うためのコストをカバーすることができるだろう」と指摘しています。

発展と貧困撲滅

目標：2015年までに、1日の所得が1ドル以下という世界の人口の比率と飢餓に苦しんでいる人々の比率を半減させる。

前進するための戦略

所得の貧困
- 貧困削減に焦点を当てるような国主導による経済的・社会的イニシアティブを確実なものにすること。
- 基本的な社会的サービスを提供する能力を強化すること。
- 貧困の評価、監視、計画立案のための能力開発を支援すること。

飢　餓
- 1996年の世界食糧サミット以降に行われた行動について評価し、飢餓に関する目標を達成するために、国内レベル・国際レベルで新たな計画を提案すること。
- 食糧・農産物の貿易や貿易政策全般が、公平かつ公正な世界貿易体制を通じたすべての者のための食糧安全保障の促進に寄与できるようにすること。
- 小規模農を優先することを継続し、環境への理解、低コストで簡素な技術を促進するための努力を支援すること。

〔出典：国連総会、2001年、国連ミレニアム宣言実施に向けてのロードマップ（工程表）、http://www.un.org/documents/ga/docs/56/a56326.pdf においてオンラインで入手可能〕

展　開

発展が貧困層にも効果をおよぼすようにするためには、土地改革、貧困層が生活や資源を所有し管理すること、読み書きができるようになること、教育、健康、居住、栄養等いくつかの基本的な措置がとられる必要があるというコンセンサスが、人々の運動の経験や非政府機関や援助機関の活動からうまれてきました。土地をもたない人々に土地の代わりに雑種の牛をあたえること、収穫が灌漑に左右されるような状況

で、他のインフラに関するニーズに対処することなく、農業用地を購入するための専用の貸付を行うこと、子どもの労働者が学校に完全に出席できるようにするのではなく、働くための融通が利く学校を彼らに提供することは、役にたたないアプローチなのです！　このようなアプローチは、貧困を永続化させてきただけです。主要な問題は政治的意思と再配分です。

　実効的な貧困撲滅は、それが現地で分権的に実施されている場合には成功します。公平な人間開発を導くことが可能になるのは、貧困層が発展過程の対象（客体）としてではなく、主体として参加する場合だけです。

貧困削減の分野において現地や国内的・国際的な経験から学ぶ共通および固有の教訓

- 貧困は経済的な問題であるというだけでなく、社会的、文化的、政治的な問題です。
- 貧困層の政治的・経済的な地位向上は、貧困撲滅のための手段です。
- 情報に対する権利や人権教育に対する権利は、周辺化した人々が人権について自覚することを可能にし、これにより彼らが行動を起こせるようになります。
- 貧困層が組織を結成することにより、彼らの集団的な力が強化され、それにより彼らは自分たちの人権を主張することができるようになります。地位向上を通じて、貧困層は資源に対する自己の権利を主張し、自己の尊厳や自尊心を強化することができるようになります。
- 生活ができるような賃金での労働を確保すること、生活のための資源へのアクセスは、いぜんとして貧困削減のための鍵となっています。
- 貧困の削減は、不平等の軽減と同時に実行されるべきものです。カースト、人種、民族による差別とともに、女性に対するあらゆる形態の差別を撤廃することが優先されなければなりません。
- 教育、健康、住宅、水、衛生に対する支出を拡大し、手頃な価格での食糧の供給を増加させることが、貧困を削減させることになります。
- とくにグローバル化の時代において、国家やその機関は貧困削減について重要な役割を担っています。
- 国際的・国内的な開発・金融機関の説明責任を向上させることは、公平かつ公正な経済成長を確保することになるでしょう。
- 世界のおおくの国は、すぐに貧困を撲滅することはできません。これらの国の自己努力は、国際的な支援・協力により支持、補完される必要があります。
- 債務帳消しは貧困削減と直接的な関係をもっています。債務帳消しが教育、健康その他の部門への投資に関連づけられるならば、貧困削減に貢献すること

になるでしょう。
・戦争や不和は貧困を増大させます。真の平和と安定という条件を確保することなく、貧困を撲滅しようと努力しても、失敗に終わることになります。

1　成功例

貧困層は信用できる

　バングラデシュのグラミン銀行は、1976年ジョブラ村において、村のちいさな信用組合としてスタートしました。2002年までに、借り手は2400万人におよび、そのうち95%が女性でした。銀行は1175の支店をもっており、バングラデシュのすべての村の60%以上をカバーする41000の村においてサービスを提供しています。

　グラミン銀行は、主として現地資本を蓄積することや資産を創り出すことを通じて、貧困層を動員し、彼らを前進させようとしています。その目的は、銀行(業務)の便宜をバングラデシュの農村部の貧しい男女にも拡大し、貸金業者による搾取を撤廃し、活用されていないかあまり活用されていない人的資源のために自営の機会をうみだし、恵まれない人々が相互援助を通じた自立や社会経済発展を理解し、これを確実なものとできるような方法で組織化することです。

　信用上のリスクがもっともおおきいと考えられてきた人々に焦点を当てることによって、貧困層は信用に値するという事実を立証してきました。銀行は、貧しい女性たちが直面しているジェンダーと貧困という二重の負担に対処してきました。グラミン銀行は農村地域における生産手段・生産条件の所有のパターンをおおきく変えることに乗り出すことができるようになりました。このような変化は、貧困層が貧困線を超えられるようにできるからというだけでなく、きめ細やかなサポートによって、村々でたくさんの創造性をうみ出したという理由からも重要です。グラミン銀行の手法は他の周辺諸国においても試みられています〔出典：グラミン銀行：http://www.grameen-info.org/bank〕。

マリの20―20イニシアティブ

　1995年のコペンハーゲンにおける社会開発サミットののち、マリは支出予算の平均20%と国際援助の20%を、国内においてもっとも不可欠な社会的サービスへの融資に充当するという意味の20―20イニシアティブを採択しました。また、1995年以降、毎年10月を「排除に対抗する連帯と闘争月間」と宣言しています。

貧困削減戦略文書(PRSPs)

　1999年、強化された**重債務貧困国(HIPC)イニシアティブ**の下で、国家が主導する参加

型の貧困削減戦略を、世界銀行・国際通貨基金によるすべての譲許的融資(譲許性は援助条件のゆるやかさをしめすもので、通常はグラント・エレメントG/Eという指標であらわされます。世界銀行や国際通貨基金による譲許的融資とは、無償ではありませんが、無利子、長期の返済猶予期間等ゆるやかな条件で行われている途上国向けの融資のことです)や債務免除の前提条件とすることが合意されました。このアプローチは国当局による貧困削減戦略文書の策定に取り入れられています。2006年3月時点で、25カ国が従来の重債務貧困国イニシアティブの下での決定時点(3年間の譲許的融資ののちの債務持続可能性分析の結果、イニシアティブに基づく支援の適格国が決定される段階)に到達、4カ国が1999年の強化されたレジームの下での完了時点に到達、現在は総額400億ドルにものぼる債務免除が何度も行われています。

　すべての貧困削減戦略文書は、発展と貧困削減戦略の実施の基礎となる5つの中核的原則を考慮に入れつつ展開されています。
・国家が運用していること――活動のすべての段階において、市民社会や民間部門を広範に参加させていること。
・結果志向型であること――貧困層の利益となるような成果に重点をおいていること。
・貧困の多面的な性格を認めているという点で包括的であること。
・パートナーシップ志向であること――(双務的、多角的、非政府の)開発パートナーの調整のとれた参加。
・貧困削減に向けての長期的な展望に基づいていること。
〔出典：サントメ・プリンシペ民主共和国：http://www.worldbank.org/poverty/strategies/overview.htm〕

　貧困削減戦略文書は、外部からの援助におおきく依存し、これらの援助により運用されているという財源構造や、海外からの直接投資を促進しようという願望等、いくつかの決定的な短所のために、市民社会グループからの批判にさらされてきました。利害関係者、とくに周辺化した集団の参加は、参加のための制度的メカニズムが存在していないことや、彼らが理解できる現地の言語では利用できないような情報・文書といった障害のために疑わしいままです。これらの限界やその他の限界は今後もさらにまた適切な時期に取り組まれる必要があるでしょう。こうした批判への対応として、国連人権高等弁務官は、貧困削減戦略に人権を組み込むことについて検討するための3人の専門家(ポール・ハント氏、マフレッド・ノヴァク氏、シディック・オスマーニ氏)を任命しました。彼らの研究はさらに発展しており、オンライン上(http://www.ohchr.org/english/about/publications/docs/BrochAng.pdf)で入手可能です。

私たちの水は売り物ではありません
　カナダのNGO(非政府機関)であるカナダ人評議会は、カナダの秀でた市民たちによ

2　貧困からの自由　75

る監視組織で、10万人を超える会員と全国の70以上の聖堂参事会(Chapter；カトリック教会・英国国教会の組織で、首席司祭deanが監督する聖堂教会cathedralまたは司教座がない共住聖職者団聖堂collegiate church等の司祭により構成される)により構成されています。厳密には支持者ではありませんが、評議会はカナダ議会の議員に、研究を行うよう請願し、社会的な綱領の擁護、経済的正義の促進、民主主義の刷新、カナダ人の主権の主張、協同組合型の自由貿易というもう1つの選択肢の促進、環境保全等、カナダのもっとも重要な問題のいくつかに光をあてることを目的とした国家的なキャンペーンを展開しています。

　1999年初頭、評議会は大量の水の輸出と私物化の影響からカナダ人とその環境を保護するキャンペーンを開始し、成功しました。このキャンペーンは、水は万人の所有物であり、何人もこれを占有し、そこから利益をえたりすべきではない公共の資源であるという信念に由来するものです。カナダの淡水湖、河川、地下の帯水層を栓を開けて水を引くための豊富な宝庫と考えている企業や投資家の既得権益を承認しつつ、キャンペーンはこの価格をつけることができないほど貴重な資源の商品化・私物化に反対して、世論や大衆行動を動員したのです。

　カナダ人評議会は、世界中の水の私物化や企業による窃盗に対する反対が高まりつつあることを認識し、この反対の声を地球という惑星の将来に向けての新たな未来像にすぐに根づかせるために、世界中のたくさんの組織とともに、2002年2月ブラジルのポルト・アレグレで開催された第2回世界社会フォーラム(スイスのダボスで開催されている「世界経済フォーラム(通称・ダボス会議)」に対抗して、「もう1つの世界は可能だ」とのスローガンの下で社会正義に基づくグローバル化をめざす世界的な市民運動によるフォーラムで2007年までに7回開催されている)において「世界水条約」の締結に着手しました。この提案は2002年8月南アフリカにおける持続可能な発展に関する世界サミットで提出されました。評議会の業務は貿易や投資の問題ばかりでなく、健康や教育等その他の慈善的な公共サービスにも拡大されようとしています〔出典：カナダ人評議会：http://www.canadians.org〕。

持続可能な将来
　エネルギーや農業等基幹部門における「エコロジカル・フットプリント(直訳すると、地球の自然生態系を踏みつけた足跡という意味で、人間活動により消費される資源量を分析・評価する手法の1つ。人間1人が持続可能な生活を送るのに必要な生産可能な土地面積(水産資源の利用を含めて計算する場合は陸水面積となる)で表現される)」の規模や影響について評価し、自国のフットプリントの否定的な影響を軽減するための、明確かつタイムテーブルがしめされている目標を設定することを約束するというオランダの事例は、先進工業国の政府による環境へのダメージチェックの好例です。オランダは、国連持続可能

な発展委員会にその進捗状況を、アジェンダ21の実施状況についての報告とともに報告しています。

飢餓からの自由

米国カリフォルニアに本拠をおく**NGOフード・ファースト**（正式名称は「食糧と開発のための政策研究所」）は、飢餓の原因となる不正を排除することを任務としています。フード・ファーストは、すべての人々は食べるという基本的な権利を有しており、自己やその家族が生命を維持するために必要な資源に対して真に民主的なコントロールを行使すべきであると考えています。フード・ファーストは、社会的変革に対する障害を明らかにし、それらを除去し、成功の見込みがあるもう1つの選択肢を評価し公表するための方法を提示しつつ、神話を打ち砕き、根本原因を明らかにするために、研究、分析、教育、主張に乗り出すことにより、社会的変革を引き起こす可能性や自己の能力を人々に自覚させるために活動しています〔出典：フード・ファースト——食糧と開発のための政策研究所：http://www.foodfirst.org〕。

経済的正義

フィリピンに本拠をおくNGO**「債務からの自由連合」**（Freedom from Debt Coalition：FDC）は、公平（ジェンダー間の公平を含む）、経済的権利・正義、公平かつ持続可能な成長、各国政府を適正な役割を果たすように仕向け、有益でグローバルな経済関係を国家間で構築するために闘うこと等、人間開発のために活動しています。債務からの自由連合は、世界の最貧国の債務を帳消しにするための世界規模のキャンペーンを支持するために奮闘しています。債務からの自由連合は、食糧安全保障、公共支出、経済政策が女性におよぼす影響等その他のいくつかの問題もとりあげています。債務からの自由連合の弁論活動は、主たる任務を、大衆の教育と広報、大衆の動員、政策の研究・分析、同盟の構築と地方のネットワーク作りに集約しています〔出典：債務からの自由連合：http://www.freedomfromdebtkoalition.org〕。

コトノー協定

2000年6月23日コトノー（ベナン共和国の港湾都市）で締結された**ACP諸国**（アフリカ・カリブ・太平洋諸国で77カ国により構成）**およびECとの間のパートナーシップ協定**は、**食糧安全保障**をとくに重視しています。協定第54条は専ら食糧安全保障について取り扱っており、人間の安全保障や人類の福利を確実なものとするにあたり食糧安全保障が果たしている重要な役割を認めています。また協定は人間の安全保障を強化することに関して、現在のEUの開発援助政策において優先順位が格上げされていることをしめしています。

2 傾 向

　ミレニアム開発目標に向けての前進——諸国は順調に前進しているのでしょうか？
相当な前進をしめしている国もたくさんありますが、その他——概して最貧国——
は目標を達成できそうにないようです。2005年の国連人間開発報告書では、8つの
目標のうちの5つ——子どもの死亡率、学校の在籍者数、教育におけるジェンダーの
平等、水・衛生に対するアクセス——についての分析から、以下のような所見を導き
出しています。サハラ以南のアフリカ諸国24カ国を含む9億人の人口から成る50カ国
は、ミレニアム開発目標のすくなくとも1つに関して、前進するどころか、後退して
います。さらに悪いことには、別の65カ国は、2040年以降も、ミレニアム開発目標の
1つすら達成できそうにありません。このことは、専らというわけではありませんが、
主としてこれらの諸国の12億の住民に影響をおよぼしています〔出典：国連開発計画・
2005・人間開発報告書2005年版〕。

子どもに関する目標の未達成

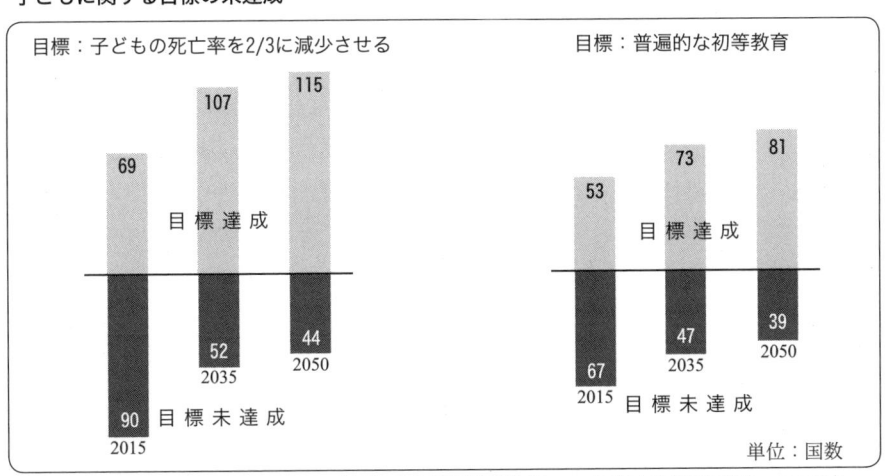

目標：子どもの死亡率を2/3に減少させる

	2015	2035	2050
目標達成	69	107	115
目標未達成	90	52	44

目標：普遍的な初等教育

	2015	2035	2050
目標達成	53	73	81
目標未達成	67	47	39

単位：国数

〔出典：『人間開発報告書2005年版』国連開発計画、2005年〕

3 年　表

貧困からの自由――主要な規定と活動

1948年　世界人権宣言（第22条、第23条、第25条、第26条）
1961年　欧州社会憲章とこれを監視するための欧州社会権委員会
1965年　人種差別撤廃条約（これを監視するための人種差別撤廃委員会：第5条）
1966年　社会権規約（これを監視するための社会権規約委員会：第6条、第7条、第9条、第11条、第12条、第13条）
1979年　女子差別撤廃条約（これを監視するための女子差別撤廃委員会：第10条、第11条、第12条、第13条、第14条）
1981年　バンジュール憲章（これを監視するためのアフリカ人権委員会：第14条―第17条、第20条―第22条）
1988年　経済的、社会的および文化的権利についての米州人権条約に対するサンサルバドル追加議定書とこれを監視するための米州人権委員会
1989年　児童の権利条約（これを監視するための児童の権利委員会：第27条）
1998年　人権と極度の貧困についての独立専門家
2000年　国連総会においてミレニアム開発目標を採択
2005年　世界サミット「成果文書」においてミレニアム開発目標と貧困の撲滅に対する約束を再確認（UN Doc. A/RES/60/1, paras.17, 19, 47）

3 無差別

キーワード　無差別についての権利　人種主義と排外主義　不寛容と偏見

　すべての者は、人種、皮膚の色、性、言語、宗教、政治的意見その他の意見、国民的若しくは社会的出身、財産、出生又は他の地位等によるいかなる差別なしに、この宣言に規定するすべての権利及び自由を享有する権利を有する。

世界人権宣言第2条、1948年

説　例

　1960年、オーストラリア・クィーンズランド、トゥワムバにおける、ある有名な競技場の正面特別観覧席が、「E. S. '黒んぼ' ブラウン観覧席」と名づけられました。これは、E. S. ブラウンというある有名なスポーツ選手を讃えたものです。「黒んぼ(Nigger)」という言葉(不愉快な言葉)は、その席に大きく刻印されていました。ブラウン氏は、1972年に死去したアングロサクソン系白人だったのですが、その不愉快な言葉は彼のニックネームでした。その不愉快な言葉は、競技場の施設に関する公的な発表でも、ならびに競技実況放送においても、口頭で繰り返し使用されていました。

　S氏は、アボリジニーを出自とするオーストラリア人なのですが、彼は、1999年、この不愉快な言葉を削除するよう、競技場の理事に要請しました。その言葉は、彼にとってみれば、好ましくないものであって、不快なものであると考えられたのです。地域の多くの人々が観覧席にあるその不愉快な言葉の使用に反対しないと表明したことを受け、理事たちは、今後一切の行動をとらないようにその申立人に助言しました。ある地域の先住民共同体の有力者が組織し、代表的なア

ボリジニー共同体が出席した公の集会の中で、市長や競技場運営理事会理事長は、「E. S. 黒んぼブラウン」という名前を、偉大なるスポーツ選手の栄誉をたたえて観覧席に残すこと、和解の精神の観点から、人種差別的な形式で名誉を傷つけ、攻撃的となる表現は将来にわたって使用したり、掲示したりしない。」という決議を採択しました。

申立人は、1975年連邦人種差別法に基づき、連邦裁判所に訴訟を起こしました。申立人は、競技場から当該表現の削除および理事者の謝罪を求めたのです。連邦裁判所は、この申立てを棄却しました。裁判所は、当該決定が「オーストラリア原住民個人または全体を攻撃、侮辱、屈辱、脅迫するといった行為であることが、あらゆる状況から合理的に考えられる」ものであるとは申立人は立証していないと判断したのです。この決定は、「人種に基づいて行われた」行為ではありません。オーストラリア高等裁判所は、この申立人の控訴を却下しました。

人種差別撤廃委員会における個人申立手続において、申立人は、標識から攻撃的な表現の削除と謝罪、ならびに人種攻撃をする表現に対する実効的な救済を提供するよう、オーストラリア法の改正を求めました。

当委員会は、卓越したスポーツ選手を記念するに際して、人種攻撃的であると考えられる公共表示物を掲げまたはそれをそのままにしておかなくとも、それ以外の方法で名誉をたたえることはできると判断しました。委員会は、締約国に当該プレートから攻撃的な表現の削除を確保する措置を講じること、ならびに、そのためにとった行為について報告するよう勧告しました。

〔参照：CERD/C/62/D/26/2002,2003年4月14日〕

[論　点]
1. この話が伝えたかったことは何でしょうか。
2. どんな権利が侵害されたのでしょうか。
3. S氏は自分の権利を守るためどんな行動をとったのでしょうか。
4. 国内裁判所は、申立人の主張になぜ同意しなかったのでしょうか。
5. 当地の先住民共同体は、なぜ彼を支持しなかったのでしょうか。
6. ある特定の集団に向けられた固定概念あるいは偏見が含まれていたのでしょうか。もしそうならどこに含まれていたのでしょうか。
7. あなたの国では同様の事件を聞いたことがありますか。
8. 人が人種主義者になるのはどんな理由があるのでしょうか。

基礎知識

1 「差別——平等を求めた終わりのない闘い」

> あなたか知っている人で、その人生の中であらゆる差別にさらされたことのない人を1人思い浮かべてください。1人も見つけられないことがわかるでしょう！

　すべての人は平等の権利を有し、かつ、等しく扱われるという原則は、人権概念の基礎です。市民的および政治的な意味において、政府は、すべての市民に対して同じ権利を付与するということを意味します。なぜならば、すべての者は法の前に平等であり、よって自由と正義を平等に付与されるからです。しかしながら、この平等についての自然権は、過去そして現在においても、すべての人に完全な形で与えられてきたわけではありませんでした。人類の誕生以来、何らかの形での差別が、常に問題となってきました。差別は、先住民に対して、少数者に対して、いたる所で生じてきました。エクアドルの森から、日本の島に至るまで、そしてサウスダコダの特別保留地、ユダヤ人に対して、オーストラリアのアボリジニーに対して、欧州のロマに対しても、おこりました。また北米や欧州での移住労働者、難民や政治亡命者に対しても生じます。またアフリカの異なる部族間の中でも生じます。いじめにあったり、性的虐待を受けた子どもたちに対してもおこります。価値ある人間らしい扱いを受けていない者として待遇されている女性がいます。またHIVに感染した人に対して、身体的あるいは精神的に障害を抱えている人に対して、もしくは他の性的志向を持つ人に対してもおきるのです。差別は私たちの言葉の中にもあるかもしれません。その言葉のなかに、意図的または無意識に、私たちが時折自分たちを他の者から区別をしてしまうのです。差別は、多くの形態で現れます。すべての者があらゆる分野において差別によって影響を受けてきたと考えることができるでしょう。したがって、この問題について意識することは、差別について実効的に対処するために不可欠なことなのです。

　この単元は、人種、皮膚の色もしくは民族的出身、つまり人種主義、人種差別ならびに同様の排斥および不寛容の態度に基づくもっとも深刻でかつ壊滅的な差別の形態のいくつかに焦点を当てています。

　歴史的には、生物学的な違いというものは、人種間の「優劣」の存在を正当化するため、よって人種によって人を分類するために、かなり初期の段階から悪用されてきました。例えば、チャールズ・ダーウィンの進化論は、人種の優位という概念を「科学的に」

正当化するものとして利用されてきたのです。ある種の差別と人種主義は、インドのカースト制度、ならびに古代ギリシャと中国の持つ文化的優位性という概念の中で表されてきました。加えて、人種主義の先史は、世界中で行われたユダヤ人への迫害によって占められていました。スペインの植民地支配は、とりわけ16世紀から17世紀の支配ですが、まず「新世界」(南米大陸)において、新たな人種カースト社会を導入しました。そこでは、血統の純粋性が、優越性の原則となっていました。この制度の被害者は、インディアンであり、アフリカから連れてこられた奴隷でした。植民地政府は、これら諸制度を実行し、これらを自らの植民地社会の基礎としたのです。「新世界」では、「ニグロ(黒人)」という語は、白人という支配人種に対して、「劣った」人種のいう奴隷層と同義語でした。18世紀末と19世紀初頭では、人種主義のイデオロギーは、その他の局面においても現れました。南北戦争の後、クー・クラックス・クランによる人種暴動と黒人に対するテロ行為が、南部連合でおきました。欧州の入植者たちもまた、こうした考え方と19世紀における社会的ダーウィニズムの幅広い支持を利用してアフリカ大陸における支配権力の確立と維持を行ったのです。20世紀は、人種主義のもっとも極端な形態が現れました。すなわち、欧州におけるナチ体制下の人種憎悪、南アフリカのアパルトヘイト制度という制度的な人種差別、あるいは旧ユーゴスラビアやルワンダにおける民族的および人種的動機によるジェノサイド、といったものです。

　今日、これら歴史的な経験の結果として、差別の禁止、特に人種、皮膚の色もしくは民族的出身に基づく差別の禁止は、多くの国際条約において定められており、また多くの国家の法律において重要な内容となっています。にもかかわらず、人種、皮膚の色、民族的出身と同様、宗教、性、性的志向などに基づく差別は、未だに世界中に存する人権侵害のうち恒常的に発生するもののひとつなのです。

☞**女性の人権、宗教の自由**

差別と人間の安全保障

　人間の安全保障の主要な目的のひとつは、人民が不安定な状態から自由となる機会、選択、そして能力を行使し、かつ伸張するための条件を提供することです。何らかの理由に基づく差別は、人民が平等を基盤として権利および選択を行使することを妨げます。さらに経済的かつ社会的不安定をもたらすだけでなく、差別を受けた人間の自尊心、自己決定および人間の尊厳に影響を与えます。人種差別や、弱者集団、少数者あるいは移住労働者に属する人々の権利の侵害もまた、重大な紛争の原因や、国際の平和と安定にとって危険となりえます。世界人権宣言前文にすでに述べられているように、人類のすべての者の固有の尊厳と平等の権利の承認は、世界における自由、正義および平和の基礎です。したがって、人種、性、民族的アイデンティティ、宗教、言語もしくは他の社会的条件に基づく事実

上の不平等を克服することは、人間の安全保障のアジェンダにおいて優先順位の高いものでなければなりません。

2　定義と解説

まず最初に、差別の2つの主要な側面を余すところなく考察し、区分することが非常に重要です。

態度または行為

一方で信念および個人的意見と、他方で人の態度および信念に動機づけられた具体的な表明および行為とは、重要な相違点があります。前者の概念は、各個人の私的な側面にかかわるものです。他方、後者の概念は、他人に対して影響を与える行為に関するものです。その結果、私たちは、イデオロギー、心理状態および個人的意見といったものと同様に、人種主義、排外主義および偏見といった現象を特定することができます。なぜならば、理論的に言えば、これら意見があったとしても、それは人々の心の「内側に」とどるものだからです。これら態度が表明されないかぎり、誰も傷つけることもなく、また罰せられることもありません。しかしながら、実際には、人種主義や排外主義の態度や信念は、他のものに対して否定的な影響を与える行為を必然的に導くこととなります。つまり、侮辱、言葉による虐待、侮辱あるいは身体的攻撃や侵害といったものです。この種の行為は、差別であると特徴づけられますが、ある一定の状況下では法によって処罰されるものでもあります。

差別行為者——国家あるいは個人

考察すべきもうひとつの重要な問題は、行為者に関するものです。伝統的にいえば、国際人権保障制度およびそれに匹敵する無差別を定めた法制度は、国家による干渉からの保護を個人に保障するという観念に基づいています。したがって、主要な行為者は、——積極的であれ消極的であれ——常に国家であったのです。他方、個人間の差別は、程度の差はあれ規制されていなかったのです。この認識は、人種主義と差別に対する国際的な闘いが新たな展開を見せたことを受けて、最近になって変化してきました。それは、差別をより全体的に理解し、また多くの差別的な出来事が、私人、つまり非国家行為者によって引き起こされていることを考慮したものでした。

好例は、移民、難民または黒い皮膚をした人にアパートを貸したがらない個人家主といった一般的にみられる態度です。しかしながら、差別禁止に関する規制を私的分野に導入することは、多くの論争をうみだすことになります。私的分野は、明確な規則のない、法的にグレーゾーンとしておかれているものです。個別に特筆すべき最近

の展開を示すものは、欧州共同体の反差別指令です。これは、労働市場およびモノやサービスへのアクセスといった、私的分野における差別撤廃の実施を構成国に義務づけるものです。

このトピックにかかわる文言としては、人種主義、排外主義、偏見および不寛容といったものがあります。これら現象は、その後の差別的行為を導く先駆者の役割を果たしているので、そのためこれらすべてのものから、差別は、諸要素を取り入れているとされるのです。

差 別

定義：一般に差別とは、平等の権利およびその保護の否定や拒否を目的とするあらゆる区別、排除、制限、あるいは優遇と考えられるものであって、平等の原則の否定や人間の尊厳の侮辱となるものです。こうした異なる取扱いの理由に着目して、「人種、種族、皮膚の色、性差、宗教、性的志向などを理由とした差別」を私たちは語ります。あらゆる区別が、人権侵害という意味での差別として自動的に定義づけられる訳ではないということを知っておくべきです。区別が合理的および客観的基準に基づくものである限り、それは正当化されるのです。

問題なのは、「合理的な基準」をどのように定義するかと言うことです。それが何を意味するのでしょうか、あるいはこれら基準が多様な社会の中でも統一したものになるのでしょうか。この曖昧であるところは、平等の原則がもっとも論争のある人権の原則のひとつであることを指し示しています。なぜなら、法上の平等が常に事実上の平等を意味する訳ではないからです。母語による教育は、こうしたギャップのひとつの例です。すべての生徒を法上平等に取り扱うことは、学校が民族的少数者の生徒に対してその特別な母語によるクラスを編成することを妨げることになるでしょう。いずれの場合でもこうした取扱いは、言語的な背景を持つ生徒に対して不平等な取扱いを意味することになるからです。こうした取扱いは、差別的であるとはいえないし、すべての少数者に属する生徒の文化的教育を促進するためには必要であると考えられています。

差別の3要素

一般に、あらゆる差別の共通する、3つの要素を指摘することができます。

行為：区別、排除、制限および優遇といった差別的と見なされる行為。

差別の原因：人種、皮膚の色、世系、国民的もしくは民族的出身、性、年齢、身体的完全性などの個人的な特徴といった差別の原因

差別の目的および／もしくは結果：被害者がその人権および基本的自由の行使および／もしくは享受をすることを妨げる目的または効果を持つという、差別の目的およ

び／もしくは結果。その後、区別は、直接差別と間接差別に区分されます。前者は、目的に関連しますが、行為者が個人・集団に対して差別をする意図を有するものです。後者は、結果に関連するものですが、明らかに中立的な規定または措置ではありますが、事実上、他のものと比較して、ある個人・集団に不利益を被らせる場合です。

> **間接差別の例**：長いスカート着用あるいはカツラ着用のものを雇用しない店または企業。こうした衣服規定は、ある集団の人々を実際上不釣り合いの不利益を与えることとなります。

差別に関するさらなる重要な特徴

通常、支配的集団は、より権力のないまたは多数者の集団に対して差別を行います。**支配**は、数（多数者対少数者）あるいは権力（例；「上位階級」対「下位階級」）という条件下で生じます。この場合、少数者は、南アフリカのアパルトヘイトの場合のように、多数者を支配することもあります。支配を通じて、ある集団は他の集団を劣ったものとして扱い、その集団に対して基本的人権を否定することが頻繁に生じます。コロンビア大学出身のベティ・A. リアドン氏によれば、これは、「差別とは、差別の対象となった者に対する人間の尊厳および平等の権利の否定である」ということを意味するそうです。もうひとつの興味深い側面は、積極的差別あるいは**差別防止積極措置**というものです。この語は元々米国から発したものです。それは、事実上の平等を実現し、ならびに差別の制度的形態を克服することを目的とした、政府による暫定的な特別な措置を指しています。**制度的差別**とは、ある社会、組織もしくは制度の中に不平等および差別を制度的にもたらす既存の法律、政策あるいは慣習に着目したものです。差別防止積極措置は、常に白熱した論争の的となってきました。というのも、一時的にではあれ、過去の不平等に対する補償を行うために、ある集団を他の集団よりも優遇し、よって女性や民族的少数者といった対象となる集団に対して、特に教育、雇用および事業の分野において、すべての者に基本的な自由を享受するために、現在において平等の機会を付与することを意味するからです。

注意：こうした「差別」は、限定的な期限においてのみ生じるものであるという事実を考慮して、この種の優遇的取扱いは差別ではなく、差別と闘うための措置であると見るべきです。

> **あなたはこれらの措置をどのように考えるか？**
> ・差別の禁止は、平等の取扱いのみを意味するのでしょうか？
> ・過去の不平等な取扱いに対する補償を行うために平等の条件にある等しい人々を不平等に取り扱うことを意味することもある、平等の機会という概念につ

いてどのように考えますか。
・どのような行為が、正当化され、あるいは妨害もしくは優遇と見なされるでしょうか。

> 「あなたは、長きにわたり鎖で縛られた人を捕らえず、その者を自由にする。彼を競走のスタートラインに立たせ、次のように言う。『あなたは、みんなと自由に競争できるんだ』と。そして自分が完全に公平であったと当然に考えてしまう。かくして、機会の扉が開かれるだけでは十分ではない。私たちすべての市民は、その扉をくぐり歩みゆく可能性を有しているに違いない。…私たちは、権利と理論としての平等だけではなく、事実としての平等、結果としての平等を求めるのである」。
> 〔リンドン・B・ジョンソン(米国大統領)、1965年〕

人種主義

人種主義は、人々を孤立させまたは害を与えること、さらには共同体を分離することによって損害を生じさせます。能動的人種主義と人種を基礎とした特権を受動的に受け入れることは、人種的不正義ならびに被害者と加害者の間の精神的健康と精神的関係を崩壊させます。人種主義とそれに関連した不寛容の原因ならびにそれらの永続化の手段には、複雑であり、それは法的な脆弱性と差別、経済的および教育上の不利益、社会的および政治的周縁化ならびに心理的迫害といったものがあります。

興味深いことに、人種主義に関する普遍的に受け入れられた定義というものは存在しません。なぜならば、その正確な意味と範囲に関する見解はさまざまであり、その相互で対立しているからです。人種主義は、意識的であれ無意識的であれ、ある人種型の人種に本来的に優位するものがあるとその信ずることとして、あるいは「人種的秩序、つまり神の法を反映させると信じられている、永続的な集団の階級制度の確立することを企てる」態度および制度として、みなされます。人種主義のこの後者の定義は、人種の科学的理論から導き出された現代的な概念としての見解と、従来の部族主義の現れとしての理解の中に見出されます。

いずれにしろ、人種主義という語は、多くの議論を呼ぶものです。なぜならばその語それ自体は、異なる人種の存在を前提にしており、それは科学的には虚構であることを表しているからです。今日「人種」とは、社会的構成物として見なされており、生物学的特徴にというよりは、文化的相違に強調点がおかれています。そのため新しく変化した「文化的人種主義」について語ることもありうるでしょう。それは、今日の「人種主義者」の人々による実際の態度の大半をほぼおそらくうまく表現しています。事実、「人種」という語それ自体は、人種主義的でありますが、ある態度の定義としての人種

主義は、「人種」という語とは完全に別のものとしてみることができます。

しかしながら、**思考方法としての**人種主義は、有害なものといえますが、その表明なしには、罰することはできないのです。このことは、人種差別的な考えや人種差別的な思考方法は、人権侵害として特徴づけることはできません。なぜならば意見および信念の自由それ自体は、効力停止できない重要な人権を構成するからです。これら先入観や思考が差別的な政策、社会的慣習あるいは集団を文化的に分断することとなる場合にのみ、私たちは、処罰することのできる差別的行為あるいは人種差別について語ることができるのです。これら行為は、階級的秩序を創出する「卓越した人種」によって、あるいは他の者に対する支配を及ぼす個人によって行使されます。

人種主義は、**あらゆるレベル**で存在します——利用された権力や、被害者と犯罪者との関係に依存することとなります。

・個人レベル（ある者の態度、価値、信念）
・個人間レベル（他の者に対する行為）
・文化レベル（社会行為の価値および規範）
・制度的レベル（法、慣習、伝統および慣行）

南アフリカの**旧アパルトヘイト制度**は、人種主義および人種差別の制度的形態の鮮烈な例です。そこでは、アパルトヘイトの法律が黒人を白人から構造的に隔離しました（☞展開）。

人種差別：1965年人種差別撤廃条約は、人種差別の包括的な法的定義を定めており、これは差別にかかわるその他の多くの定義や文書のための基礎として用いられています。

第1条は、「この条約において、『人種差別』とは、人種、皮膚の色、世系又は民族的若しくは種族的出身に基づくあらゆる区別、排除、制限又は優先であって、政治的、経済的、社会的、文化的その他のあらゆる公的生活の分野における平等の立場での人権および基本的自由を認識し、享有し又は行使することを妨げ又は害する目的又は効果を有するものをいう」と定めています。

この条約の起草にあたって（☞**国際基準と実施・監督**）、国連総会は、ホロコーストの恐怖と戦後の人種差別的な態度と政策がいまだ引き続き存続していることに対応したのでした。

人種差別は、非常に多くの分野で生じており、歴史を通じて人類を苦しめてきました。それは、差別されてきた人々と、意識された区別に基づき、他の者を不平等の人間として扱ってきた人々双方を苦しめ、彼らの幸福を荒廃させかつ危機をはらんだ結果をもたらしてきたのです。

人種差別の暴力は、人種主義の影響の中でもとりわけ深刻な例です。これは、人種、皮膚の色、世系もしくは国民的または民族的出身に基づき、個人または集団に対して

行われた暴力またはハラスメント行為を意味します。脅威から集団を形成することは、嫌悪から暴力行為を発生させる社会的および政治的環境の本質的要素となります。

　人種主義および人種的偏見に動機づけられた暴力は、世界中のニュースの話題におおく取り上げられていました。例えば、米国における、ロドネイ・キング事件判決時に集中したロサンゼルスの暴動、そしてその後のO. J. シンプソン裁判を取り巻く論争です。

　人種主義と人種差別に関する過去数十年の間に、人種主義という文言に対する理解が広まってきました。世界中すべてが、それに影響を受け、かつ、妨害を受けているという現実を理解したのです。国際社会は、人種主義の基本的原因を確定し、人種主義あるいは人種差別に根づいた紛争の発生を防止するために必要な改革を推進するための取組みを行ってきました。これら現象に基づく政策や慣行を廃止する取組みにもかかわらず、不幸にも、これら考えや慣行はいまだ存在しており、または根拠すら得ようとし、あるいは新しい形態をとっています。その新しい形態とは、「民族浄化」といういわゆる残酷でかつ犯罪的な政策です。

排外主義

　排外主義は、外国人または外国国家に対する病的な恐怖として語られるものですが、それは、また、彼らが共同体、社会もしくは国家のアイデンティティとは相容れない者あるいは外国人であるという認識に基づいて、人を拒絶し、排除し、しばしば中傷する態度、偏見そして行動を指しています。言い換えれば、それは、非合理的な印象や考えに基づく感情であり、それは単純な「善と悪」の話に結びついています。

　排外主義はまた、態度および/または信念でもあります。したがって差別的行為としての排外主義を表明することのみが、国内法あるいは国際法によって処罰されます。

　人種主義と排外主義との間の区別は、学術上の意味において重要であるかもしれません。しかしながら、**人種主義者あるいは排外主義者の行動・行為の影響**および被害者への行為の影響は、常に同じものです。この効果は、人々から、その潜在能力を奪い、その人生設計および夢を追い求める機会を奪います。また彼らの自尊心ならびに自己評価に深刻な影響を及ぼします。さらに多くの場合には、彼らからその命さえも奪うことになるのです。人種主義や人種差別に固有の深刻な影響は、子どもに見ることができます。なぜならば、人種主義を目の当たりにすると、子どもたちの中で深刻な恐怖感や混乱の感情が引き起こされるからです。人種主義は、子ども自身や他人への信頼を砕いてしまう恐怖感をもたらします。もし彼らが人種主義の被害者となれば、これら恐怖感は心の扉を開けてしまい、人種主義の風潮や言葉、そして固定概念が子どもの心の中に入り込み、またその将来にわたって、自分自身や自分を取り巻く人々に対する考え方の一部となってしまいます。

ニューヨークにおいて、子どもにおける人種主義の影響をについて討議する、国連パネルディスカッションが開催された際、コンゴ出身の女性は聴衆者に向かって次のように発言しました。

「私が初めて人種主義を経験したのは、出生の時です。その時、病院の看護師は、難産の補助を拒否しました。なぜなら私の母は、看護師の出身地とは異なっていたからです。その後大きくなった時には、自分の素姓、つまり出身部族、自分の話す言語、自分の住む地域がどういうものか、ということが、自分の人生のあらゆる側面に影響を与え、そして幼少時のからすでに感情に劣等感・不安を与え、かつ無能力であることを植え付けていることをすでに知っていました」。

不寛容と偏見

不寛容：ペンシルバニア州立大学は、その大学政策の声明において、「不寛容とは、個人が、人種、皮膚の色、国民的出身、ジェンダー、性的指向または政治的もしくは宗教的信念といった特徴に基づき、他人や集団に対して軽蔑の情を表す『態度、感情または信念』とする」と述べています。

偏見：著名なハーバードの心理学者ゴードン・アルポートは、伝統的な定義によれば、「偏見とは、凝り固まった誤った一般的な考えに基づく嫌悪である。それは、感じるものであったり、表現されるものであったりもする。ある集団に対してまたその集団に属する個人に向けられることもある」と述べています。

不寛容も偏見も、簡単にあらゆる差別行為の動機になります。概して、不寛容も偏見も、人種主義あるいは排外主義といった他のより「特定された」行動の基礎であったり、出発点であったりするのが普通です。

種族的偏見という考えは、最近登場してきた考え方です。例えば、欧州では、反トルコ人、反ポーランド人、反ロシア人という偏見があります。典型的なことは、ある特定の集団の(実際のあるいは想像上のものであるかにかかわらず)文化的あるいは宗教的行為を攻撃します。これは、「文化的人種主義」とみることもできますので、最近の人種主義の一種であると理解されるようになりました。

通常これら2つの現象、つまり偏見および不寛容は、立ち向かうには最も困難なものなのです。

一方において、これらは、個人の特徴に言及することもあります。それは、人としての存在を構成し、そしてプライベートな分野の深いところまでいきつくものでもあります。個人の見解が、(教育や自覚、そして対話の中で)変わることがあったとしても、教育を修了する時の状況、吹聴が生じる時の状況を注意深く見極めなければなりません。

他方で、寛容と不寛容との間にどこに「線を引く」かということを知ることも重要です。

何がそしていつ私たちが不寛容であることが「許されるのか」あるいはどの程度寛容であるべきかといったことを指し示すからです。「寛容」という言葉の持つ難しさを忘れないことです。というのも、他人の存在に寛容でありながらも、実際には歓迎しあるいは尊重したりはしないという間違った高慢な気持ちが幾分含まれるものだからです。

- 誰が、このことについて決定できるのでしょうか。
- 寛容と不寛容を分けることのできる規範あるいは基準はあるのでしょうか。もしないのであれば、どのようにすれば作ることができるのでしょうか。
- この規範について地域的あるいは文化的な違いというのはあるのでしょうか。

　国際人権法において展開されてきた制限や基準は、最低限のものを定めているのであって、これを下回るような状態では、社会や個人は、不寛容や人権侵害を受けることになります。

　一般に認められることですが、人種主義者は、それとして生まれてくるわけではありません。人種主義者は後天的に生じるものであって、人種主義の一番の原因は無知です。コフィ・アナン前国連事務総長は、1999年3月21日の国際人種差別撤廃の日の式典行事の中で次のように述べています。
　「無知と偏見は、プロパガンダの助けとなるものです。…したがって、私たちがすべきことは、知識をつけて無知と闘い、寛容を身につけて偏狭さと闘い、寛大さという手をいっぱいに広げて孤独と闘うことなのです。かくして人種主義者は、破れることもあり、破れることになり、そして破れなければならないのです」。

国際基準

　奴隷制や植民地主義から、そしてとりわけ第2次世界大戦から学んだ教訓は、無差別の原則を、多くの憲法や国際条約の中に導入することをもたらしました。人種差別に関するもっとも重要な国際条約は、1969年に効力を発生させた人種差別撤廃条約です。この条約は、尊厳と平等の原則を基礎として、あらゆる形態の人種差別を非難するとともに、人種差別を撤廃するためにあらゆる適当な措置を講じることを国家に要求しています。この条約は、これまで世界で約170ヵ国で批准され、人種差別に対する闘いにまさにかかわる道具であることを証明してきました。

　無差別原則に関する義務は、あらゆるレベルで存在するものであり、国家、私的領域、そしてある場合には個人に対しても課せられています。無差別の基本的原則は、個人に対して、国家およびその当局の一定の「行動」を保障します。したがって、国家は、

無差別原則を尊重する義務、保護する義務そして充足する義務を負っているのです。

尊重する義務：このことに関して、国家は、承認された権利および基本的自由を侵害する行為を禁じられます。言い換えれば、法上明示的な留保がない限りは、国家は「不作為」の義務を負うのです。差別に関して言えば、このことは、国家は個人間の平等を尊重しなければならず、つまり政府は人種主義者や差別的な組織そして個人に対して、財政的に支援したりあるいは寛容であったりしてはならないことを意味するのです。

保護する義務：この要素は、国家が個人を個人の権利の侵害から保護することを要求しています。差別に関して言えば、私人間における人種主義がかかわります。つまり、国家が、社会の中で生じる個人による人種差別に対して積極的に「闘う」ことを義務づけられていることを意味します。

充足する義務：この義務は、国家が、十分な法的、行政的、司法的、あるいは事実上の措置を通じて、保障された権利を最も効果的に実現することを要求しています。人種差別撤廃条約第5条は、締約国に、人種差別を禁止しおよび撤廃することならびにすべての者に無差別の権利を保障することを約束することを要請しています。

私的領域における義務（NGO、メディアその他）：政府に加えて、私的領域もまた、差別や人種主義と闘う巨大な力を有しています。この分野に属するものは、市民社会の広範な部分を構成しており、常に差別や人種主義的態度に対して、市民社会の中では最も効果的に「ボトムアップ」アプローチが立ちはだかるのです。

☞ **成功例**

教育プログラムと教育：人種主義、排外主義あるいはそれと同様の態度は、かなり巧妙でかつ狡猾な方法で頻繁に現れています。このため、対象を絞り、特定していくことはかなり困難なことなのですが、にもかかわらず、個人や共同体を被害者とならしめてしまうのです。これは、人種主義が他の者によって行われるのであって、他の誰かの責任であるという危険な認識を導いてしまうからなのです。こうした意見や信念に立ち向かうために、人種主義や類似の不寛容が、社会のあらゆるレベルで、人権文化の強化の流れの中で必然的に出会う問題であるとみなさなければならなりません。人種主義は、多面的な現象としてとらえられるので、あらゆるレベルに対処する広範な措置を講じなければなりません。このことは、異文化間の価値を制度的に受容すること、人種的、部族的あるいは文化的な多様性を青少年期教育の中で尊重および理解させることをも含むものです。なぜならば、人権の諸原則は、青少年を対象とした教育を通じてのみ、社会において効果的に行われ、かつ根づくものだからです。

多くの国においては、教員を対象とした研修プログラムが、彼らが学校で起きる人種主義に対処するために行われています。欧州人種差別撤廃委員会（ECRI）は、ある実施調査において、教室から少数者である生徒を排除することが問題視されており、地

方の教育当局はこれらに問題がある場合には対処すべきであると述べています。

　人種差別撤廃世界会議の準備過程において、その他興味深い事例や意見が、数多く報告されました。その中には、学校の教科書やカリキュラムにおいて人種主義と闘うために、多くのアフリカ諸国においてすでに実施されている試み、あるいは明確な無差別原則を教育目標の中に取り入れた行動綱領を学校のネットワークが作成するという欧州イニシアティブ提案を含むものです。多くの国家に学校交流プログラムがありますが、それは、各国から来る学生が彼らの文化を共有し、かつお互いの言語を学ぶことを促進するものです。多くの政府やNGOは、人権教育における教材の中に文化の多様性や感受性に関する教育プログラムを取り入れています。それは、相互理解を促し、各国の文化と国民に寄与するものです。

　概して、人権の理解、とりわけ歴史的および異文化間のアプローチを促進するために、あらゆる形態の公教育において、人種主義に対する既存の教育カリキュラムおよび資源を最大限利用できるようにしかつ支援することが重要なのです。

　メディアの役割の重要性：不幸にも、世界中の少なくないラジオおよびテレビ局が、部族的および人種的な差別および憎悪を増大させています。メディアの影響力は、例えば、ルワンダの「ラジオ・ミル・コリン」の場合においても見ることができます。1994年内戦においてフツ族にツチ族を虐殺するようそそのかしたのです。また情報および意見を普及することを容易にするインターネットの新しい重要な役割を忘れてはなりません。

☞傾向、表現の自由

3　異文化間的見地と論争点

　人種主義と人種差別は、あらゆる形となって表明される地球規模の問題です。人種主義という言葉は、非白人に対する白人による差別と無意識に結びついているのですが、あらゆる形態の人種主義から自由であると主張することのできる社会というものは存在しないのです。反ユダヤ主義、人種差別、あるいは誤解に基づいた優越感といったものは、西側諸国においてより顕著に出てくることは疑いもないほど明白です。しかしながら、これはアジア、アフリカおよびラテンアメリカにおける人種主義の存在を否定するものではないのです。

　例えば、**日本における韓国・朝鮮人**は、その民族的出自だけを理由に公的地位を有する権利を持っていないのです。最近まで**インドネシアにおける中国人少数者**は、伝統的な**中国の新年**を公然と祝うことができませんでした。またインドのカースト制度は、その「歴史的経過の中での特殊な部分」と言われているところですが、「下層カースト」の人々に対する深刻な差別を行うものです。チベット人やモンゴル人といった

少数者に関し、「野蛮、汚い、未開のそして未発達の人々」としてみなす、中国の圧倒的多数を構成する漢族が持つ考え方は、よく知られています。**アフリカ**諸国も、うまくいっているわけではありません。何千人ものアジア人は、冷酷な人種政策を通じて、東アフリカおよび中央アフリカから排除されました。例えば、「ケニア、ウガンダおよびザンビアの貿易許可法」によれば、市民に対して優先的にある事業分野を保証しており、アジア人に対しては、毎年更新を必要とする許可証が付与された場合にのみ従事することが認められていたのです。結局のところ、異なる種族間において差別が存在していたのです。

アフリカ人権委員会は、次のように説示しています。

「皮膚の色のみを理由に、先住民に対して差別的取扱いを行うのは、許し難い差別的な態度であって、バンジュール憲章のその精神および第2条後段に違反するものである」〔参照：マラウィその他対モーリタニア事件、第13活動報告書1999-2000年度所収〕。

他方、**欧州**では、欧州大陸全体でおよそ800万人いるロマへの差別が欧州の最も重大な、しかしながら最も忘れ去られかつ隠ぺいされた人権問題の1つを提示しています。ロマの歴史の大半が遊牧の民としてのものであったので、ロマは、頻繁に、同化を強化されてきており、ある国家からは彼らの言語が禁止され、さらには子どもたちはその両親から引き離されてきました。今日ロマの共同体は、生活のあらゆる分野においていまだ差別を受けているのです。それは、雇用、住居、教育、司法へのアクセスあるいはヘルスケア・サービスへのアクセスといったものも含まれています。

その他の興味深い重要な問題は、2001年**第3回ダーバン人種差別撤廃世界会議**の中にあらわれてきたことですが、アフリカにおける「人種主義」という言葉と、欧州・北米でのその言葉との間に概念的理解の違いがあったことです。科学的に誤解であることであることを理由に、「人種」という語を議定書から取り除こうとする欧州各国の提案が、アフリカおよびカリブ海諸国の代表によって批判されたのです。その各国代表は、西側諸国がこれまでの「優れたカテゴリー」という発想をやめた時に、この植民的抑圧の証拠が廃棄されるだろうと主張したのです。

世界会議において、もう1つまさに感情的になった点は、異なるグループ間での次の意見の対立です。ユダヤ人共同体を宗教的または種族的集団として定義することを前提として、反ユダヤ主義を人種主義の一形態と定義することであるか否か、という点です。(他の者との間における)このジレンマは、未解決のまま残っており、およびあらゆる国際会議において、かなり議論のある問題であったのです。

反ユダヤ主義は、今日まで現代欧州の歴史において浸透していました。別の宗教的あるいは少数者の部族的な集団としてみなされるこうしたユダヤ人に対する敵愾心による嫌悪あるいは暴力的な形態は、今日まで残っています。それは、隠

蔽されたあるいは明示的に存在するものです。

ファシズムが発生した20世紀初頭において、反ユダヤ主義は、イデオロギーの一部でした。ナチ体制が起こしたホロコーストの間、約600万のユダヤ人は、ユダヤ人であるが故に、制度的に殺されていたのです。不幸なことに、今日でもユダヤ人共同体や財産への攻撃は、少なくありません。そして多くのネオナチ集団が公衆の面前で反ユダヤ主義を表明しているのです。さらに、ナチプロパガンダを吹聴するインターネットウェブサイトおよび文学作品の増加によっては、世界規模で広がる危険性が増しています。

数年来、人種主義の特定の形態である反ユダヤ主義も増加しています。これは、関連事件数の増加によって明白に示されているのです。これは、スペインのコルドバにおいて2005年6月に開催された反ユダヤ主義その他の形態の組織的不寛容に関するOSCE会議で扱われています。

4 実施と監視

差別が頻繁に発生する人権侵害の1つであるという事実は、この分野においてどれだけ多くの努力が払われなければならないかを示しています。原則として、国際人権文書の実施は、国家の責任であり、したがって、人種差別と闘う文書は、国家によって批准され実施されなければなりません。国際基準の実効的な実施は、もし効果的な監視制度と強力な執行メカニズムが存在するならば、保障されることになるでしょう。

締約国の義務に言及するとともに、人種差別撤廃条約はまた、人種差別撤廃委員会を設置しています。その委員会は、この条約の実施を監視しかつ審査する最初の国連条約機関となっています。こうして創設された制度は、主要には3つの手続を定めています。すべての締約国に義務的である報告書手続、すべての締約国に開かれた国家間申立手続、ある締約国の管轄内においてその国家によって条約上のいずれかの権利の侵害を受けた被害者であると主張する個人または集団による——通報——申立権です。人種差別撤廃委員会は、人種主義および人種差別の撤廃のための最初の重要な執行機関であって、条約の強力な実施を促進しているのです。

人種主義および排外主義の主張は、ここ数十年で増加の一途をたどっています。そのため、国際社会は、こうした現象と闘う努力を再び始めました。国連人権委員会は、現代の人種主義の形態に関する特別報告者を任命しました(現在は、セネガル出身のドゥドゥ・ディエン氏)。当委員会は、彼に対して現代の人種主義の形態および人種差別の問題を検討するように要請しました。

すべての地域的人権文書(米州人権条約、バンジュール憲章および欧州人権条約)は、差別を禁止する規定を置いています。これら規定は、付随的な性格です。このことは、

裁判所審理の場合、当該条約の他の権利に関連して主張する場合にのみ、これら規程を援用することができることを意味しています。欧州人権条約の第12追加議定書は、2005年4月に発効しましたが、これは包括的に差別を禁止する規定を定めており（第1条）、したがってあらゆる差別の形態を、その他の権利の侵害とは独立して、申し立てる機会を与えたのです。欧州評議会は、1993年に専門機関、つまり欧州人種差別撤廃委員会(ECRI)を設立し、加盟国内における実態そして差別に対してとった取組みについて恒常的に監視するようになりました。

　もう1つの重要な監視機関は、反差別あるいは反人種主義に関するオンブズパーソンの存在です。このオンブズパーソンは、通常国内レベルで導入されており、国内および国際規則に関する情報ならびにその考えられる救済手段を考えるにあたって、差別の事件に関する資料の活用に重要な役割を果たしています。

　しかしながら、早期警戒システム、事前現地調査メカニズム、緊急手続および教育といった予防戦略の重要性は、古くから過小評価されてきてました。したがってこれらの戦略が根本にある現象と対峙するものであったにもかかわらず、差別や人種主義に対するより効果的な対応策が軽視されてきました。

> 2004年、偏見に基づく刑事犯罪が総計7649件にのぼりますが、それは、米国連邦捜査局(FBI)によって次のように報告されました。
> a. 人種的偏見に基づくもの　　　　　　52.9%
> b. 種族または民族的出身に基づくもの　　12.7%.
> c. 宗教的不寛容に基づくもの　　　　　　18.0%.
> d. 性的偏見に基づくもの　　　　　　　　15.7%.
> e. 身障者への偏見に基づくもの　　　　　 0.7%.
> 〔出典：米国司法省連邦捜査局、「犯罪報告書」2004年〕

> 「家から半ブロック離れた抑圧と差別によるものよりも、世界の半分ほど離れた不正義によるものに対して憤慨することが簡単なことなのです」。
> 〔カール・T・ローワン〕

「本に書かれている法律」と「実際の法律」との間のギャップ

　批准された条約、宣言そして行動計画は、人種主義と差別と闘う真の戦略に向けた最初の一歩です。それらが実際に完全な適用や実施が行われなければ、その影響は限定的なものになります。強い政治的意思は、実効的な実施にとって必要なものです。しかしながら、不幸にも、他の政治的な関心のために追いやられてしまうことがあります。このため、NGOや共同体ベースの組織が持つ役割の重要性が過小評価されて

はなりません。

　非国家実体の中での差別：差別に対する実効的な保護に生じるもう1つの問題は、私人間差別の防止が法的には灰色の分野であるという事実です。通常、(国家当局による)公的分野における差別的行為および公的な行動をする私人の差別的行為のみを、法律によって処罰することができます。「私的分野」の中で個人間で頻繁に行われる差別は、同様の方法で処罰することはできません。

　欧州連合は、2000年と2002年に私的分野における3つの反差別に関する指令を採択しました。**理事会指令2000/78/EC**は、雇用および職業における平等の取扱いに関する包括的な枠組みを策定しました。他方、**理事会指令2000/43/EC**は、人種または種族的な出身にかかわらず、人々の間に平等な取扱い原則を実施するものでした。これらの文書は、男女の平等な取扱いという伝統的な概念を拡大させて、今日の社会において必要とされるより包括的な保護を定めるものでした。

　理事会指令2002/73/ECは、21世紀における労働および職業における男女平等の取扱い原則の展開と調整について定めています。

　これらを具体化した各加盟国の法律で定められた権利の侵害は、民事裁判の中で主張することができるでしょう。これは、反差別立法が展開する中で一試金石なるものと考えられるでしょう。

「私たち」に何ができるでしょうか。

　本当の闘いは、差別の予防であって、それは、それが生じる前に差別行為を回避することです。したがって、それは必然的に態度、信念、それに続く行為・行動に向けられます。このまさに困難な任務は、制度的な人権教育、ボトムアップアプローチに基づく地域情報、すべての関係非国家主体と協力した国家当局の全面的な協力を通じて達成することができます。

　差別的もしくは人種主義的行動の監視者であること；道徳的な勇気を強くし、可能ならば、関連機関に付託された事件に注目していくことも重要です。また国連人種差別撤廃委員会あるいは国内オンブズマンといった国内的または国際的な救済機関にアクセスすることも重要です。

展　開

1　成功例

私的分野における自主的行動綱領

　多国籍企業の多く(例、ナイキ、ダイムラー・クライスラー、フォルクスワーゲンなど)は、自らならびにその相手企業が、他のものとの間において生じうる、人種的な動機に裏づけられた差別を防止するための自主的行動綱領を策定してきました。

公的調達契約における反差別条項

　スウェーデン政府は、民間企業からある証明書の発行を求める法律を施行しました。その証明書とは、当該企業がすべての反差別立法を遵守すること、さらに公共機関との契約に際しては当該会社の方針の範囲内で平等を推進することを明確にするものでした。

国際反人種主義都市連合

　ユネスコは、2004年に地方公共団体レベルで人種主義と闘うための都市のイニシアティブに乗り出しました。10項目行動計画では、参加都市自身が、反人種主義に対するイニシアティブを促進することを制約しています〔参照：http://www.unesco.org/shs/citiesagainstracism〕。

欧州サッカー連盟における反差別主義

　欧州サッカー連盟(UEFA)は、クラブチームがファン、選手そして職員の間で反人種主義の取組みを推進するための措置を掲げた10項目行動計画を発表しました。この計画には、人種的な侮蔑をする選手に対して懲戒行為をとるといった措置、あるいは試合中に叫ばれる人種主義を非難する声明を公表する措置が含まれています。

アパルトヘイトの廃止

　南アフリカ真実和解委員会の「AZAPO対南アフリカ大統領」事件では、当時の憲法裁判所副長官であったマホメド判事が、「数十年にわたり、南アフリカの歴史というものは、国家の政治機関の全権を握る少数派の白人と、その支配に抵抗し続ける多数派の黒人との間の深刻な対立によって彩られてきました。基本的人権は、この対立の重大な被害者となっていました。こうした支配を否定したために罰せられた人々の抵抗は、こうした抵抗の実効性をそぐことを意図した法によって対峙されたようにです。…」と述べました。国民は、1948年に実権を掌握すると直ちに、南アフリカにいる多

様な「人種」の隔離を目的とする法律を制定しました。その後それは「アパルトヘイト」と呼ばれるものでした。生活のあらゆる分野で白人は優遇されました。結局、南アフリカがその深い溝を際出たせ、かつ、民主的な南アフリカへ向かう交渉が始められたのは、アフリカ民族会議（ANC）その他の解放運動体が再び認められ、ANCの有名な指導者で南アフリカの元大統領であったネルソン・マンデラ氏が、1990年2月に釈放された後まもなくでした。最初の民主的な選挙が行われたのは、3世紀以上にわたる植民地主義と圧政を経た1994年4月のことでした。

言うまでもなく、差別の効果は、未だにはっきりと目に見える形で存在します。そしてその効果が消えるのに何世代もかかるでしょう。しかしながら、不公平な差別を明確に禁止する憲法と人権憲章なるもので土台が築かれてきたのです。

> 「人種主義は、嫌悪される者と嫌悪する者双方の品位を傷つける。なぜならば人種主義者は、他人の人間性を完全に否定することで、自らの人間性を喪失してしまうからである。部族主義、原理主義、同性愛嫌悪および他の者に対するその他すべての浅薄な反応といったように、人種差別者は、あなたが『何』であるのかと取り組んだり、ならびにあなたが『誰で』あるのかを無視する。人種主義は、ラベルのみをみるのである――人がそれを着ているのではない――。人種主義は、『私たち』を愛し、『彼ら』を嫌悪する。『彼ら』の真の同一性を見出すことがない」。
>
> 〔チモシー・フィンドレイ〕

2　傾　向

貧困、人種主義／外国人排斥との関係

一方で貧困、他方で人種主義および外国人排斥との潜在的な関係が、多面的に検討されています。人種主義あるいは排外主義は、貧困を引き起こすのでしょうか。そして、さらに、貧困は、人種主義あるいは排外主義の積極的あるいは消極的側面をもたらすのでしょうか。この問題に対する矛盾のない解答は、存在しません。こうした研究による解釈ならびに見解は、極端に異なるものだからです。しかしながら、関連性があると主張する専門家の数は増えています。

世界のいたるところで貧困は、民族的背景を持つ問題です。米国農務省によれば、アフリカ系米国人およびヒスパニックの世帯は、白人系世帯と比しても食料の不安定および飢餓に直面している比率が3倍以上の高い数値を示しています。特徴的な（目に見える）少数者移民は、世界規模での貧困に直面しています。人種主義は、かなり頻繁に、これら状況の原因となっているように思われます（例えば、労働市場における平等

な参加が阻害されています)。

　まさに論争となっている問題は、社会の貧困層になればなるほど、人種主義の傾向がみられることです。専門家の中には、教育を十分に受けていない人が貧困であればあるほど多くなると考えています。よって、彼らは、人種主義が「高等教育を受けている上流階層」の中でも一定存在しているものの、十分とはいえない教育によって引き起こされる貧困が、高い確率で潜在的に人種主義的態度を生み出すものとなっていると主張しています。しかしながら、この種の人種主義は、人種主義イデオロギーではなく、自らが生存を求める闘いが主要な動機となって、排外的な行動として生じていると考えることができます。

インターネットにおける人種主義

　インターネットは、世界の5億人を超える潜在的利用者の場となりました。社会で活動する人すべてにとって重要なメディアとなっています。しかしながら、このメディアは、そこに暗い(邪悪な)側面も持っています。人種主義者、暴力主義者あるいは過激主義者の組織やグループが、即座にこのメディアの活用を学び、これを利用してきました。

　コンピューターのオンライン上で過激主義者と闘うには、技術的にも法的にも多くの困難を伴うことになります。インターネット上の人種主義者によるデータは、欧州評議会がサイバー犯罪に関する条約の追加議定書を採択に付して以来、欧州では違法とされるべきものとみなされています。この新しく採択された議定書は、「コンピューターシステムを通じて行われたものであって、人種主義および排外主義の性質をもつ行為」を犯罪としています。さらにうまくいけば、これは、この分野のさらなる展開のモデルとして機能するでしょう。

反イスラム主義；2001年9月11日の余波

　2001年9月11日の攻撃が起こった次の週において、米国国内ではアラブ系米国人に対する540件にも及ぶ襲撃、シーク教徒(インド系米国人)に対する少なくとも200件にも及ぶ襲撃が報告されました。2001年アラブ系米国人に対する襲撃は600件も報告されていることと比較しても非常に多いことがわかるでしょう(危機対応ガイド、アムネスティ・インターナショナル、2001年)。警察による人種別のプロファイリング報告書もありました。

☞宗教の自由

　欧州でも、ロンドン市の地下鉄にテロ事件が発生した後に、同様の経験をしています。これら事実と関連して、後述の記事は、個人的見解の例証として、かつ、議論の

出発点としてみるべきものでしょう(米国ジャーナリストが、米国市民権を有する若いバングラデシュ女性にインタビューしたものの引用です)。

「シーマは高校を卒業したばかりの18歳である。バングラデシュで出生し、その後の人生のほぼ半分をこの国、クイーンズ州ウッドサイドで過ごしてきた。彼女は背が低く、生真面目で、移民家庭の3人兄弟の長女として、彼女の認めるところによれば、心配性でもある。彼女が語るところによれば、彼女がなんらかの行動をするたびに、それが彼女の家族にどのような影響があるかといつも不安に思っている。…シーマの話す英語は、完全にクイーンズである。しかしながら、かすかにベンガル人訛りがある。彼女は米国市民である。しかしながら、実を言うと、実際には自分を米国人であるとは思えないと彼女は言う。米国人とは何かということを逡巡する前に「ベンガル人第一世代」と彼女は言う。…米国人とは何かということについての疑問は、彼女のような少女には常につきまとってきたのである。まさに、9月11日とその余波によって、彼女たちは明確な隔たりを感じた。あの攻撃の後の数週間、彼女の知るイスラム系の少女は、スカーフを被るのをやめた(シーマはイスラム教徒であるが、スカーフを被ってはいない)。少年は、ひげをそった。ターバンを巻いているとの理由で殴打された者もいた。彼らは、イスラム教徒ではないにもかかわらずである。彼女の父親は、レストラン従業員をしていたのであるが、職を失う不安を抱えていた。学校は最もひどい状況であった。ある時、教員が、アフガニスタンへの爆撃を賛美する発言をした際、シーマは、手を挙げるように呼ばれ、アフガニスタン市民の運命について何か述べるように言われた。彼女は、クラスメートに笑われた。もう1人の教員は、カルフォルニアのタリバン支持者といわれるジョン・ウォーカー・キンド氏がいかにイスラム教の魔力にかかったのかについて語った。シーマは縮こまった。彼女は、「イスラム教は、魔術崇拝でも魔法でもない」と語った〔出典: 2002年7月7日付ニューヨークタイムズ紙の記事からの抜粋〕。

論 点
・この話の中でどんな権利が侵害されていたのでしょうか。
・被害者である者がそのようにしてその権利を回復することができるでしょうか。
・9月11日以降あなたはどんな問題が問われたのでしょうか。
・あなたは、9月11日の出来事は、人々の権利を変えたと考えますか。
・どのような権利がある人々に適用されるべきかを決定するのは誰ですか。

3　年　表

人種差別と闘う主な出来事

1945年　国連憲章（第1条3項）
1948年　世界人権宣言（第1条および第2条）
1960年　ユネスコ教育差別撤廃条約
1965年　人種差別撤廃条約
1973年　アパルトヘイト撤廃条約（第1条1項）
1978年　人種および人種主義に関するユネスコ宣言
1978年　第1回人種差別撤廃世界会議ジュネーブ会合
1983年　第2回人種差別撤廃世界会議ジュネーブ会合
1994年　ルワンダ国際刑事裁判所設立（アルーシャ）
2001年　第3回人種差別撤廃世界会議（行動宣言および行動計画）
2004-5年　欧州共同体25カ国における民間分野における反差別法
2005年　欧州人権条約第12追加議定書発効

4　健康に対する権利

キーワード　社会的な意味合い　科学の進歩　利用可能性と良質性

　すべての者は、衣食住、医療および必要な社会的施設等により、自己と家族の健康および福祉に十分な生活水準を保持する権利を有する…。

世界人権宣言第25条、1948年

説　例

　マーヤムは36歳、6人の子どもの母親で、市の中心から遠い村で育ちました。彼女は小学3年生を迎えるとき、学校へ行くのをやめました。彼女の両親は貧しく、学校は彼女の村から歩いて4キロの所にありました。彼女の父は、女子の教育は時間と努力の無駄だと信じていました。なぜならば女の子はいずれ結婚するのであり、生活の糧を稼がなくてはならない運命を背負ってはいないからです。

　マーヤムは12歳のとき、地元の慣習に従って、割礼を受け、16歳のとき、50代初頭の男性と結婚しました。彼女の父親は、花婿から花嫁料としてかなりの代価をもらいました。その翌年彼女は、男の子を産みましたが、その子は死産でした。その地域の医者はその村から10キロ離れていて、往診はしてくれませんでした。マーヤムの夫は妊娠中しばしば彼女を殴ったので、彼女はそれが原因で子どもが死産だったと信じています。しかしながら、彼女の家族と村人のおおくは、死産をマーヤムのせいだと責めました。

　マーヤムは、夫とセックスをしたくありませんでした。夫が怖かったし、妊娠

をおそれていました。夫は、彼女とセックスすることは、彼の権利であると考え、定期的に強要しました。マーヤムは、再び妊娠したくはありませんでしたが、選択の余地はほとんどありませんでした。彼女は地元の漢方医を訪ね、薬草を処方してもらい、お守りを身につけましたが、効果はありませんでした。彼女には保健センターに行く時間はほとんどありませんでしたが、子どもが病気になって行ったときに、看護師と避妊法について話すことができませんでした。その看護師は、マーヤムの方言を理解しているようでしたが、首都の教養階級の人たちのあいだで話される支配的な言葉で話すのを好み、マーヤムを威圧しました。

　彼女の人生は、暴力と貧困と欠乏の長い冒険談でした。マーヤムは何度かの妊娠と子育てのあいだ、身体と魂を一体に保っておこうともがき苦しみました。彼女の夫は十分なお金をくれなかったので、彼女は子どもを養うためにちいさな農地を耕しました。彼女は自分の両親や、訪問してきた宣教師にも相談してみました。彼らはみな、彼女に夫に従うようにといい、彼女の任務は夫と家族に従うことだということを彼女に思い起こさせました。

　ある日、彼女の夫はマーヤムがほかの男と「一緒にいた」と責めました。夫は彼女が市の日に地元の村人と笑っておしゃべりしているのを見たと主張しました。彼女が反論すると、彼は彼女を尻軽女と呼び、不名誉を受けた復讐を誓い、彼女を繰り返し地面に叩きつけました。マーヤムはひどく負傷しました；彼女はろっ骨が砕けたと思いました。何週間ものあいだ彼女は家からでられず、治療のために保健センターに行くお金もなければそこに行く手段もありませんでした。村人のなかには彼女の夫はやりすぎだと思った人もいましたが、誰も彼女を助けてはくれませんでした。妻は夫の個人的な問題なのです。市場に行くことも、菜園を世話することもできず、マーヤムと彼女の子どもたちはほとんど飢えそうでした。

　マーヤムは、これから先も暴力があるだろうと感じました。彼女は自分と子どもたちの生活を心配しました。夢のなかで彼女は、自分自身の死を見て、逃げなくてはいけないと悟りました。歩けるようになるとすぐに彼女は下の2人の子どもを連れて、村をでました。彼女は今、夫に見つかり家に連れ戻されるのをおそれながら、国内避難民として、他の村に住んでいます〔出典：世界保健機関2001年、健康システムの変容：ジェンダーとリプロダクティブ・ヘルスの権利を脚色〕。

[論　点]

　以下にかかげた討論のポイントを1946年の世界保健機関（WHO）に述べられた健康の定義の視角から考えなさい：「…身体的精神的および社会的に完全に健康な状態で、たんなる病気または虚弱の不存在ということではない」

104　Ⅱ　人権に関する諸問題の構成要素

1. マーヤムの問題はいつ始まったのでしょうか。
2. 彼女は権威をもつ人たち(父親、夫、看護師および宣教師)からどう扱われましたか。なぜでしょうか。
3. 貧困はマーヤムと彼女の子どもたちの人生にどんな影響をあたえましたか。あなたはマーヤムと彼女の夫の貧しさは同様のものだと思いますか。
4. あなたはマーヤムのコミュニティにおける各グループ(男性、女性と子ども)をその地位と力に関してどのように位置づけますか。説明しなさい。
5. マーヤムは、彼女と子どもたちの生活環境を変えるためにどのような情報が必要でしょうか。
6. その地域には保健センターがありましたが、それはマーヤムにとって役にたちましたか。説明しなさい。
7. 下の図を見なさい：健康と人権の関連性の例がしめされています。どの関連性がマーヤムの話にしめされた問題に直接関係しているでしょうか。

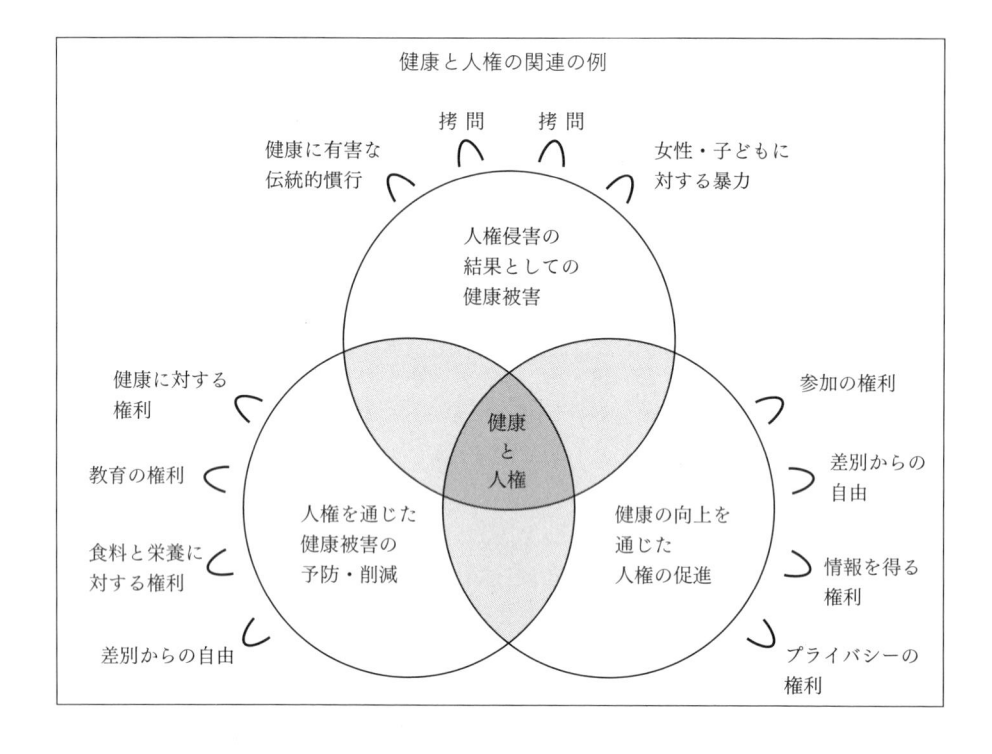

健康と人権の関連の例

拷問　拷問
健康に有害な伝統的慣行　女性・子どもに対する暴力
人権侵害の結果としての健康被害
健康に対する権利　参加の権利
教育の権利　差別からの自由
食料と栄養に対する権利　人権を通じた健康被害の予防・削減　健康の向上を通じた人権の促進　情報を得る権利
差別からの自由　健康と人権　プライバシーの権利

基礎知識

> 　生きているものとして我々はみな幸せをえて苦痛を避けたいと願う。誰もが健康になりたいと思うし病気になりたくないので、健康すなわち身体的および精神的に完全な健康状態であることへの願いはこれを表現したものである。したがって、健康はたんなる個人的な関心事ではなく、我々すべてが責任を共有する普遍的な問題なのである。
>
> 〔ダライ・ラマ〕

1　広義の文脈における健康に対する人権

　健康に対する人権は、多大で複雑な、相互に関連した問題を提示します。なぜなら、健康と健康状態は本質的に人生のあらゆる段階や局面に関連しているからです。健康に関する特定の権利は、国際人権文書に規定されています。本質的にすべての人権は、相互に依存しあい、相互に関連しあっていて、人権の実現も人権の無視または侵害も、たんなる孤立したひとつの権利の問題というよりおおくの人権に関連しています。この相互関連性は、人間が健康であるということは、人間のすべての必要、例えば空気、水、食料、性生活のような身体的なものと、愛情、友人、家族および共同体への帰属の要求といった社会的で心理的なものの両方が満足させられることが必要となるということを考えれば、明らかです。

　人権は、これらの必要性を満たして、グループや個人が尊厳をもって生きられるように貢献する国家の義務と関係があります。第2次世界大戦後、国連憲章は、加盟国は人権尊重の義務をもつことを明らかにしました。健康に対する人権は1948年の世界人権宣言の第25条に明示されました。同条は、「すべての者は、衣食住、医療および必要な社会的施設等により、自己と家族の健康および福祉に十分な生活水準を保持する権利を有し…」と述べています。

　世界保健機関の憲章前文には、広義で夢のような健康の定義が書かれています：「…身体的精神的および社会的に完全に健康な状態で、たんなる病気または虚弱の不存在ということではない」。この全体論的な健康の考え方は、健康を決定づける政策のおおくは因習的な健康部門の外で作られ、健康の社会的な決定要因に影響をあたえているという事実を強調しています。

　世界保健機関は、その任務のなかで、人権の原則を機能させることにますます重きをおいています：諸政府が健康の発展に対して人権に基礎をおいたアプローチを採用し実施するのを支援すること、世界保健機関がその任務のなかで人権に基礎をおいた

アプローチをとりこむ能力を強化すること、そして、国際法および開発過程において健康に対する権利を進めていくこと。世界保健機関は、その任務のなかで、人権を主流化し、人権が国内の公衆の健康システムにおける重要な構成要素として高い地位をあたえられるように、世界保健機関内での健康と人権活動に関するポジション・ペーパーを採択しました。

人間の安全保障と健康

ますます増加する武力紛争や緊急事態、そして戦争や自然災害からの保護を求める膨大な数の難民たちの存在により、生命に対する人権は健康に対する権利の中心的なものとなっています。赤十字国際委員会や人権のための医師団、国境なき医師団や世界の医療団は、緊急事態や人間の安全が保障されない他の状況において、人権の枠組を適用して健康に対する権利を保障するために、健康の専門家たちを動員しています。暴力は、重大な公衆の健康問題であり、健康に対する権利の実現における重大な障害です。毎年、何百万人もの人々が、暴力による負傷の結果死んでいます。生き残っても、身体的あるいは精神的な障害が残る人たちもいます。暴力は防ぐことができます。それは、複雑な社会的および環境的要因の結果です。一国内の内戦や国際的な戦争において生じる集団的暴力の経験は、諸国が暴力の行使についての知識を共有できるように報告されます。

2 定義と解説

健康と人権

健康と人権のあいだには、重要な関連性があります。両者に横断的な領域には次のものが含まれます：暴力、拷問、奴隷、差別、水、食料、住居および伝統的な習慣。

世界人権宣言は、適切な生活水準に対する権利の要素としての健康に対する人権を約束していますが、それは、1966年の社会権規約第12条において、より明確にされました。この条約は、自由権規約と同時に採択されました。規約が2つのカテゴリーへと分かれたのは、冷戦の兆候であり、当時東側諸国は社会権規約の人権を優先的に考え、西側諸国は市民的および政治的権利を人権問題の中心的なものとして擁護していました。今日までに、自由権規約は165カ国、社会権規約は160カ国によって批准されました；米国は両方に署名をしましたが、自由権規約しか批准はしておらず、中国も両方署名しましたが、社会権規約しか批准していません。社会権規約の第12条の条文は健康に対する権利の根本で、次のように規定しています：

> 1　この規約の締約国は、すべての者が到達可能な最高水準の身体および精神の健康を享受する権利を有することを認める。
> 2　この規約の締約国が1の権利の完全な実現を達成するためにとる措置には、次のことに必要な措置を含む。
>   (a)　死産および幼児の死亡率を低下させるための並びに児童の健全な発育のための対策
>   (b)　環境衛生および産業衛生のあらゆる状態の改善
>   (c)　伝染病、風土病、職業病その他の疾病の予防、治療および抑圧
>   (d)　病気の場合にすべての者に医療および看護を確保するような条件の創出

> 「私は、最終的には、人々が健康を、望んだ人に与えられる恵みとしてではなく、人権として求めていくべきものとして考えるようになることを切望する」。
> 〔コフィ・アナン〕

地域的人権条約の中には、健康に対する権利をより詳細に定義するものがあります。1961年の欧州社会憲章第11条(1996年改正)、1988年の経済的、社会的及び文化的権利の分野における米州人権条約の追加議定書第10条、そして1981年のバンジュール憲章第16条があります。

政府は社会権規約第12条によって課せられた義務に対してさまざまな方法で取り組み、規約の適用状況を監視する機関は、解釈の指針となる文章である一般的意見14(2005年5月採択)によって政府の義務を明らかにしようとしました。この一般的意見は、健康に対する人権の実現がいかに他の人権の実現に依存しているかを強調しています。例えば、生命、食料、住居、労働、教育、参加、科学の進歩とその適用の利益の享受等に対する権利、あらゆる種類の情報を求め、受けとり、発信する自由、差別禁止、拷問の禁止、そして結社、集会、移動の自由等です。

利用可能性、アクセス可能性、受容可能性、および良質性

その一般的意見はまた、健康に対する権利を評価するための4つの基準を提示しています。

利用可能性とは、公衆の健康やヘルスケアの施設、物資やサービスやプログラム等が量的に十分利用できるものとして機能していることを含みます。

保健施設、物資およびサービスへの**アクセス可能性**とは、差別をしないこと、物理的に近づけるということ、手頃であるということ、そして、適切な情報があるということを要求します。

受容可能性とは、すべての保健施設、物資およびサービスは、医療倫理を尊重していて、文化的に適切であり、ジェンダーやライフサイクルの要求に敏感であって、匿名性を尊重するように設計されていて、関係する者たちの健康状態を改善するものでなければならないということを要求します。

質という観点からは、保健施設、物資およびサービスは、化学的および医療的に適切であって、良質なものでなければならないことが求められます。

無差別

性、エスニシティ、年齢、社会的出身、宗教、身体的または精神的障害、健康状態、性的指向、国籍、市民的政治的または他の地位による差別は、健康に対する権利の享有を妨げる可能性があります。この点でとりわけ重要なのは、世界人権宣言、1965年の人種差別撤廃条約および1979年の女子差別撤廃条約であり、それらはすべて差別のない健康と医療ケアへのアクセスについて言及しています。女子差別撤廃条約の第10条、第12条および第14条は、**ヘルスケアのアクセスへの女性の平等な権利**を確認しており、それらの中には、家族計画、リプロダクティブ・ヘルスケアと妊娠に対する適切なサービス、そして、ファミリー・ヘルスケアサービスが含まれています。

☞ 無差別

> 「人間は人間にとっての救済である」。
> 〔ウォロフ族の伝統的なことわざ〕

1995年の**北京宣言と行動綱領**は、健康の全体論的な考え方や、社会において女性が完全な参加をえることの必要性に焦点をあて、次のようにいっています：「女性の健康は感情的、社会的および身体的な健康状態を含むもので、生物学によるのと同様に彼女たちの生活の社会的、政治的および経済的文脈によっても決定される。最上の健康を達成するためには、家庭における責任分担を含めた平等、開発および平和が必要な条件である。」これらの原則は、国連システムを通じて、またNGOの努力のなかで、主流化されています。女性、子ども、障害者、先住民および種族民は、差別によって健康に問題を被っている弱者であり、軽視されているグループです。女性の場合にうまれているような健康に対する権利への努力の例は、健康に対する権利の完全なる実現へ向けての政府の援助の義務がますます強調されていることをしめしています。

科学の進歩の利益を享受する権利

エイズが世界的に流行し、薬や科学的知識を発展途上国の人々が利用できるようにすることが緊急であると認識されるようになりました。抗レトロウィルス療法へのア

クセスがかぎられていることは、到達可能な最高水準の健康を実現するためには、世界中の人々が健康に関する科学的知識を利用し、科学的な質問を自由に行える機会をもつ必要があるということを気づかせました。長いあいだ諸政府は、社会権規約第15条の「科学の進歩およびその利用による利益を享受する」権利と、科学および科学研究を保存、発展および普及する政府の義務について認識してきました。同時に、第15条は科学的、文学的または芸術的作品の作者の利益も保護しています。**生命を救済する薬から利益をえる権利**は、製薬会社の特許権を保護する知的財産権によって妨害されています。特許を保護することによって生じる障害を克服しようという南アフリカ、インド、ブラジル、タイ等の国々の政策は、2001年のドーハ閣僚会議の決定につながりました。世界貿易機関の構成国は、そのような特許を保護するルールは、「…世界貿易機関構成国の公衆の健康を保護する権利、とりわけすべての人に薬へのアクセスを促進させる権利に協力的なやり方で解釈され、実施されるべきである」ということに合意しました。さらに、その決定はすべての国の次のような権利についてとくに言及しています。すなわち、それは、「…なにが国家の緊急事態または強制実施許諾を与えるような他の極端な緊急性をもつ状況となるのかを決定する権利」のことであり、「HIV／エイズ、結核、マラリア、他の伝染病を含んだ公衆の健康危機は、国家の緊急事態または他の極端な緊急性を要する状況であると理解されて」います〔出典：WTO、知的所有権の貿易関連の側面に関する協定と公衆の健康に関するドーハ宣言、2001年。次節を参照のこと〕。

グローバリゼーションと健康に対する人権

1970年代以降、世界経済はグローバリゼーションによって劇的に変化しましたが、そのことは、健康に対しても直接的間接的な影響をあたえてきました。次のような積極的な変化もえられました：雇用機会の増加、科学的知識の共有、そして世界中において高水準な健康を保つことができる潜在的可能性が増加したことは、政府と市民社会、そして企業のあいだのパートナーシップによって可能となりました。しかしながら、次のような否定的な結果もおおくうまれてきました。例えば、貿易の自由化によって低い労働基準をもつ国へ投資が行われたり、新製品が世界中へ販売されたりすることが、政府の規制の失敗または欠落のために、国家間または国家内での利益の享受の不平等をうみだし、健康に対して否定的な影響をあたえてきた場合もあります。ますます増大する、商品、お金、サービス、人々、文化および知識の国境を超えた流れがもたらしうる否定的な結果を緩和する政府の能力は、この動きに追いついていません。同時に、多国籍企業も責任を逃れてきました。例えば、世界保健機関の健康と経済に関する特別作業班によれば、たばこのような有害物質が、人々の健康の適切な保護をしないまま、自由に取引されています。

人権を基礎とした貿易法と慣行への挑戦は、おおくの場合、健康に対する権利についての関心から生じています。例えば、薬剤の認可に関してより適正な規制が必要だと認識されるようになっています。前節で既に述べた2001年の知的所有権の貿易関連の側面に関する協定と公衆の健康に関するドーハ宣言を通じて、世界貿易機関の構成国は、政府は緊急事態の場合に薬品製造のための**強制実施許諾**(一定の条件の下で、政府が特許権者の許諾を得なくても特許発明を実施する権利を第三者に認めることができること)をあたえることができること(第5条)、薬剤を手に入れるための製造能力をもたない国には、援助があたえられるべきこと(第6条)、そして、先進国は途上国が薬剤の分野で技術と知識の移転を受けるのを助けるべきこと(第7条)を受諾しました。2003年8月の世界貿易機関の一般理事会の決定は、2005年に合意された知的所有権の貿易関連の側面に関する協定によって改正されましたが、製造能力をほとんどまたはまったくもたない最貧途上国にとくに輸出される特許薬品の生産のために強制実施許諾をあたえることを国に対して認めています。このように、公衆の健康の必要性は、特許権より優先されています。しかしながら、これらのことは、二国間または地域的な貿易協定に含まれている、いわゆる知的所有権の貿易関連の側面に関する協定プラスを通じて、再び制限される可能性があり、そのことが、健康に対する権利と生命に対する権利への新しい挑戦状となっています。

健康と環境

1990年12月14日の国連総会決議45/94に述べられているように、健康的な環境に対する権利は、人々が「自分達の健康または健康状態のために適切な環境において生活する…」権利をもつことを要求しています。この権利は、90カ国の憲法において認められてきており、それらの中には、環境と開発に関するリオ会議(1992年)以降に制定された、ほとんどの国家の憲法が含まれます。リオ・デ・ジャネイロにおける地球サミットとアジェンダ21(1992年)として採択された計画は、社会的、経済的および環境的な関心を持続可能な発展の相互依存的な柱として1つにまとめる単一の政策的な枠組を作り出しました。安全で清潔な水と空気および栄養価のある食料の適切な供給は、すべて健康的な環境と健康に対する権利の実現に関連しています。それでも、アジェンダ21から10年が経ち、以下にしめす統計が目標到達のための努力の不十分さをしめしています:
- 8億4000万人以上の人々が飢餓に苦しんでいる;
- 世界人口の83％が改良された水源に持続可能なアクセスをもっていない;
- 世界人口の58％が改良された衛生施設に持続可能なアクセスをもっていない

〔出典:UNDP、人間開発報告書2005年、2005年〕

1996年にアフリカ人権委員会にいくつかのNGOが、ナイジェリアの軍事政府が国営石油会社とシェル石油を通じて石油の生産に直接かかわってきたこと、そして、これらの活動がオゴニ族の人々のあいだで環境汚染から生じる環境の悪化と健康問題をうんだことを申し立てました。2001年10月に、上記委員会は、ナイジェリア連邦共和国が健康に対する権利を含んだバンジュール憲章の7つの条項に違反していると認定しました。これは、この種の活動の影響から、環境と地方の人々の健康を保護する国家の責任に対する重要な先例です。

2002年のヨハネスブルグでの**持続可能な発展に関する世界首脳会議(WSSD)**は、アジェンダ21の実施を再検討しました。ヨハネスブルグ実施計画では、健康についての世界規模の情報システム、健康に関する読み書き能力の向上、HIVの流行の減少、水と空気の中の有毒な成分の減少、そして、健康問題を貧困の撲滅の問題と統合することについて強い約束が表明されました。

人間の活動が、環境と人間の健康にあたえる害悪を予防するように導く1つの新しい原則が過去10年間にうまれてきました：予防的行動の原則または**予防原則**です。この原則は、新しい技術が人々に届くまたは環境に影響をあたえる前に、それは安全であるということをその技術の提案者が証明することを要求するもので、1998年にアメリカのウィスコンシンで、科学者、政府役人、法律学者および労働運動家や草の根の環境活動家からなる国際的なグループによってよりよく定義され、定式化されました。最後に、重要なことですが、予防原則を適用するすべての決定は、「公開で行われ、十分な情報をあたえられた上で、民主的」に行われ、そしてそこには「影響を受ける当事者が含まれていなければ」なりません。

3　異文化間的見地と論争点

1993年のウィーン宣言は、相違は認められるべきであるが、人権の普遍性を否定するようなやり方であってはならないことを明らかにしています。健康に対する権利に関する一般的意見14は、保健施設、物資およびサービスが文化的に適切でなければならないことを求め、この認識のうえにたっています。健康に対する人権の1つの文化的な側面は、健康の生物医学的システムが過剰に強調され、したがって、健康に対する人権をどのように実現するかということの理解が過剰に強調されることです。しかしながら、世界のおおくの場所では、**伝統医療(TM)**がヘルスケアの慣行の大部分を占めています。アフリカでは、ヘルスケアの需要を満たすのを助けるために、人口の80％が伝統医療を用いています。アジア（とくに中国）、ラテンアメリカおよびオーストラリアとアメリカの先住民族のあいだでは、伝統医療は広く用いられています(40%以上)。世界貿易機関は、伝統医療を「薬草や動物の一部および／またはミネラル使用

を含む…；そして、非薬物的療法…、触手療法や霊的療法」と定義しています。伝統医療の慣行は、文化に対する権利、知的財産権を保護する法律、土地への権利、および持続可能な発展の権利に密接に結びついています。伝統医療の広く行きわたった利用と利点および文化的に適切な治療法を認識して、世界貿易機関は発展途上国において伝統医療の合理的な利用を保証するのを助けるために**伝統医療戦略(2002-2005)**を発展させてきました。

　他の例では、健康に対する権利は、根本的に文化に縛られていると考えられているジェンダー、年齢、人種、宗教、民族等に基づいたグループ内に存在している不平等な力関係のために無視され、侵害されることがあります。また、差別禁止の基本原則もあてはまります。**女性性器切除(FGM)**は、アフリカのおおくと地中海および中東の一部で広く行われている慣習です。この慣習は、しばしば宗教的慣習だと間違って説明されますが、2000年以上前に遡る歴史をもっています。この慣習は、女子と女性の身体的および精神的健康をひどく損ねることがあります。1996年2月からの世界貿易機関、ユニセフおよび国連人口基金による共同声明によれば：「国際社会が多文化主義のゆがんだ見方の名の下にいいなりになっていることは受け入れられない。人間の行動と文化的価値は、他者の個人的および文化的立場からは無意味または破壊的に見えようとも、それらを行っている者たちにとっては意味をもち、機能を果たすものである。しかしながら、文化は静的なものではなく、適応し改革しながら、つねに変化するものである」。

4　実施と監視

健康に対する人権の尊重、保護および実現

　社会の構成員が到達可能な最高水準の健康を享有することを保障する政府の義務は、広範囲な約束を必要とします。健康に対する人権の尊重の義務とは、国家はその権利を干渉したり侵害したりしてはならないということを意味します。例えば、民族的少数者または受刑者等の特定のグループへのヘルスケアを拒んだり、女性に男性の医者から治療を受けることを許さないうえに、女性の医者もいない場合のように、恣意的にヘルスケアを否定したりすることが挙げられます。健康に対する権利の保護とは、国家は非国家主体がいかなる方法であれ人権の享有の邪魔をするのを防がなければならないということを意味します。例えば、企業が有害廃棄物を給水源に捨てることを防ぐということです。もし侵害があったら、国家は人々に何らかの形の補償をあたえなければなりません。これはまた、国家は、有害廃棄物の管理を規制し監視する法律等、必要で適切な立法を採択する義務があるということを意味します。権利を実現するということは、国家はヘルスケアへのアクセスを積極的にあたえなければならないということを意味します。例えば、住民に役立つのに十分な数の診療所が作られ、こ

れらの診療所がその住民の資力に見合った料金で診療を行うべきであるということです。国家は診療所の場所、診療内容および必要事項を公報しなければなりません。このことは、ヘルスケアが私的部門にすべて委託されているところでは保証できません。

健康に対する人権の限界

いくつかの人権は必要不可欠なものなので、絶対に制約されてはなりません。それらは拷問や奴隷からの自由、公正な裁判に対する権利および思想の自由を含みます。他の人権は公共の利益がその権利に優越するときに制限されることがあります。公衆の健康の見地から健康に対する権利を守ることは、国家が他の人権を制限するための理由として用いられてきました。伝染病の蔓延を防ぐ努力のなかで、しばしば他の自由が制限されてきました。検疫を行ったり人々を隔離したりする移動の自由の禁止は、エボラ出血熱、エイズ、腸チフスおよび結核のような重い伝染病の蔓延を防ぐために採られてきた措置です。これらの措置は、時として過剰に採られました。公衆の健康の名の下に人権がないがしろにされることを防ぐために、制約的な措置は、最後の手段としてのみ政府によって採られなければなりません。シラキュース原則は、狭義に定義された制限が課される枠組を提供しています：

- 制限は法に従って定められ、行われる；
- 制限は一般的利益の合法的な目的に従っている；
- 制限は民主的社会において目的を達成するのに厳格に必要である；
- 目的に到達するために利用可能な、より侵入的で制約的ではない手段がない；
- 制限は恣意的に定められたり、または課されたりしない、すなわち、非合理的または差別的なやり方で。

監視の仕組み

政府が健康に対する権利を尊重し、保護し、充足する義務を守ることを確保することは、国内および国際両レベルにおける仕組みを必要とします。国内レベルでは、国家が健康に対する権利を保障する条約を批准したら、政府の委員会、オンブズパーソンおよびNGOが正式な検討過程に参加することができます。人権条約の各当事国は、条約の監視機関に報告書を提出しなければなりません。検討の時にNGOもまた、しばしば「影の報告書」といわれる報告書を提出しますが、これらは、市民社会の見解を提供し、政府の報告書とは一致していないかもしれません。提出されたすべての情報は、条約組織が最終所見や見解を準備するときに考慮されます。強制的に遵守させる方法はありませんが、この報告書は公的記録となり、この点において国家は人権の濫用について非難されたくないと願います。というのは、人権の濫用がとりわけ他国との関係に直接的な影響を及ぼすからです。

2002年に国連人権委員会は、すべての人が到達可能な最高水準の身体的および精神的健康を享有する権利に関する特別報告者を任命しました。その報告者は、情報を収集し、政府や関係者と対話し、健康に対する権利の状況について法律、政策、良い慣行および障害を含めて定期的に報告し、必要な勧告をします。このために、特別報告者は、国家を訪問したり、申し立てられた健康に対する権利の侵害に対して行動します。彼はまた、世界貿易機関も訪れました。

展　開

1　成功例

HIV／エイズの予防

　カンボジア、ウガンダ、セネガル、タイ、ザンビア都市部、そして高所得の国々における成功例は、包括的な予防アプローチが効果的であることをしめしています。証拠から次のようなことが分かります：

・行動を変えることは、その地方に適切な、目標を定めた情報、交渉や意思決定技術の訓練、社会的法的支援、予防手段(コンドームや清潔な針)へのアクセス、そして変わろうという動機づけを必要とします。
・1つの予防アプローチだけで住民の中の広範囲な行動の変化をうみだすことはできません。国家的なスケールでの予防計画は、ターゲットとされた住民の情報をきちんと考慮して作られた多様な構成要素に焦点を当てる必要があります。
・一般的な住民に対する予防計画は、とくに若者に焦点を当てる必要があります。
・成功のためには、パートナーシップが不可欠です。多様な住民を探し出す多様な計画は、HIV／エイズにかかった者を含んだ多様なパートナーを必要とします。
・効果的な反応には政治的なリーダーシップが必要不可欠です。

> 「友好的な植物たちは、動物たちが人間に対してなにをしようか決めたことを聞いたときに、彼らの対抗策を考えました。それぞれの木、灌木、薬草、草、そして苔は、動物と昆虫が口にしていた病気の1つに対する治療を供給しようと合意しました。それ以降、チェロキー族のインディアンがシャーマンに病気のことで尋ね、医療にあたる者が迷ったら、植物の精に話しかけるようになりました。植物の精たちは、いつも人間の病気に対して適切な治療法を教えてくれました。それが昔々のチェロキー族のあいだの医療のはじまりでした」。
> 〔チェロキー族、医療のはじまり〕

市民陪審と公衆の健康についての政策

　市民陪審（CJ）は、公衆の健康についての政策決定を行うための新しいモデルです。英国、ドイツ、スカンジナビア諸国、そして米国におけるモデルは、広く住民を代表した12人から16人の一般市民を含み、自分達にあたえられた情報を精査し、専門家に質問をし、討論し、報告書を作って公表します。委任した当局は、定められた期間内に反応を返さなければなりません。英国における広範囲な試験的研究によれば、市民陪審は、複雑な問題に取り組み、きちんとした報告書を作ることにおいて、世論調査や特定のグループまたは一般的なミーティングより適切だということです。一般の市民が意思決定に直接かかわりたいと思い、彼らが自分達や自分達の家族のために欲しいと思う公衆の健康のあり方について、強くて一貫した考え方をもつことは、明らかです。

マリコンダの誓い

　1980年代にセネガルの草の根組織が、人権とその知識を日々の生活に適用することを学ぶ、村全体を対象とした問題解決型のカリキュラムを作りました。このプログラムは、参加者に、健康、衛生、環境問題、財政的および物質的な管理技術のような問題に取り組む機会をあたえました。NGOであるトスタン（TOSTAN）は、マリコンダにおいて、1つのプログラムを始めましたが、そこは3000人の住民が住む村で、女子割礼のもっとも完全で残忍な形態の1つである、陰部封鎖（陰核・小陰唇、大陰唇をすべて切除し小孔を残して縫い合わせる女性性器切除）をいまだに習慣として行っているバンバラ村の1つです。陰部封鎖による感染や危険な出産や性器の痛みの問題に焦点を当てた、ストリート・パフォーマンスも含んだ広い世論をまきこんだ議論を経たのちに、その村全体が女子割礼の慣習をやめる約束を誓いました。これは、「マリコンダの誓い」として知られました。それから2人の村の長老が、その言葉をこの慣習をやめる必要がある他の村に広めはじめました。1998年2月までに、13の村が誓いを宣言し、同じ年の6月に、さらに15の村がその慣習をやめました。この動きは国際的な注目を浴びました。1999年1月13日、セネガルの国民議会は、女性性器切除を禁止する法律を作りました。法的な行動だけではその慣習を廃絶するのに十分ではありませんでした。村が作り出した社会的なコントロールと、「マリコンダの誓い」の宣言を通じてしめされた民衆の意思の中に力がありました。トスタン・トレーニングは、健康に対する権利と他の人権とのつながりを強調しました。

メモリーブック

　おおくの国々において、メモリーブックは、家庭でHIV／エイズについての会話の糸口をみつけるため、とりわけHIV陽性の母親が自分の子どもたちに感染の状態を

告げるのを助けるための重要な手段です。末期症状の親とその子どもたちは、メモリーブックを一緒に編集しますが、それはたいてい写真や逸話や、家族の他の記念の品を含んだアルバムです。ウガンダでは、メモリーブックを作ることは、エイズ・支援機構(TASO)によって、1990年代の初期に始められました。1998年から、エイズとともに生きる女性の国民連合は、プラン・ウガンダの支援を受けて、このアプローチをより広い範囲で促進してきました。同連合は、HIVにかかった母親が、自分の病気について子どもに話すのにたいへん困難を感じているということを知りました；メモリーブックは、女性が、自分たちの子どもの人生にHIV／エイズの問題をとりいれ、その影響について話し合うためのよい方法でした。その本は、子どもたちに、自分達のルーツを思い出させるので、彼らは帰属意識を失わずにすみます。その本はまた、子どもたちに親の苦しい体験を認識し、理解させ、同じ運命をたどりたくないと思わせるので、HIV／エイズの予防を促進します。

> 「女性性器切除の廃絶に成功するためには、社会が女性の人権を認める方向へと根本的に態度を移行させることを必要とする」。
>
> 〔エファ・ドルケノ『バラを切る』〕

社会のもっとも弱い構成員への配慮

世界のどこにおいても、麻薬使用者と受刑者は、社会のもっとも弱い構成員の一部です。HIV／エイズと他の重大な病気の文脈において、健康に対する権利は、この人たちにはほとんど実質的に保障されていません。なぜならば、犯罪者または麻薬を常用して有罪となった彼らの地位によって、彼らは情報、教育および基本的な健康または社会的サービスへのアクセスを欠くことになってしまっているからです。1980年代に英国とオランダは、「ハーム・リダクション」として知られるモデルを概念化しました。その後、そのモデルは世界中のいろいろな地方で用いることができるように複製され、適合されてきました。この戦略は、個人および共同体両方に向けて、麻薬使用者に対する危害を減少させることを目的としています。実践の範囲は、安全な使用から管理された使用および禁止にまでおよびます。ハーム・リダクションの例は、オランダでそうであったように、以前は不法なものと指定されたいくつかの麻薬の合法化を含むこともあります。しかし、少なくともそれは、麻薬使用者が投獄されていようが、社会のなかで自由な立場でいようが、その者たちの取扱いは人権規範に導かれなくてはならないという意味において、麻薬の未使用者が麻薬に対して態度を変えることを要求します。ハーム・リダクション政策を実施している社会は、このアプローチをとらない社会にくらべて、静脈注射を用いる麻薬使用者のあいだでのHIV／エイズや他の輸血に関連する感染症の事例がすくないということを、強力な証拠がしめしていま

す。安全な注射器具、清潔な針の交換、そして、教育やリハビリテーションのような措置を導入した国々はまた、麻薬規制のための諸条約に署名しており、ハーム・リダクションが他の国際諸条約と矛盾しないようにしています。

知的障害に関するモントリオール宣言

知的障害をもつ人々のニーズに関して何年も議論したのちに、モントリオール米州保健機関／世界保健機関の知的障害者に関する会議は、2004年10月6日に重要な宣言を作りました。それは、国家や国際機関が障害をもつ人の権利を定義する方法において、パラダイムの変化を約束するものでした。その宣言は、知的障害をもつ人たちが市民として自分達の権利を完全に行使できるようにすることを保障するという明確な任務を十分に意識することを、国際社会に要求しています。その焦点は、基本的に質の良い平等、差別禁止および自己決定というところにあります。純粋に生物医学的なモデルから離れて、この宣言は「健康、よい健康状態および障害に対する人権アプローチの重要性…」を認識しています。この宣言は法的拘束力はありませんが、知的障害をもつ人々の権利の取扱いにおいて、ガイドとして役立ち、基準をしめしている唯一の文章であるので、この分野においてもっとも重要な参考書となります。

SARS

SARS（重症急性呼吸器症候群）の流行は2002年11月にはじまり、2003年7月に制御されたと考えられています。その時までに8400人が感染し、900人以上が死亡したと報告されました。もっとも深刻な影響を受けた国々（例えば中国、香港、ベトナム、台湾およびカナダ等）の対応策は、健康に対する権利を保障する一方で、さまざまな人権の重要性を排除し、すべての人権を守らなくてはならないという注意深さを欠いていました。流行期に生じた問題としては、プレスの自由の重要性、国際的な安全保障に対する国家の義務、健康に対する個人の権利と隔離の正当性等があります。世界保健機関はベトナムについて、45日間の流行期間のあいだに65人が感染し、5人が死亡したことを、成功として述べています。健康に対する権利が全体論的な性質をもっていることは、ベトナムの成功に直接関係するものとして指摘された次の領域において明らかです。

- 包括的でよく機能する国内の公的な健康に関するネットワーク
- 感染した個人の適切な取扱い、観察および隔離
- 世界保健機関や他のパートナーとの連携による効果的な活動
- 流行の発生を早期に公衆に知らせること
- マスメディアや電子媒体を通じて公衆にあたえられる日々の情報の透明性
- すべての地方的・国家的機関と組織のあいだの首尾よい協力

2 傾　向

人権と健康の促進を統合するための戦略

健康に対しての人権的なアプローチは、人々の健康のためになされたことやなされるべきことに責任をもつ国家や国際社会を支える枠組を提供することができます。人権が政策の立案、健康の社会的身体的条件の分析、およびよい健康状態の達成において統合されているということは、健康に対する人権の実現に向けての積極的な動きをしめしています。次のリストが現在の傾向を表しています：

> 政府やそのパートナーの実行および学術文献の両方において、健康と人権を関連させる経験が存在する領域：
> ・リプロダクティブ・ライツと性に関する権利
> ・HIV／エイズ
> ・拷問(予防と取扱い)
> ・女性に対する暴力
> ・伝染病

> 政策および計画が健康と人権を関連させる意義を認識し、反映しはじめた領域：
> ・先住民の権利
> ・遺伝子操作における生物倫理と人権
> ・妊婦および子どもの健康
> ・障害をもった人々の権利
> ・特定の貿易協定と、それらの健康に対する権利への影響
> ・災害後のリハビリテーション
> ・貧困の緩和

> 健康と人権の統合に基づいた研究がほとんどなく、さらにその適応はない領域。次の分野においてとくに空白がある：
> ・職業と健康
> ・慢性疾患
> ・栄養学
> ・環境(空気、水、漁場等)

3 統 計

次の頁の統計が、健康において人権の視角をとりいれる努力をさらに行う必要性をしめしています：

・HIVの蔓延：HIV陽性者の推定数(2003)：
　　世界：3780万人
　　後発発展途上国：1200万人
　　途上国：3490万人
　　先進国：160万人
　　　　　　　　〔出展：ユニセフ、「世界の子どもたちの状況2006」〕

・世界のすべての国は現在、健康に対する権利およびおおくの健康に必要な条件に関する権利を含めた健康関連の諸権利を規定する人権条約に少なくとも1つは入っています。
　　　〔出典：世界保健機関「健康と人権に関する25の質問と答」、2002年〕

・暴力は世界中で15歳から44歳までの人々の死因の大きなものであり、男性の死因の14％、女性の死因の7％を占めている。
　　　　　〔出典：世界保健機関「暴力と健康に関する世界報告書」、2002年〕

　情報と統計は、責任の文化を創造するために、また人権を実現するために、強力な道具である。
　　　　　　　　　　　　　　　　　　　〔人間開発報告書2000〕

公的支出（GDP比）

国	教育（2000-02）	健康（2002）	軍事支出（2003）
オーストラリア	4.9	6.5	1.9
オーストリア	5.7	5.4	0.8
ブルキナファソ		2.0	1.3
中国		2.0	2.7
キューバ	9.0	6.5	
グルジア	2.2	1.0	1.1
ドイツ	4.6	8.6	1.4
インド	4.1	1.3	2.1
マリ		3.2	1.9
スウェーデン	7.7	7.8	1.8
英国	5.3	6.4	2.8
米国	5.7	6.6	3.8
ジンバブエ	4.7	4.4	2.1

（出典：国連開発計画「人間開発報告書2005」）

健康に関する支出（2002）

国	公的（GDP比）	私的（GDP比）	1人あたり（PPP米ドル）
オーストラリア	6.5	3.0	2,699
オーストリア	5.4	2.3	2,220
ブルキナファソ	2.0	2.3	38
中国	2.0	3.8	261
キューバ	6.5	1.0	236
グルジア	1.0	2.8	123
ドイツ	8.6	2.3	2,817
インド	1.3	4.8	96
マリ	2.3	2.2	33
スウェーデン	7.8	1.4	2,512
英国	6.4	1.3	2,160
米国	6.6	8.0	5,274
ジンバブエ	4.4	4.1	152

（出典：国連開発計画「人間開発報告書2005」）

平均余命(2003)

国	全人口	女性	男性
オーストラリア	80.3	82.8	77.7
オーストリア	79.0	81.8	76.0
ブルキナファソ	47.9	48.2	46.8
中国	71.6	73.5	69.9
キューバ	77.3	79.2	75.5
グルジア	70.5	74.3	66.6
ドイツ	78.7	81.5	75.7
インド	63.3	65.0	61.8
マリ	47.9	48.5	47.2
スウェーデン	80.2	82.4	77.9
英国	78.4	80.6	76.0
米国	77.4	80.0	74.6
ジンバブエ	36.9	36.5	37.3

(出典:国連開発計画「人間開発報告書2005」)

妊産婦の死亡

国	妊産婦の死亡率　2000年に対応 (出産10万件につき)
オーストラリア	8
オーストリア	4
ブルキナファソ	1,000
中国	56
キューバ	33
グルジア	32
ドイツ	8
インド	540
マリ	1,200
スウェーデン	2
英国	13
米国	17
ジンバブエ	1,100

(出典:国連開発計画「人間開発報告書2005」)

4 年　表

1946年	世界保健機関憲章
1966年	社会権規約の採択
1975年	平和と人類の利益のための科学技術の進歩の利用に関する宣言
1975年	障害者権利宣言
1978年	アルマ・アタ宣言
1991年	精神疾患を有する者の保護およびメンタルヘルスケアの改善のための諸原則
1991年	高齢者のための国連原則
1992年	国連環境・開発会議(UNCED)
1993年	女性に対する暴力撤廃宣言
1994年	国際人口・開発会議(ICPD)
1995年	第4回世界女性会議(FWCW)
1997年	ヒトゲノムと人権に関する世界宣言(ユネスコ)
1998年	普遍的に認められた人権および基本的自由を促進し保護する個人、グループおよび社会の組織の権利と責任に関する宣言
1998年	国内避難に関する指導原則
2002年	持続可能な発展に関する世界首脳会議
2002年	健康に対する権利に関する特別報告者の任命
2003年	ヒト遺伝データに関する国際宣言(ユネスコ)

5 女性の人権

キーワード　ジェンダーの視点から人権について考える　女性のエンパワーメント（個人の能力の向上）

　女性の進出と男女平等の達成は、人権問題であり、社会正義への条件である。女性の問題として単独でとらえてはならない。

北京宣言および行動綱領、1995年

説　例

ケーススタディ：マリア・ダ・ペンハ・マヤ・フェルナンデスの物語
　1983年5月29日、マリアは眠っているところを夫のマルコ・アントニオ・ヘレディア・ビベイロスに撃たれました。幸いにも一命はとりとめますが、重傷を負ってしまいます。四肢に麻痺が残り、体の傷の他にも心に深い傷を受けました。このとき夫は、強盗が押し入ったと勘違いして撃ったと取り繕っています。退院からわずか2週間後、夫は今度は入浴中のマリアを感電死させようとします。この2度目の殺人未遂で検察はとうとう夫のビベイロスを起訴し、第一審はフォルタレザ地方裁判所で開かれました。そして事件後8年が過ぎた1991年5月4日、ビベイロスは殺人未遂で懲役10年をいい渡されます。控訴後の第二審では、1996年に懲役10年6カ月の判決が下されました。ここで被告側が上訴し、そののちに遡求の申したてを行う等した他、裁判制度上の遅れもあったため、最終判決がいつまで経ってもでない状態となってしまいます。このため1998年8月20日、マリア・ダ・ペンハ・マヤ・フェルナンデス、司法・国際法センター（CEJIL）、ラテン・アメリカ・カリブ海女性人権擁護委員会（CLADEM）は、ブラジル連邦共和国は15年以上にわたりビベイロスの起訴・処罰を怠っているとして、米州人権委員会に請願

を起こしました。この請願では、ブラジル国家は「**人間の権利と義務に関する米州宣言**」第2条および第18条に関連する米州人権条約第1条1節(権利の尊重)、第8条(公正な裁判を受ける権利)、第23条(平等の保護を受ける権利)、第25条(裁判による保護を受ける権利)に違反するのみならず、「女性に対する暴力の防止・処罰・根絶に関する米州条約」(ベレン・ド・パラ条約)第3条、第4条、第5条、第7条にも違反したと申したてられています。ブラジル政府はこの請願について言及を避けました。米州人権委員会は2001年4月16日に報告書を公表し、ブラジルはマリア・ダ・ペンハ・マヤ・フェルナンデスの公正な裁判を受ける権利および裁判による保護を受ける権利を侵害したとの裁定を下します。また、ベレン・ド・パラ条約第7条の違反も認めました。この結果、夫のビベイロスはついに逮捕され、2002年に刑務所に送られます。最初の殺人未遂から数えて実に20年ちかくが過ぎていました。
〔出典：米州人権委員会2001年報告書54/0号、Maria da Penha Maja Fernandes事件、12.051号。http://www.cidh.oas.org/annualrep/2000eng/ChapterIII/Merits/Brazil12.051.htm〕

[論　点]
1. マリアの物語で、女性の人権にとって重要な問題はなんでしょうか。
2. 被害者の性別が理由で裁判が行われなかったり、訴訟手続が適切に進められないとき、公正な取扱いを受けるにはどうすればいいでしょうか。
3. 法律や規則は、あらゆる人間に平等な機会を保障するようになっているでしょうか。男女ともに平等な扱いが受けられるようにするためには、今後なにが必要でしょうか。
4. 今後、同様の事態の発生を防ぐことができるでしょうか。そのために、州や市町村、国、世界ではどんな制度が整備されているか、考えてみましょう。

基礎知識

1　女性の人権

　自分たちも同じ人間であることを認めさせるために、そして基本的人権を勝ち取るために、女性は長いこと闘わなければなりませんでした。残念なことに、この闘いはまだ終わっていません。たしかに女性を取り巻く状況は、さまざまな点で、また世界のおおくの国で改善されました。それでも世界的にみて、社会はまだ女性の人権をただちに全面的に認めるところまでは進んでいません。20世紀にはおおくの改善がもたらされましたが、退行現象も少なくありませんでした。平和と進歩の時代においてさえ、女性と人権にとくに注意が払われたことはありませんでしたし、誰もそうした政策に反対もしなかったのです。それでも歴史をふりかえれば、権利のために闘ったヒロインをどの時代にも見出すことができます。武器を手にした女性もいれば、言葉を

武器に闘った女性もいました。例えばエレノア・ルーズベルト。エレノアは、1948年に世界人権宣言が起草されたとき、第1条の条文を「すべての人(men)は兄弟である」ではなく「すべての人類(human beings)は平等である」という表現に変えるよう主張しました。この変更によって、男女を問わずすべての人間が人権をもつことが明確になると同時に、基本的人権の原則の1つとして平等の概念が導入されています。

　法律が男女にとくに言及せず形式的に平等の原則を規定する場合、それは女性に対する隠れた差別を暗に意味することになりがちです。社会では男性と女性のおかれる状況や果たす役割が異なるため、「法律上の」平等は「事実上の」差別になりやすいからです。女性の人権のために闘う活動家が建前の平等と実際の平等との違いを訴えてきたのはこのためです。すべての人間の平等を前提にした形式的な平等の概念は、おおくの場合、不利な状況におかれた人々にとって救いとはなっていません。現実のさまざまな状況や不利益、差別等も考慮した実質的な平等の定義をしなければならないのです。国連女子差別撤廃委員会のメアリー・シャンティ・デリアムは、「差別の構造と平等」と題する論文の中で、「中立であろうとするとき、不利益を被る人々への配慮はなくなる。その結果、平等な扱いを受けられない人がでてくる。重視すべきは『平等な結果』であり『平等な利益』なのだ」と説いています。本当の男女平等は、法律上の平等と事実上の平等がともに実現したときにのみ、達成されるのです。

ジェンダーの概念と女性の人権をめぐる誤解

　ジェンダーとは、たんに女性とその人権を意味する言葉ではなく、もっと高次の概念です。そこには男性と女性の両方が含まれます。この言葉が最初につかわれたのは1970年代で、思想家のスーザン・モラー・オーキンはこれを「確立され制度化されて社会に浸透した性差」と定義しています。けれども、そののちに世界で起きた政治的・社会的・経済的変化を経て、この言葉の意味も変化しました。そして1998年には、国際刑事裁判所ローマ規程の第7条で、ジェンダーとは「社会的状況における男性と女性という2つの性」と定義されています。この定義は各国代表がジェンダーの概念について激論を交わした末に決まったもので、このときに一部の代表は性的指向への言及に反対しました。

　このように定義されたにもかかわらず、女性を世界人口の半分、国内人口の半分、地域や共同体の半分を占める存在としてではなく、ある1つの特殊な集団とみなす風潮がいまだに一般的です。さまざまな文書の中で、女性が弱者集団、例えば先住民族、高齢者、障害者、子どもと一緒に扱われることがおおいのも、こうした女性観を反映するものといえるでしょう。今挙げた弱者集団は、かつても今も差別に苦しめられ、基本的人権を享受できないという共通点をもっています。

☞ **無差別**

> 「数の力が、男性と協力し、女性による女性のための行動の力をうみだす
> ——これが次の千年紀の姿だろう」。
>
> 〔アザ・カラム、1998年〕

　それでもジェンダーは、分析に役だつ基本分類です。社会において女性と男性がどのように異なる責任や役割を引き受け、どのように位置づけられているか、ジェンダーという切り口から考えるとよりよく理解できます。また人権に関する理論と実践にジェンダー分析を採り入れれば、社会において男女がどのように区別されているか、女性の人権がどのような形で侵害されているかを把握しやすくなります。

　男女を問わず、また人種、民族、宗教を問わずすべての人に等しく人権が保障されるようにするためには、ジェンダーの視点から人権を考える必要があるのです。

人間の安全保障と女性

　人間の安全保障と女性の問題は密接なつながりがあります。というのも地域紛争や内戦が起きると、ジェンダーによる不公平や不平等が一段と悪化するからです。難民や国内で強制移動させられる人々の大半は女性、老人、子どもで、とりわけ配慮と保護が必要です。また、ドメスティック・バイオレンス(DV)を始めとする暴力も、女性の安全保障を脅かす問題です。

　さらに平時においては、教育、社会福祉・社会保障、雇用の機会が誰にでも等しくあたえられるようにすることも、人間の安全保障の1つといえます。女性はこうした機会へのアクセスを妨げられ、あるいは排除されることがおおいのです。ですから女性と子どもはとくに、人権の保障を通じて人間としての安全も保障されるといえるでしょう。人権が尊重されないかぎり、人間の安全保障は実現できません。人間の安全保障への取組では、あらゆる形の差別、とりわけ女性と子どもに対する差別の根絶を優先課題とすべきです。なお、人間の安全保障では、武力紛争下における女性の問題がとりわけ重大です。これについてはのちに論じることにします。

☞武力紛争における人権

2　定義と解説

　現代における女性の人権を求める運動をよりよく理解するために、まずは女性の人権運動の歴史をふりかえってみることにしましょう。

女性の人権運動の歴史

フランス革命は歴史上の一大事件ですが、男性中心の世界で女性が初めて平等の人権を要求したのも、この革命だったとされています。この革命は、市民的・政治的権利を求める運動の端緒となっただけでなく、女性の解放と平等を求める運動への扉を開くことにもなりました。この運動を支えた著名な女性の1人に、オランプ・ド・グージュ(1748-1793)がいます。グージュは1789年のフランス人権宣言に対抗して「女性および女性市民の権利宣言」を発表しました。けれどもグージュ自身も女性の同士たちもギロチンの露と消えています。

> 「女性は自由なものとしてうまれ、かつ、あらゆる意味で男性と平等の権利をもつものとして生存する」。
>
> 〔**女性および女性市民の権利宣言**(1791年)、第1条〕

英国も、女性が平等の権利を求めて古くから粘り強く闘ってきた伝統をもつ国です。このため同国は「フェミニズムの母国」と呼ばれることもあります。英国の女性たちは、早くも1830年代に参政権運動を始めました。そして70年以上にわたりさまざまな手段で闘った末に、1918年、ついに参政権を勝ち取ります。当初は30歳以上の女性に投票権があたえられました。この他、教育を受ける権利、既婚女性の私有財産権、公職に就く権利を求める運動も繰り広げられてきました。

とくに英国と米国では、女性がハンガーストライキ等過激な手段に訴えることがよくありました。例えば参政権運動で有名なエミリー・デービソン(1872-1913)は、示威行為として死を選びました。1913年、ダービー競馬場でのレース中に、国王キング・ジョージ五世の馬の前に身を投げたのです。

国際機関に目を転じると、1888年には国際女性協議会(ICW)が創設されています。この協議会は、今なお健在です。パリに本拠をおき、国際会議、地域・国単位のセミナーやワークショップを通じて、また国際機関との連携によるプロジェクト開発プログラム、総会における決議の起草・採択、他の非政府組織との協力、5つの常任委員会が運営する3カ年行動計画を通じて、女性の権利確保の活動に参加しています。

女性の人権に取り組むことを目的として設立された世界初の国際機関は、米州女性委員会(CIM)です。中南米地域のための組織で、1928年に設立されました。「婦人の国籍に関する米州条約」を起草したのがこの委員会で、条約は1933年に米州機構で採択されました。これをきっかけに、人権関連の法体系をどのように整えていくかについて活発な議論が巻き起こっています。

また国連では、設立当初の1945年から女性が参画を試みてきました。人権をめ

ぐる文書や組織の内容・実行に女性のプレゼンスが反映されるよう、努力を続けてきたのです。

1946年には女性の地位委員会(CSW)が国連経済社会理事会の機能委員会として設立されました。この委員会の使命は、全世界の女性の権利確保を推進することにあります。初代委員長を務めたのはベルギーのボディル・ボーグストループでした。同委員会は、女性の権利を世界人権宣言に明記するよう働きかけています。

世界の政治・経済・社会制度の発展には、その第一歩から女性が男性と同等に貢献してきました。にもかかわらず、女性問題に対する関心はきわめて低かったといわざるを得ません。数十年にわたり人権関連の文書でジェンダーが言及されてこなかったために、おおくの人がこの事実にすら目をふさがれています。人類の半分以上を占める女性。その基本的な権利が忘れられ、そして必然的に、国際法・国内法におけるジェンダー中立性が実現し得ないという結果に至っているのです。しかも世界を見渡せば、どの社会もいまだにジェンダー中立ですらありません。女性に対する差別が今もなお続いているのが現状です。

国連が「平等・発展・平和の理念のための国連婦人の十年」(1976-85年)の開始を決めたのは、ようやく1970年代にはいってからのことです。その背景には、日常生活のおおくの面での不平等、女性の貧困、少女に対する差別等がありました。「国連婦人の十年」の活動の成果として、1979年には国連第34回総会にて**女子差別撤廃条約(CEDAW)**が採択されています。これは、女性の権利の保護と推進に関するもっとも重要な国際条約といっていいでしょう。この条約によって、初めて女性は同じ人間として認知されたのです。女子差別撤廃条約には市民的・政治的権利と同時に経済的・社会的・文化的権利が含まれており、通常は2つのカテゴリーに分けて扱われる人権が1つの条約に謳われているのが特徴です。またこの条約では、女性の公的立場のみならず私的な生活にまつわる問題もとりあげています。具体的には、家族と社会における女性の役割、家庭内での責任分担の必要性、女性を従属的地位に貶めてきた社会・文化制度改革の必要性が条文の中で言及されているのです。こうした土台の部分での改革がなければ、女性の人権が広く世界で認識されることは期待できません。女子差別撤廃条約に批准した国は適切なあらゆる手段をすみやかに講じ、女性に対する差別および他の一切の差別を排除する政策を実行することが義務づけられます。2008年2月現在、締約国の数は185です(2010年3月現在、締約国数は186カ国となっている:訳注)。

「女子に対する差別」とは、性に基づく区別、排除または制限であつて、政治的、経済的、社会的、文化的、市民的その他のいかなる分野においても、女子(婚姻をしているかいないかを問わない)が男女の平等を基礎として人権および基本的自由を認識し、享有しまたは行使することを害しまたは無効にする効果または目的を有するものをいう(第1条)。

締約国には、その他に以下のことも義務づけられています。
・男女平等の原則を自国の憲法その他適切な法令に組み入れること。
・平等の原則を実効性をもって施行すること。
・女子に対するすべての差別を禁止する適切な立法その他の措置をとり、適切と判断される場合には制裁措置を講じること。
・女子の権利の法的な保護を男子と平等に確立すること。
・女子を差別する一切の行為または慣行を差し控え、公の当局および機関にはこの義務に従って行動することを徹底すること。
・個人、団体または企業による女子に対する差別を撤廃するためにあらゆる適切な措置をとること。
・女子に対する差別となるような自国のすべての刑罰規定を廃止すること。
・女子が男子と等しく人権および基本的自由を行使し享受できるよう保障するために、女子の能力の全面的な開発および向上を確保する措置をとること。
・男女の社会的・文化的な行動様式を是正すること。
・男女いずれかの劣等性もしくは優越性の観念、または男女の定型化された役割に基づく偏見および慣習その他あらゆる慣行の撤廃を実現すること。
・家庭教育において、社会的機能としての母性が正しく理解されるようにすること。また子の養育および発育に関する男女の共同責任が認識され、あらゆる場合に子の利益を第一に考えることが正しく理解されるようにすること。
・あらゆる形態の女子の人身売買および売春からの搾取を禁止するために、一切の適切な措置をとること。
・あらゆる選挙および国民投票において女子の投票権および被選挙権を確保すること。
・国籍の取得、変更、保持に関し、女子に対して男子と平等の権利をあたえること。
・教育の分野において、女子に対して男子と平等の権利を確保すること。

さらに1999年10月6日、国連第54回総会は**女子差別撤廃条約の選択議定書**(全21条)をコンセンサスにより無投票で採択し、条約締約国に対し、できるだけ早く議定書にも批准するよう呼びかけます。これは、女性にとって画期的な決定でした。というのも

この選択議定書では、女子差別撤廃委員会に対して個人が通報できる制度が定められたからです。2007年11月現在の締約国の数は90となっています〔出典：女子差別撤廃条約、http://www.un.org/womenwatch/daw/cedaw/protocol/sigop.htm〕（2010年3月現在、締約国数は99カ国となっている：訳注）。

　世界人権会議は、1993年6月にウィーンで開かれました。会議には人権問題の専門家や活動家数千人が集まり、その成果としてウィーン宣言と行動計画が採択されています。宣言および行動計画では広く女性と少女の人権の促進および保護が打ち出され、さらに女性を暴力から守ることが強調されました。そして女性と少女の人権は不可侵、不可欠で不可分の普遍的人権であると謳っています。また女性が国内・地域・国際レベルで政治的・市民的・経済的・社会的・文化的活動に全面的かつ平等に参加できるようにすること、性を理由とするあらゆる形態の差別を撤廃することを、国際社会で優先すべき課題として明確にかかげました。

　女性の地位委員会は、その使命遂行の一環として、大規模な国際会議を以下のとおり4回開催してきました。そのおおきな目的は、人権としての女性の権利を広く世界に訴えることにあります。

・メキシコ、1975年
・コペンハーゲン、1980年
・ナイロビ、1985年
・北京、1995年

　さらに2000年には、第23回国連特別総会「女性2000年会議：21世紀に向けての男女平等・開発・平和」がニューヨーク国連本部にて開かれました。この会議の主目的は、1995年世界女性会議で採択された北京宣言および行動綱領の実施状況を検討・評価することにありました。この会議が北京後5年を意味する「北京＋5」と呼ばれるのはこのためです。そののち、北京会議から10年の節目にあたる2005年3月に、北京会議と「北京＋5」の検討・評価を行う「北京＋10」が開かれました。

　世界女性会議は、各回開催後に行動計画がスタートしています。参加各国は男女平等の原則の実現にあたり、行動計画にもりこまれた措置や政策を考慮しなければなりません。

　北京行動綱領は、1995年の第4回世界女性会議で採択されました。その前文と12の条項は女性の人権を網羅した総合的なプログラムとなっており、女性のおかれた世界の現状の診断、全世界で女性の権利を推進するための政策、戦略、対策の検証が含まれています。とくに注意を払うべき分野として第4章で貧困、教育、健康、暴力、武力紛争、経済、意思決定、制度的仕組み、人権、メディア、環境、女児の12項目がかかげられ、さらに第5章、第6章で制度的整備と財務的整備がとりあげられています。

> 「貧困は全体として世帯に影響をおよぼす一方、労働および家族生活に対する責任が性別によって分担されることから、女性は過度の重荷を負い、ますます逼迫する物資不足の状況下で家計の消費と生産のやりくりに努めている」。
>
> 〔北京宣言および行動綱領、1995年〕

> 「1996年のチリの統計によると、男性は商業生産の67％を担うが家事にはいっさい関わらず、一方女性は商業生産の37％、家事労働の100％を担っている。この賃金をともなわない多大な労働が社会の再生産に貢献し、女性に影響をおよぼす構造的な貧困を象徴している」。
>
> 〔ローザ・ブラボ、1998年〕

女性と貧困

貧困がおよぼす影響は、女性と男性とではどのように違うのでしょうか。それを理解するためには、ジェンダーの視点から世界の労働市場における両者の差異を見る必要があります。すると、女性は家の仕事をしているケースがきわめておおいことに気づかされるでしょう。家で子どもや病人、老人の世話をし、また家事をしています。これに対する報酬はなく、また世界中ほとんどどこの国でも、女性のための適切な保険は整備されていません。社会にとっても経済にとっても女性の力が必要であり、高く評価すべきであるにもかかわらず、です。

ジェンダーによって労働市場が二分されていることは、女性の貧困に関わる構造的要因の1つです。もう1つの構造的要因は、妊娠・出産という女性に備わった生物学的機能です。こちらは、親としての社会的機能や社会的責任として捉えられます。

☞ **労働の権利、貧困からの自由**

同じ仕事をしても賃金・給与が平等でないこと、教育や公的・社会的サービスを受ける権利を排除または制限され、また相続権や土地所有権を排除または制限されることも、貧困につながります。

政治の面で考えると、貧困は、社会の構成員の間で権利が平等でないことのあらわれだといえます。貧しいがゆえに、市民的・政治的・経済的・社会的・文化的権利に手が届かなくなるのです。貧困はまた、情報へのアクセスを妨げます。さらに、公的機関や意思決定への参加もできにくくなります。移民の場合には、貧困が女性の人身売買の増加につながることもおおいのです。中南米、アジア、東欧ではとくにその傾向が見られます。

女性と健康

　女性が健康であるためには、精神的・身体的・社会的によい状態にあることが必要です。女性の健康は、生物学的な条件だけでなく、社会的・政治的・経済的な生活条件によって決まるのです。またリプロダクティブ・ヘルス(性と生殖に関する健康)は、精神的・身体的・社会的に完全によい状態にあり、かつ完全に満ちたりた性生活を営める状態であることと理解されています。リプロダクティブ・ヘルスの目的は、人生を、そして人間関係を豊かにすることにあります。性生活や生殖において男女が平等であるためには、お互いの尊敬、合意、共同責任がなければなりません。しかし現実はそうなっていません。ここではフィリピンの例を紹介しましょう。

> 「フィリピンでは、生殖年齢の女性の死亡原因として、妊娠・出産に関係のあるものがもっともおおくなっています。具体的には分娩後の出血多量が一番おおく、次が妊娠高血圧症候群(子癇前症および子癇)です。生殖年齢の女性推定700万人が妊娠にともないハイリスクをかかえていると考えられます。主な理由は4つあります。第一に、若すぎること(16歳以下)。第二に、4回以上の妊娠を経験していること。第三に、妊娠から次の妊娠までの間隔が非常に短いこと(中略)。第四に、妊娠時に他の病気を発症していることです(中略)。これだけ高いリスクがあるにもかかわらず、毎年こうした条件にあてはまる女性260万人が妊娠すると見込まれています。(中略)生殖年齢の既婚女性では、少なくとも200万人が家族計画をたてることを望んでいます。けれども、さまざまな理由から実現できていません。家族計画の普及サービスを受けられないことも、理由の1つです。フィリピンでは妊娠した女性の6人に1人が、予定外だったとか子どもを欲しくないといった理由で非合法な中絶手術を受けています。非合法な妊娠中絶の件数は年間30万〜40万件と推定され、そのおおくが敗血症等重大な症状を起こし、ひどいときには死に至ります。フィリピンは、妊産婦死亡率と乳児死亡率が世界でもっとも高い国の1つになっています」。
> 〔人口と開発のためのフィリピン国会議員委員会(PLCPD)、http://www.nonprofitpages.com/plcpd/〕

☞ 健康に対する権利

女性と暴力

　おおくの社会で女性および女児は、公的生活、私的生活の場を問わず、また収入や階級、文化にかかわらず肉体的、性的、精神的な暴力の影響を受けやすい状況にあります。女性はレイプ、性的虐待、性的嫌がらせあるいは脅迫の危機に直面することもしばしばです。性的奴隷、強制妊娠、強制売春、不妊手術、強制中絶、出生前の性別

選択、女児の間引き(男児が優遇されたり求められる社会で女児がうまれると殺してしまうこと)もまた、女性に対して行われる暴力行為です。

　こうしたすべての暴力行為は、女性の人権と基本的自由の享受を妨害し、損ない、あるいはその全てをとりあげてしまうものです。それゆえ、女性に対する暴力を防ぐ手段として1993年の国連総会で「女性に対する暴力撤廃宣言」が全会一致で採択されたのは極めて意義深いことです。さらに、1994年には「女性に対する暴力についての特別報告者」が新たに任命されました。

☞4　実施と監視

> 　女性に対する暴力とは以下に挙げる内容すべてを含むものですが、これだけにかぎられたものではありません。
> (a)　家庭における肉体的、性的、精神的な暴力。殴打、家庭内での女児に対する性的虐待、花嫁持参金に関わる暴力行為(インドにおける習慣で、結婚時の持参金ダウリーが少ないとの理由から妻が殺されたり、暴行を加えられたりする)、夫婦間のレイプ、女性性器の切除、女性に有害な伝統的慣行、婚姻外暴力および搾取に関連した暴力行為等。
> (b)　一般社会における肉体的、性的、精神的な暴力。レイプ、性的虐待、職場や教育機関、その他の場所における性的嫌がらせや脅迫、女性の人身売買および強制売春等。
> (c)　起こる場所を問わず、国家によって行われている、あるいは容認されている暴力。
>
> 〔女性に対する暴力撤廃宣言第2条、1994年より〕

> 　「奴隷として拘束され売春をさせられていたポーランド、ロシア、イタリア、アルバニア、そしてトルコ出身の24人の女性が、彼女たちが拘束されていたドイツの売春宿への強制捜査の際に警察によって解放された。そのうち2人の女性は日の光を目にすることなく7カ月間にわたり監禁されていた。トルコ人、イタリア人、アルバニア人ら16人の容疑者からなる犯罪組織の一味が逮捕されたが、警察は引き続きさらに6人の容疑者を捜索中である。リューデンシャイト警察の3人の署員が人身売買組織に働きかけていたと伝えられている。これはドイツにおける組織的犯罪集団に立ち向かったもっとも大規模な作戦の1つであった」。
>
> 〔エーリッヒ・ライマン、1996年〕

国際機関に加えて、地域組織もまた女性に対する暴力の防止のみならず根絶に取り組んできました。例えば、米州の人権機構は、1994年ブラジルで採択された女性に対する暴力の防止、処罰、根絶に関する米州条約をとおして女性擁護の機会を提供しています。
☞展開、1　成功例

女性と武力紛争

戦争や軍事紛争においては、女性がまっ先に暴力の犠牲となる場合が多々あります。ルート・ザイフェルトはその著書『第二戦線：性的暴力の論理』で、おおくの場合、敵を滅ぼすために女性を標的にするのは軍事戦略によるものだと述べています。ルワンダ国際刑事裁判所が、特定の集団全体もしくはその一部を壊滅させる意図をもっていたとしてジャンポール・アカイェスに下した決定に見られるように、軍事紛争中によくあるレイプは犯罪であり集団虐殺にもなりえるものです。戦略としての「民族浄化」、その手段としてのレイプは罪としてとりあげられるべきであり、もはや見逃されることがあってはなりません。1998年に採択された国際刑事裁判所規程は、歴史上初めて、レイプ、強制妊娠、強制売春等を、人道犯罪として明確に規定し、被害者、加害者の両者をその管轄下で公平に裁くための体制を整えました。

女性は武力紛争をもたらすような決定に積極的に関わることはほとんどありませんが、紛争のさなかにあっては社会的秩序を保とうと勤め、できるかぎり通常の生活を確保しようと全力を尽くします。その上女性は、女性に関する国際調査センター（ICRW、米国のワシントンD.C.に本拠地をおくNPO組織で1976年設立）が紛争後の復興再建についてその会報で述べているように、「しばしば、戦争の結果を見合わぬ度合で引き受けている」のです。おおくの女性が未亡人として取り残され、家族を扶養していくという途方もない重荷をかかえています。その一方で自分自身が紛争中に被害を受けた暴力行為、とくに性的暴力が原因のトラウマに向き合わねばならないこともあるのです。ですからこうした要因すべてに対し、よりいっそうの配慮が行われなければなりません。これはとりわけ、将来の平和維持活動において、女性たちがその特殊なニーズにおうじたできるかぎりの援助を受けられるようにするためにも必要なことです。
☞武力紛争における人権

> レイプとして確認された事例のほとんどは1991年秋から1993年末の間、とくに1992年4月から12月に集中して起こった。またイスラム教徒、クロアチア人、セルビア人女性へのレイプが報告されているが、ほとんどのケースは、ボスニア・ヘルツェゴビナのイスラム教徒の女性がセルビア人男性から被害を受けている。加害者は兵士、民兵組織、地元警察官、そして一般市民であ

る。レイプの件数が争点となっており、欧州共同体の代表団はその数2万件と明示した。ボスニアの内務省によれば5万件となっている。専門委員会はその件数を推測することを避けた。

〔キャサリン・N・ニアルコス、1995年〕

女性と天然資源

　ヴァンダナ・シヴァが著した『単一栽培、独占、神話、そして農業の男性化』が指摘するところによれば、インドの女性は、資源や環境に関する知識を蓄えるという点において重要な役割を果たしています。ヴァンダナ・シヴァによれば、「農家の女性は何千年にもわたり種子を保存し、繁殖させてきた」のです。これはインドだけにあてはまることではなく、世界に共通していることです。天然資源を利用し、管理することによって、女性は家族や地域社会に日々の食物を供給しているのです。

　資源の汚染は人類全体の健康、快適な暮らし、生活の質に悪影響をあたえますが、とくに女性に対する影響は顕著です。さらに、女性の知識、技能、経験が、おおくの場合男性である意思決定者によって考慮されることはほとんどありません。

　　西欧の企業が、第三世界の女性たちが何世紀にもわたって積み重ねてきた知識や創意工夫を盗む行為、すなわちバイオパイラシー現象は、現在まん延している。このようなバイオパイラシーが今、農業関連産業と第三世界の女性とのあいだを結ぶ新たな『協力関係』として正当化されている。私たちにとって窃盗行為が協力関係の基礎となることなどあり得ない。

〔ヴァンダナ・シヴァ、1998年〕

女　児

　おおくの国で女児は、その人生のごく初期から幼児期をとおし大人になるまで差別にあいます。女性性器の切除、男児の優遇、早婚、性的搾取といった有害な態度や慣習、そして食糧の割当や健康に関わる慣行によって、世界には男児より女児の方が成人に達する率が低い地域があります。娘より息子を望む社会では、女児の間引きが広く行われています。こうしたことから子どもを保護する法律がない、あるいはそのような法律が施行されないことによって、少女たちはあらゆる種類の暴力、とくに性的暴力による被害にいっそうあいやすくなっているのです。おおくの地域で、女児は教育や特別な訓練を受ける機会において差別されています。

3 異文化間的見地と論争点

普遍性は人権にとって主要な概念ですが、とりわけ女性の権利に関しては欠くことのできない概念です。文化的多様性が、女性の人権の完全実現を妨げる口実としてあまりに頻繁につかわれています。その点1993年ウィーンで開催された世界人権会議で採択された決議は、女性の権利にとっても極めて重要な成果といえます。宣言は以下のとおりです。

> 「すべての人権は普遍的で不可分、相互に依存し関連している。…国家的および地域的独自性の意義、ならびにさまざまな歴史的、文化的、宗教的背景を考慮にいれなければならないが、すべての人権および基本的自由を助長し保護することは、政治的、経済的、文化的体制のいかんを問わず、国家の義務である」。

普遍性の概念が広く受けいれられたにも関わらず、女性の日常生活のおおくの部分がいまだ論争の種となっています。女性が男性と同様の扱いを受けられずにいる地域もあります。教育や雇用の機会が奪われ、また政治的意思決定から公然と排除されるのが普通のことと見なされています。極端な場合、このような政策や認識は、女性の生活の権利や個人の身の安全をも脅かすものです。

2002年、1人の若いナイジェリア人女性がシャリア法廷(イスラム法廷)で石打ちによる死刑判決を受けました。アムネスティ・インターナショナル・オーストラリアによれば、アミナ・ラワル氏の罪状は婚外子の出産でした。この判決は多大な国際的抗議を引き起こすと同時に、人権の普遍性と文化的、宗教的慣習をどう比較すればよいのかについての疑問を提示しました。

☞宗教の自由

> 「もはや女性の政治参加は、今もおおかたは男性が支配する組織によってあたえられた恩恵とはみなされない。より平等で民主的な世界を創造する義務と責任としてとらえられる」。
> 〔Bengt Säve-Söderbergh 国際民主化選挙支援機構(IDEA)事務局長〕

女性の日常生活に影響をあたえる宗教的慣行としてあげられるもう1つの例がインドに見られます。サティといわれる死去した夫とともに妻が火葬されるヒンズー教の風習は、1829年に英国政府によって禁止されましたが、2002年にインドで確認された事例からも分かるように、最近になってもまだ行われています。

おおくのイスラム国家は女子差別撤廃条約のかなりの部分を**留保**しています。女子

差別撤廃条約委員会は、この条約におりこまれた女性の権利が完全に実現されることをはばむ留保の取下げをとりわけ重要視しています。

今日では、女性は自らの懸案事項を推し進めることができるようになり、**女性の政治参加**は今までになく重要だと考えられています。過去50年間にはますますおおくの女性が選挙権を手にし、公職に立候補し、そして役職を得ています。世界中で性差別に敏感な政治がおこなわれることが期待されます。

☞ **民主主義に対する権利**

共産主義の崩壊以来、ポストコミュニスト諸国の女性が得ている収入は、同じ資質をともなう同じ仕事をもつ男性より3分の1ほど少ないものです。欧州連合内では、欧州共同体設立条約第141条により、同じ資質をもち同じ仕事に携わる男女への賃金は平等であることが求められています。しかしながら現実問題としては、おおくのEU加盟国がいまだに**男女同一報酬**の完全な達成からほど遠い状況にあります。

☞ **労働の権利**

また習慣や伝統は女児、10代の少女が危険にさらされる原因となります。例えば**女性性器切除**は推定1億3500万人の女児、女性に行われてきました。さらに、アムネスティ・インターナショナルによれば、年間200万人の女児、つまり毎日約6000人の女児が性器切除の危機にさらされています。女性性器切除が行われている主要地域はアフリカの各国、中東の一部の国々です。移民のコミュニティによって女性性器切除の習慣がアジア、太平洋、北米、南米、そして欧州の国々へと伝えられました。**早婚**の習慣もまた女児の健康問題を引き起こしてきました。アジアではごくふつうな早婚は、必然的に若年出産を招きますが、ユニセフNGO委員会による女児の健康問題に関する調査文書によると、「10歳から14歳の妊婦の死亡率は20歳から24歳の妊婦にくらべ、5倍にもなります」。同委員会はまた、HIV/エイズについてのデータも提供していますが、この資料から女児がHIVウィルス感染のおおきな危険にさらされていることが分かります。母親をとおして、あるいはレイプ等の性的暴力によって感染しているのです。

☞ **健康に対する権利**

4　実施と監視

女性の人権を完全に実現するには、おおくの国際的な人権条約や文書を再解釈し、男女の平等を確保するための新たな機構を育成するという特別な取組が求められます。

女性の人権の実現に関しては、種々のアプローチがありますが、これは政府だけで

なく市民社会によっても実行することができます。
- 第一に挙げられるのは、正規の教育あるいは非公式教育の場を問わず、**人権教育**をとおして、女性の人権条約や文書、機構を広く周知させることです。女性たちは自分たちが何者であるかを知らなければ、その人権を行使することはできません。

　☞第Ⅰ部A
- また、**女性たちにそれぞれの国の条約実施状況を監視するよう奨励**します。国が、批准した人権条約に含まれる義務を履行しているかどうかを調べるためです。もし国が果たすべき義務が正しく履行されていない場合は、非政府機関が特定の委員会に対しオルタナティブあるいは「影の報告書」を作成することもあります。女子差別撤廃条約を締約国が遵守しているかどうかを監視する女子差別撤廃条約委員会、およびその他の人権条約機関に対しても、女性たちによるオルタナティブレポートの作成が望まれます。このような報告書によって市民は、政府に対し国際レベルで確約した義務についての責任を問うことができるのです。ひいては女子差別撤廃条約についての一連の報告に対する国内の関心を高めることにもなります。
- **女子差別撤廃条約の選択議定書**がまだ批准されていない国では、早期批准に働きかけるためのキャンペーンが実施されるべきです。選択議定書が批准されれば、批准国では、女子差別撤廃委員会がその国の管轄内で個人あるいは団体から訴えられた苦情を受理し検討する権限をもつことが認められます。大規模かつ組織的な人権侵害があった場合、委員会はその調査に乗り出すこともあります。ただしこれは選択議定書の批准時に批准国がこの条件を除外していない場合にかぎります。
- さらに女性の人権に関する条約を完全に実現させるための大切な方法として、人権機構を活用し女性の支持者を育てることが挙げられます。国際的な人権条約についての知識をもつ女性は非常にすくなく、これを行使するための適切な手順を理解している女性となるとさらにすくないのが現状です。

　1993年6月、ウィーンで開催された世界人権会議は、1994年に始動した新たな人権機構「女性に対する暴力についての特別報告者」の創設を支持しました。2003年8月には、トルコのヤーキン・エルテュルク氏がラディカ・クマラスワミ氏に代わって着任しました。その職務の一貫として、彼女は各国を訪問し女性に対する暴力行為について調べていますが、同時に、彼女たちの慣習を女性の人権領域における国際的法規に準拠するよう提言しています。

　女性の人権における過去30年間の進歩はめざましいものですが、おおくの社会における極端に保守的な思想や原理主義の台頭が女性の権利をおおきく後退もさせました。それゆえ、女性の人権が完全に実現されることにつねに目を向け、ぜひともこれを求め続けていくことが極めて重要です。

展開

1 成功例

　近年、政府および非政府機関は、女性の権利を確かなものにしようと法的拘束力をもつ規範を作成し、かつ作りあげてきた基準の目的を明確にするための極めて実用的なプロジェクトを進めるという難題に取り組んでいます。

　国際的な人権条約や文書をよりジェンダー・センシティブな視点で**解釈**しようとする動きがすでに始まっています。そのもっとも良い例の1つは、2000年3月、国連人権委員会が**一般的意見28**を採択したことです（1981年に採択された一般的意見4を更新したもの）。誰もが市民的、政治的権利を享受するための男女平等を謳った自由権規約第3条を新たに解釈することで、国連人権委員会は、性差別に敏感な視点をとおしてすべての条項をみなおすことになりました。

　1992年には、ラテンアメリカ・カリブ海女性人権擁護委員会が世界中の組織団体をまきこんだキャンペーンを打ち出しました。これがジェンダーの視点をともなう世界人権宣言の起草をもたらしました。現在、これは「影」の宣言として教育目的でつかわれています。目ざすところは、女性が人権について学ぶだけでなく、自分のことばで説明された自身の経験、ニーズ、要望をこの枠組にとりいれるよう促すことです。

　女性に対する暴力の防止・処罰・根絶に関する米州条約の採択（1994年ブラジル、パラ州ベレン）は、人権という枠組の中で女性に対する関心を引き寄せたもっとも重要で画期的な出来事の1つです。これは5年の月日を費やして米州女性委員会が準備しました。この条約はすでに域内のほとんどすべての国で批准され、暴力の問題にたち向かう一貫した戦略のための政治的、法的枠組を提示しています。そして域内の批准国に対し、暴力を防止し被害者を援助するための公的戦略を実施することを義務づけています。

　アフリカ人権委員会は、バンジュール憲章をより性差別に敏感な視点から解釈するために積極的な一歩を踏み出し、「女性の権利に関する選択議定書」を入念に作成しました。2003年7月11日、この議定書はアフリカ連合の参加国によって採択され、そののち2005年11月25日に施行されました。

　人権教育のための民衆運動は、画期的な内容の書籍『**尊厳へのパスポート**』そしてビデオシリーズ「女性たちが空を支えている」を制作し、女性の権利向上に重要な役割を果たしました。北京宣言および行動綱領でとりあげられた12の主要問題領域についての世界的調査を行った『尊厳へのパスポート』は、法的義務をおくの国の実情に照らしあわせたものです。専門家の報告とともに、実際に影響を受ける女性たちの生の声に基づいています。マニュアル、「**物語と現実のあいだ**」は、女子差別撤廃条約20周年を記念して1999年に制作されたもので、オーストリア外務省開発協力課とウィーン開発協

力研究所の協力を得ています。またこのマニュアルは前述したビデオシリーズ「女性たちが空を支える」に付随するものです。こうして人権教育のための民衆運動は、女性の権利に関わるこれからの活動家たちを教育する貴重な教材を提供しています。

ドイツの非政府機関「**テレ・デ・ファム**」（女性の人権保護団体）は2002年に女性の人身売買に反対するキャンペーンを行いました。また人身売買され性的虐待を受けることや強制売春の恐ろしさを伝え、警告するベラルーシ、ミンスクでのマリノイカプロジェクトを支援しました。最近のキャンペーンでは強制的結婚を阻止し、女性への暴力と闘うことに主眼をおきました。

「この節目のときに、ジェンダー正義のための女性コーカス（これは旧名称で現在はジェンダー正義を求める女性によるイニシアティブ。国際刑事裁判所を求めるNGO連合―CICCの運営委員会の1つ）の女性たちに敬意を表したい。彼女たちは戦争中の女性の経験を吟味し、暴力に対処する戦略を定め、国際刑事裁判所の設立準備をめぐる交渉においておおくの代表からの激しい反対に打ち勝ち、ついにはレイプ、性的奴隷、強制妊娠、その他のジェンダーに基づく性的暴力が国際刑事裁判所規定に含まれることに成功した」。

〔メアリー・ロビンソン（元国連人権高等弁務官）、2000年〕

2　傾　向

過去10年間に**女性の非政府機関**はおおくの人権法、人道法の問題に積極的に関わってきました。1998年、ある女性グループが、国際刑事裁判所規程を草稿したローマ会議に参加し、女性の人権が真剣に考慮され、規定にもりこまれることを自分たちで確認しました。女性たちは、女性問題が適正に支持され、推進されるには組織だった団体が必要だと気づいたのです。2002年7月1日に発効したローマ規程から判断すれば、彼女たちは成功したといえます。

1998年の**国際刑事裁判所規程**によって、国際人道法は新たな段階に達しました。旧ユーゴスラビア領域、ルワンダにおける状況もまた、女性とその人権擁護は国際刑事裁判所が担うべき機能であることを示しています。2006年1月12日をもってローマ規定の批准国は100カ国となりました。ローマ規程は歴史上初めて、規程の下で罰するべきさまざまな罪、主に女性に対する罪を明確にしました。例えば第7条1項では、「…レイプ、性的奴隷、強制売春、強制妊娠、強制不妊手術、その他の性的暴力…」を人道犯罪として挙げています。さらに被害者と目撃者に対する配慮も明確です。規程の

第68条には、「…被害者及び証人の安全、肉体的及び精神的健康、尊厳及びプライバシー」は確保されるべきであり、裁判所は、「…裁判のすべてを非公開にする、あるいは証拠品を電子的手段等で提示するよう命令することができる。」と記載され、さらに「とくに性的暴力の被害者に対して、あるいは子どもが被害者や目撃者である場合にこのような手段が実施されるべきである」と加えられています。このような保護手段は旧ユーゴスラビア国際刑事裁判所やルワンダ国際刑事裁判所で行われた裁判での経験の成果でもあります〔出典：国際刑事裁判所ローマ規程：http://www.ohchr.org/english/law/criminalcourt.htm〕。

　各国レベルでも女性運動は女性の人権向上に成果をあげてきました。ウガンダでは女性議員たちが、晩年に結婚した夫から土地を相続できる新たな法案をめざして活動してきました。慣習では長いあいだ禁じられていたことです。ついに彼女たちは目的を達成し、今ではおおくの女性が自活するのに必要な土地を所有する権利があることを知っています。この成功によって、女性たちには、一夫多妻制や妻への虐待等の慣習を禁止することを目的とした家庭裁判所制度等、女性に関連する重要な課題にさらに取り組んでいく希望があたえられました〔出典：African Studies Quarterly: http://web.africa.ufl.asq/v7/v7i4al.htm〕。

3 年　表

1789年	女性と女性市民の権利宣言(オランプド・グージュ)
1888年	国際女性協議会設立
1921年	女性及び児童売買禁止に関する国際条約と議定書
1950年	人身売買及び他人の売春からの搾取の禁止に関する条約
1953年	女性の参政権に関する条約
1957年	既婚女性の国籍に関する条約
1962年	婚姻の同意、婚姻の最低年齢及び婚姻の登録に関する条約
1967年	女性差別撤廃宣言
1975年	第1回世界女性会議
1976年	国連女性のための10年の開始：平等、発展、平和(メキシコシティ)
1979年	女性差別撤廃条約
1980年	第2回国連世界女性会議(コペンハーゲン)
1985年	第3回国連世界女性会議(ナイロビ)
1994年	女性に対する暴力に関する特別報告者の設立
1994年	女性に対する暴力の防止・処罰・根絶に関する米州条約(Belem do para条約)
1995年	第4回世界女性会議(北京)
1998年	国際刑事裁判所ローマ規程
1999年	女性差別撤廃条約の選択議定書
2000年	国連・国際組織犯罪禁止条約を補完する「人、特に女性及び子どもの不正取引の防止、禁止及び処罰のための議定書」
2000年	第23回国連総会特別会期　女性2000：21世紀に向けたジェンダー平等、発展及び平和
2003年	女性の権利に関するアフリカ憲章議定書
2005年	北京宣言、行動綱領及び第23回国連総会による文書の見直し

6　法の支配と公正な裁判

キーワード　民主主義社会における法の支配　公正な裁判―法の支配の中核をなすもの
公正な裁判の要素

　法の支配は、法的文書を公式に適用するという以上の意味をもつ。それは過剰な政府権力から社会のすべての構成員を保護するルールであり、そして正義の支配である。

国際法律家委員会、1986年

説　例

　1988年12月16日早朝、A氏は1984年の英国テロ防止法第12条により、軍関係者を狙った爆弾テロ計画に関連した疑いにより自宅で逮捕され、キャッスルレー警察に連行されました。A氏は警察署に着くとすぐに弁護士との面会を要求しましたが、聞き入れられませんでした。A氏は1988年の刑事証拠法により拘留されました。この新しい法に不案内だったことから、A氏は再び弁護士との面会を求めましたが拒否されました。同日A氏は2人ひと組の刑事、2組によって5回にわたる取り調べを受け、最後の取り調べは深夜に行われました。

　1988年12月17日、A氏は前日行われた2回の取り調べ中に受けた虐待について医師に苦情を訴えました。A氏は、2回目、3回目の取り調べの際に繰り返したたかれ、時折後頭部を殴られたこと、数回にわたり腹部を殴られたことを主張し、医師はこれを記録しました。続くA氏の6、7、8回目の取り調べはこの日に行われました。6回目の取り調べ中に、A氏は沈黙を破り爆弾の組立と設置に関わったことを認め、質問に対し詳細に答えました。7回目の取り調べでA氏は、爆弾の設置と爆破計画における彼の役割をきわめて詳細に記した長い調書に署名しま

した。

　1988年12月18日、A氏は弁護士との面会が許され、弁護士はA氏が訴えた虐待について書きとめました。しかし弁護士はこの訴えを警察に伝えるのを見送りました。

　1988年12月19日、A氏は、爆破を企てた計画、爆発物の所有、殺人の計画、アイルランド共和国軍(IRA)のメンバーであることを理由に、他の人とともにベルファスト下級裁判所に起訴されました。

　1990年9月17日、A氏およびともに起訴された被告人の審理がベルファスト刑事裁判所で始まりましたが、裁判官が1人の単独審で陪審員もいませんでした。A氏は無罪を主張しました。この事例は取り調べ中のA氏の自白、具体的にはA氏が署名した供述調書に基づいて起訴されたものです。そしてA氏が裁判所で証言する機会はありませんでした。しかし、裁判官はA氏に懲役20年をいい渡したのです。

　2000年6月6日、欧州人権裁判所はこの事例に裁決を下しました。同裁判所はこれを欧州人権条約第6条に記載されている公正な裁判を受ける権利が侵害されたとみなしたのです。

〔出典：欧州人権裁判所、2000年、Magee対英国事件〕

[論　点]
1. A氏に対する取扱いの理由はなんだと考えますか。
2. 何の権利が侵害されたのですか。
3. もしA氏の弁護士がもっと早い時点で呼ばれていたら、状況は変わったでしょうか。
4. おなじようなことが起こらないようにするには何がなされるべきでしょうか。
5. この事例のような場合に利用できる国際的な保護システムについて知っていますか。

基礎知識

1　はじめに

　なぜ自分がそこにいるのか理由も分からず法廷にいる自分を想像してみて下さい。裁判官が起訴内容を読みあげるとさらなる混乱に襲われます。起訴された罪がそれまで違法だと見なされたことはなく、現行の法にも規定されていないのです。誰もあなたの疑問に答えてくれません。自分を守ることがまったくできないと感じても弁護士はいません。さらに悪いことには、証人の喚問が始まると、その中の少なくとも1人はあなたが理解できないことばを話し通訳もいません。審理のあいだにこれは2度目

の審理で、最初の審理はあなた抜きで行われたことを裁判官の態度から知ることになります。審理が長引くにつれ、誰もがあなたの罪を確信していること、審理の唯一の争点はどのような罰が科せられるべきか…、であることが明らかになります。

この例は**公正な裁判**の保障が無視された場合に起こることをしめしています。公正な裁判を受ける権利、または「公正な司法行政」は法を順守する民主社会の土台の一角をなすものです。

> 「そう、法の支配は家庭から始まる。しかしこの法の支配が見当たらない場所がおおすぎる。憎しみ、堕落、暴力そして排斥が是正されることなく行き交う。弱い者は頼みとするものもなく、力のある者は法を操作し、権力を保持し、富を蓄積する。時にはテロリズムに対する必要な闘いですら市民の自由をいたずらに侵害するがままである」。
> 〔コフィ・アナン(前国連事務総長)、2004年〕

法の支配

法の支配は、さまざまな政策分野に広く影響をおよぼし、政治、憲法、法律、そして人権の観点からとらえられます。民主主義を支持するいかなる社会も、人権と法の最優先を基本原則として認識しなければなりません。

☞ **民主主義の権利**

法の支配は民主主義社会の土台となるものですが、これを構成するすべての要素に対する完全な合意はありません。しかしその権利が法に定められていれば、市民が公権力の独断的行為から守られていることは一般に認められています。この法律は公衆に**周知されていなければなりません**し、**公平に適用され有効に実施**されなければなりません。したがって国家権力が、憲法に基づいて作られた法律、そして自由、正義、法的明確性の保護を目的とした法律に基づいて行使されなければならないのは明白なことです。

1993年ウィーンで開かれた**国連世界人権会議**では、法の支配の原則、人権の擁護と向上とのあいだには切り離すことのできない関連性があると再確認されました。法の支配の欠如は人権の行使においておおきな障害となります。法の支配によって、人々の関係を公正に保ち、多様性をはぐくむ基盤が作られます。これは民主的なプロセスを支える重要な柱なのです。法の支配はまた説明責任を保証し、権力者を制御する機構を提供します。

法の支配の歴史的発展

　法の支配の原則はその元をたどれば、人の裁量による支配より法の支配を好んだアリストテレス等ギリシャの哲学者にまで遡のぼることができます。次なる段階は、1066年ウィリアム征服王が中央集権制を成立させた中世英国に見られます。王は中央行政、立法、司法の権限を体現する存在でしたが、自分自身が法の上に立つものではありませんでした。彼は法によって王となったのです。その結果、コモンロー裁判所と議会はその高貴性とあいまって国家体制への影響力を強め、欧州で初めての立憲君主国を形成するに至りました。法の支配の発展の土台となったのは、貴族階級に特定の市民権と政治権力をあたえたマグナカルタ(1215年)、そして、拘束された人に、身の自由が制限された理由について知る明確な権利をあたえた人身保護法(1679年)です。

　欧州では法の支配の原則は、17世紀、18世紀を通じた市民革命を背景に重要性を高めました。今日では法の支配は世界中の国家、地域組織にとって中心的な原則です。

法の支配、公正な裁判、そして人間の安全保障

　人間の安全保障は法の支配と公正な裁判に根ざしたもので、この2つをなくして実現することはできません。法の支配の原則と公正な裁判は、直接人間の安全保障に寄与し、誰も不当に迫害されたり逮捕されたりすることがなく、誰にも独立した立場の公平な裁判官によって行われる裁判手続の場があたえられることを保障するものです。裁判手続における公正さは、正義をあらわすものであり、法に基づいた公平な司法権に対する市民の信頼を約束するものです。

　さらに、強固な司法制度は、犯罪に対する矯正効果だけでなく強い防止力を発揮します。すなわち犯罪発生率や汚職に歯止めをかけ、不安の解消に寄与するのです。例えばボスニア・ヘルツェゴビナの例に見られる紛争後の状況では、法の支配と公正な裁判を受ける権利の回復は、法の明確性、偏見のない司法行政、そして良好な統治をとおして人間の安全保障を向上させるためにきわめて重要なことです。こうしたことは、人々が国家および当局に対する信頼を取り戻すための有力な手段となります。

　経済成長と開発に関して、有利な投資環境もまた行政、司法制度が良く機能しているかどうかに左右されます。したがって、社会的経済的安全性を保障し、貧困からの解放に寄与する経済発展と社会福祉もまた、法の原則と公正な裁判によるところがおおきいのです。

「…人権と法の支配への支持は、実のところ人間の安全保障を向上させる

のに役立つ。法の支配を尊重する社会は、例外的な状況においてすら地位の高いものに全面的な権限をあたえない。このような社会は、政府が国益に関わる複雑な問題に安定的で法にかなった方法で取り組むことを確実にするにあたって、司法と立法が果たすきわめて重要な役割を引き受ける」。

〔ルイーズ・アルブール（前国連人権高等弁務官）、2004年〕

法の支配の中心的要素としての公正な裁判

　法の支配が意味するところは、第一に、広く周知された差別のない法律の存在とその有効な実施にあります。この目的のために、国家は、裁判所、検察、警察等法制度を保護する組織を設立しなければなりません。こうした組織自体もまた、自由権規約、米州人権条約、バンジュール憲章等世界共通のあるいは地域の人権保護条約に定められているように、その人権が法によって保障されています。

　自由権規約、児童の権利条約、児童の権利および福祉に関するアフリカ憲章、米州人権条約等、いくつかの国際人権条約が少年について特別に言及していることには注意しなくてはなりません。例えば、自由権規約第6条と第14条は、少年が当事者の場合、訴訟手続は当事者の年齢、更生をうながすことの望ましさを考慮に入れるべきだとしています。これは国家が少年犯罪に伴う関連諸事について法案を作成する必要があることを意味します。例えば、犯罪によって起訴される最低年齢、少年と見なされる最高年齢、少年のための特別法廷と手続、その手続について定める法律、そしてこうした特別な処置がいかにして「当事者の更正をうながすことの望ましさ」を配慮しているか、といったことです。

　2002年の夏から秋にかけて、一連の殺人事件がワシントンD.C.を襲いました。1カ月のあいだに10人が次々とスナイパーに撃たれて死亡し、さらに3人が重傷を負いました。2002年10月24日、警察は2人の男性を逮捕しました。42歳のジョン・アレン・ムハマドと17歳のジョン・リー・マルボです。マルボは、下級裁判所でしたが、死刑判決の可能性があるバージニア州（17歳で死刑が適用される州法による）の法廷で裁判を受けました。このことは17歳の少年に死刑が適用され得るのかという論争を米国内に巻き起こしました。2003年12月23日バージニア州チェサピークの陪審は、マルボがスナイパーでの狙撃殺人に関与したとして有罪を宣告しましたが、死刑を退け、仮釈放を認めない終身刑を決定しました。2004年3月10日、ジョン・リー・マルボは公式にこの刑を科せられました〔出典：米国法律家協会（American Bar Association）〕。

　2005年3月1日連邦最高裁判所は、少年の犯罪者（犯罪を犯した時点で18歳未満の者）

に対する死刑を禁じる画期的な決断を下しました。

1990年以降の少年への死刑執行記録数

年	少年への死刑執行記録数	世界全体での死刑執行記録数	子どもへの死刑執行を行った国（　）内は記録数
1990	2	2029	イラン(1)米国(1)
1991	0	2086	
1992	6	1708	イラン(3)パキスタン(1)サウジアラビア(1)米国(1)
1993	5	1831	米国(4)イエメン(1)
1994	0	2331	―
1995	0	3276	―
1996	0	4272	―
1997	2	2607	ナイジェリア(1)パキスタン(1)
1998	3	2258	米国(3)
1999	2	1813	イラン(1)米国(1)
2000	6	1457	コンゴ(民主共和国)(1)イラン(1)米国(4)
2001	3	3048	イラン(1)パキスタン(1)米国(1)
2002	3	1526	米国(3)
2003	2	1146	中国(1)米国(1)
2004	4	3797	中国(1)イラン(3)
2005	8	不明	イラン(8)

〔出典：アムネスティ・インターナショナル〕

2　公正な裁判の定義と解説

公正な裁判とはなんでしょうか？　公正な裁判を受ける権利は、市民と犯罪者の両方の立場における司法行政に関わるものです。最初に、適切な司法行政には2つの側面があることを理解することが重要です。組織的側面(裁判機関の独立性と公平性)と、手続に関する側面(審理の公平性)の2つです。公正な裁判の原則は、容疑のかかった時点から刑の執行まで適切な司法行政を保障する一連の個人の権利を守るものです。

被告人の権利の最低基準
1. 法廷、裁判所にあってはすべての人は平等であり、完全なる平等の下、公正な裁判を受ける最低限の保障があたえられる。
2. 誰にも有効で公正な司法救済を求める権利がある。
3. 裁判所は法的能力を有し、独立、公平で、法律によって設立されている。
4. 誰にも公正で公開された裁判を受ける権利がある。したがって一般の傍聴は特別な場合にかぎり禁じられる。
5. 刑事上の罪に問われているすべての人は法に基づいて有罪とされるまでは無

罪と推定される権利がある。
6　誰にも不当に遅延することなく裁判を受ける権利がある。
7　誰にも本人同席のうえで裁判を受ける権利がある。被告人には自分自身で、あるいは自ら選任した弁護人によって保護される権利がある。もし弁護士がいない場合は弁護士を選任する権利について知らされなければならない。司法の利益のために必要とされる場合にはいつでも、被告人は、十分な支払い手段を有しなければその費用を払うことなく弁護人が付される。
8　被告人には自分に不利な証人に尋問する、あるいは尋問させる権利があり、自分の利益になる証人の出廷と尋問を求める権利がある。被告人は自分に不利な証言あるいは罪の自白を強要されない権利がある。
9　被告人には、法廷で使用される言語が理解できないあるいは話すことができない場合には通訳が無償で付される権利がある。
10　罪が犯された時点で、国内法あるいは国際法の下で犯罪と見なされていない行為または不作為を理由に誰も有罪にされてはならない。また罪が犯された時点で適用されていた刑より重い刑が科されてもならない。

〔出典：国連人権文書より抜粋〕

　国際的な規定、例えば、公正な裁判を受ける権利について記された自由権規約第14条は、一般的なケースであれ特別なケースであれすべての法廷、裁判所に適用されます。おおくの国には**軍事、または特別裁判所**があり、そこで市民の裁判が行われています。おおくの場合、このような裁判所が作られたのは、通常の司法基準にはそぐわない例外的な手続を行うためです。自由権規約ではこのような分野の裁判所を作ることは禁じられていませんが、しかし、同規約が規定する条件は明らかに市民をそのような裁判所で裁判することは例外的であるべきで、第14条に規定されている条件が完全に保証される場合にのみ許されるべきだとしめしています。

法の支配と公正な裁判についてのもっとも重要な条文
1948年　世界人権宣言　第6、7、8、9、10、11条
1948年　米州人権宣言　第36条
1949年　捕虜の待遇に関するジュネーブ条約（第3条約）　第3条(d)（非国際的武力紛争）、第17、82、83、84、85、86、87、88条(国際的武力紛争)
1949年　戦時における文民の保護に関するジュネーブ条約（第4条約）　第3条(d)（非国際的武力紛争）第33、64、65、66、67、70、71、72、73、74、75、76条(国際的武力紛争)
1950年　欧州人権条約　第6、7条

1965年　人種差別撤廃条約　第5条(a)、第6条
1966年　自由権規約　第9、11、14、15、16、26条
1969年　米州人権条約　第8、9条
1977年　国際的武力紛争の犠牲者の保護に関し、1949年8月12日のジュネーブ諸条約に追加される議定書(第1追加議定書)　第44条(4)、第75条
1977年　非国際的武力紛争の犠牲者の保護に関し、1949年8月12日のジュネーブ諸条約に追加される議定書(第2追加議定書)第6条
1979年　女子差別撤廃条約　第15条
1981年　バンジュール憲章　第7条、第26条
1984年　拷問等禁止条約　第15条
1984年　欧州人権条約第7議定書　第1、2、3、4条
1985年　司法の独立に関する国連基本原則
1985年　少年司法の運用のための国連最低基準規則(北京規則)
1985年　拷問を防止し処罰するための米州条約
1989年　児童の権利条約　第37、40条
1990年　弁護士の役割に関する国連基本原則
1990年　検察官の役割に関する国連ガイドライン
1994年　女性に対する暴力の防止、処罰、根絶の米州条約　第4条(f)、(g)
1994年　アラブ人権憲章　第6、7、8、9、10、16、18条(未批准)
1999年　人権擁護者に関する宣言　第9条

法のもとの平等と法廷での平等

平等の保障は法の支配の一般原則の1つです。差別的な法を禁じ、裁判を受ける平等な権利、法廷で平等に扱われる権利をあたえるものです。

そのもっとも重要で実際的な側面は**武器の対等**です。これは訴訟手続において両当事者が平等に主張する機会をあたえられ、一方が他方よりおおきく優位に立ってはならないという考え方です。

裁判における平等な扱いについての他の側面として、被告人はすべて、いかなる理由においても差別されることなく、同様の状況におかれた被告人とは平等に扱われる権利があることが挙げられます。しかしここで覚えておかなければならないのは、平等な扱いは同一の扱いとは異なるということです。客観的事実が類似していれば行政および司法機関による扱いも同様でなければなりません。しかし判明した事実が異なる場合は、異なるように扱うことが平等の原則には求められるのです。

実効的で公正な司法救済の利用

公正な裁判に関する規範には公正な司法行政を含む数おおくの要素があります。ある程度、この要素は司法機関の一般的な特質を表したものであり、また訴訟手続の公正さを最終的に判断する多岐にわたる要素の概要を表わしたものと見なされています。しかしそのような判断の段階に達する前に、個人個人がそれぞれの事例を審理される機会があたえられるべきでしょう。

裁判を受ける権利が侵害されたとされる事例で重要なのは、国はある特定の分野の、あるいはある特定の階層の個人に対する司法審査を制限したり排除したりすることはできないという点です。

裁判を受ける権利は民事訴訟の場合にのみ保障されるべきものではありません。この権利は刑事事件が適切に扱われるためにも同じように重要です。裁判機関による判決が公正な裁判の基準に準じていない場合、判決を受けた当事者を守ってくれるものだからです。

独立と公平

法の支配制度が機能する際の基本的要素は、法制度における独立かつ公平な裁判所の役割です。三権分立の原則に従って、司法権は立法権、行政権から完全に分離したものでなければなりません。

> 2005年のアムネスティ・インターナショナルの報告によれば、エジプトでは、国家治安裁判所(state security courts)等有事立法の下で成立した裁判所で今も市民の裁判が行われています。国家安全保障あるいは「テロ」に関わる事例はしばしば軍事裁判所で審理されてきました。これらの裁判所は独立、公平な裁判を受ける権利およびより上級の裁判所で再審理される権利を拒むものです。

裁判官の独立性は独立した司法制度の基礎をなすものです。もし裁判官が政府や他の機関によって時を選ばず解任させられれば、彼らの制度上の独立性は守られません。さらに、裁判所または裁判官自身が非司法機関に管理されたり、影響を受けたりすれば、公正な裁判は保証されません。そのような管理の例として、裁判官の賃金条件、他の政府部門が裁判所に指示を出す可能性、あるいは裁判官の決定が期待や指示に沿わない場合に配置換えの圧力をかけること、等が挙げられます。

判決は、通常国家元首によってあたえられる憲法上認められた恩赦の場合を除いて、非司法当局によって変更されることはありません。

公正な裁判の規範では、例えば本職の裁判官だけの組織、本職の裁判官と一般の裁判員の複合組織、あるいは他の組合せの組織等、裁判官のための特別な組織は求めら

れていません。しかし、裁判官の指名に関する規定も含む司法の独立性に関する国際基準はあります。国際人権文書では陪審員による裁判は求められていませんが、陪審員制度がある国では、独立と公平は陪審員にも求められています。

公開審理

司法権に対する信頼を促進し、当事者に対する公正な審理を確実なものにするためには、訴訟手続が一般に公開されるべきです。正義は行われるだけではなく、確かに行われたことが目にみえなければならないということばどおり、一般市民には正義がどのように行われるのか、どのような決定が下されるのかを見る権利があります。公開審理は訴訟事例について口頭で行われ、一般の人および記者が傍聴できる場所で公開されて行われなければなりません。これについて口頭審理の日時の詳細が裁判所によって公示されなければなりません。一般公開を除外してもよい理由がなければ、公開の原則は全面的に尊重されねばなりません。

審理の公開を**制限**する理由については国際人権文書に記載されています。すなわち民主社会におけるモラル（例えば性犯罪を含む審議）、公の秩序（おもに法廷での）、国家の安全のため、あるいは当事者の私生活の利益のために必要な場合、公開されることによって公正で適切な判決を出すことが脅かされる特別な状況の場合です。

しかし裁判が一般に公開されない場合でも、**判決は**、少年の利益や家庭の事情等厳密に定められた例外はあるものの、**公にされなければなりません。**

無罪推定の権利

無罪推定の権利とは、刑事上の罪を問われているすべての者が、公正な裁判における法によって有罪とされるまでは、あるいは有罪とされなければ、無罪と推定される権利をもつことを意味します。この原則は嫌疑をかけられた瞬間に適用され、上告後最終判決で有罪が確定した時点で無効となります。したがって刑事訴訟において検察は、被告人の有罪を証明する必要があり、合理的な疑問が残る場合には有罪としてはなりません。

無罪推定の権利によって、いかなる場合も裁判官、陪審員は先入観をもたないよう求められています。この権利はまた訴訟手続に関わるすべての公務員にも適用されます。しかし、当局が一般に犯罪捜査についての情報を提供し、またその際被疑者の名前を特定しても、有罪判決がでていなければ、無罪推定の権利が侵害されることはないことをふまえておかなければなりません。

黙秘権および自分に不利な証言あるいは自白を強要されない権利も、無罪推定の権利の原則に含まれます。黙秘権はまた、検察官による捜査の際に黙秘が有罪か無罪かの決定に影響をおよぼさないことも求めています。自分に不利な証言あるいは自白を

強要されない権利は、いかなる圧力をかけることも禁じていることを意味しています。

不当に遅延することなく裁判を受ける権利

不当な遅延に関する条項のもとで検討すべき裁判期間とは、審理が始まるまでの時間だけではなく、より上級の裁判所、最高裁または最終司法機関への上訴の可能性も見込んだ訴訟手続にかかる総期間をいいます。妥当な期間は係争中の事例の性質によって異なるでしょう。なにが不当な遅延にあたるかの判断は事例を取り巻く状況によります。例えば事例の複雑さ、両当事者の行為、申立人にとっての問題、当局の対処といったことです。

さらに刑法においても不当に遅延することなく公正な裁判を受ける権利は、被害者の権利であることを心に留めておく必要があります。この規範の基調となる原則はこのことばで表されます。「正義の先送りは正義の否定に等しい」(Justice delayed is justice denied.)。

自らあるいは弁護人を通じて自己を弁護する権利および自らが出席して裁判を受ける権利

刑事上の罪を問われるすべての人には、自らあるいは弁護人を通じて自己弁護をする権利があります。刑事裁判における審理前の時点で弁護人をえる権利は、審理中に弁護を受ける権利と明らかに結びついています。規定には通常、誰に対する刑事責任の決定においても、当事者には「自らが出席して裁判を受け、自らあるいは自ら選任した弁護人を通じて自己を弁護し、もし弁護人がいなければ弁護人を選任する権利を告げられ、十分な支払い手段を有しないときはその費用を負担することなく弁護人を付される権利」があたえられています(自由権規約第14条(3d))。

> **自らあるいは弁護人を通じて自己を弁護する権利および自らが出席して裁判を受ける権利の内容**
> ・自らが出席して裁判を受け、
> ・自ら自己弁護をし、
> ・弁護人を選任し、
> ・弁護人を選任する権利について告げられ、
> ・費用を負担することなく弁護人を付される権利

見込まれる刑の程度によっては、国はかならずしもどの訴訟にも弁護人を配する義務はありません。例えば国連人権委員会は死刑が見込まれる罪で起訴された人はすべて弁護人が付されなければならないとしています。しかし、スピード違反の被告人はかならずしも国家予算をつかって弁護人が付される必要はないでしょう。米州人権裁

判所は、公正な審理が確約される必要があるときには弁護人が付されるべきだとしています。

弁護人を配する場合、被告人には経験のある有能で力量のある弁護士をえる権利があることを考慮に入れておくべきです。被告人はまた自分の弁護士と内密に協議する権利もあたえられています。

自ら出席して裁判を受ける権利はありますが、例外的に、そしてもっともな理由によって不在のままでの裁判が開かれることもあります。しかし、だからこそ弁護される権利がきちんと順守されることが必要なのです。

証人の出廷を求め、尋問あるいは尋問させる権利

この規定は被告人に、証人の出廷を求め、出廷した証人には尋問あるいは反対尋問を行うことができる、法的強制力を保証するものです。被告側は、証言を行う証人に質問し、被告人に不利になる証言には異議を申し立てる機会が確約されています。

検察側の証人に対する尋問については制限があります。証人が報復をおそれる場合、あるいは証人がいない場合は、被告人の行動に基づいて証人に対する尋問が制限されます。

無料で通訳の援助を受ける権利

法廷で使用される言語を理解することまたは話すことができない場合は、書類の翻訳も含めて通訳の援助を無料で受けられます。通訳を受ける権利は、その国の国民にも外国人にも法廷で使用される言語に十分堪能でない人には等しくあたえられます。通訳を受ける権利は、警察、予審判事による取り調べの際、または公判審理中に、被疑者または被告人の要求によってあたえられます。訴訟手続のあいだ、通訳は被告人と法廷とのあいだで口頭にて通訳を行います。

「罪刑法定主義——法律なければ刑罰なし」(nulla poena sine lege)の原則

ラテン語に「法律なければ刑罰なし」という成句があります。誰もその行為が行われた時点でそれが法律に犯罪と規定されていなければ、例えその後法律が変わったとしても罪に問われることはないという意味です。これに応じて犯罪が行われた時点での刑罰より重い刑罰が科されてはなりません。このいわゆる法律の**不遡及**は、法を遵守して暮らす人が行われた時点では合法的であった行為によって突然罰せられるという危険にさらされないことを約束するものです。したがって、不遡及の原則の適用は法的安全性のために欠くことができないものです。

保釈の権利

ほとんどの法律では、審理が始まるのを待つあいだ保証金を担保に身柄の拘束が解かれる保釈の権利を想定しています。保釈権が存在する場合は、通常その決定はある程度裁判官の裁量に任されていますが、この権利が拒まれても、恣意的あるいはいきすぎた方法で実施されてもいけません。

3 異文化間的見地と論争点

法の支配の原則は一般的に認知されています。しかし異なる国々での法の支配の内容を比較すると、かなりの文化的差異がみられます。中でも米州とアジア諸国の差異がもっとも顕著です。米州の法律家は彼ら独自の法制度、すなわち陪審員制、被告の広範な権利、明確な三権分立等を法の支配に起因するものととらえる傾向があります。一方アジアの法律家は、かならずしも政府の権力を法に従わせることを重視しないで、規則どおりかつ効率的に法律を適用することに重きをおいています。法の支配(rule of law)より法治主義(rule by law)と特徴づけられるこのよりせまい理解が「アジア式民主主義」の発想と密接に関係しているのです。

性別による差別は自由権規約の第2条、第3条で禁じられています。しかし、ある地域では、**シャリア法**——イスラム法が、女性は男性と対等な立場で裁判に参加する権利をもたないといった公正な裁判に対する女性の権利を制限しています。

名誉犯罪において正義が否定されるような事例もまた、法の支配を制限し、公正な裁判を受ける権利を制限するものです。NGOであるヒューマン・ライツ・ウォッチは名誉犯罪を次のように説明しています。

「家族の名誉を汚したと見なされた女性に対し、同じ家族の一員である男性が行う暴力行為——通常は殺人をさす。女性は、政略結婚(arranged marriage)を拒む、性的暴行の被害を受ける、離婚を求める——たとえ虐待する夫に対してであっても——、不貞をはたらく、等さまざまな理由から家族による暴力行為の対象になり得る」。

国連人口基金は世界中で毎年5000人ほどの女性が名誉殺人の被害にあっていると推定しています。名誉犯罪における殺人あるいは殺人未遂のための正義は行われないのです。ヨルダンを例に挙げると、加害者が「怒りに駆られ、被害者に不法な危険行為におよんだ」と認めれば、名誉殺人によって1年以上の禁固刑が科されることはめったにありません。もし被害者の家族が加害者に対する告訴を断念すれば、刑は6カ月に減じられることすらあります(刑法第98条)。

英国および名誉犯罪の撲滅をめざしているトルコによって提出された決議案は、2004年10月28日ニューヨークの国連総会で採択されました。これは名誉犯罪の加害者

を阻止し、取り調べ、罰し、また被害者を保護することを求めたものです。さらに2003年から、トルコは、名誉犯罪に対しよりきびしい刑罰を導入すべく、自国の刑法にいくつかの改正を加えています。
☞ **宗教の自由**

　民主主義へ移行中の国々が直面しているもっとも深刻な問題は、国内の司法体制がうまく機能していないことと直接むすびついています。法と秩序に対する敬意が欠落あるいはほとんど存在せず、蔓延する不正や汚職が暴力や犯罪を助長しています。法の支配が正しく機能する政治体制の確立が民主主義には必要不可欠です。しかしそれには時間を要し財源も必要とします。また、民主主義的価値や市民的自由を尊重する伝統もなく、暴力的紛争の後とあっては、司法の独立を実現するのも困難です。しかし経済がグローバル化する世界において、法の支配を尊重する政治体制によってのみ保証され得る安定、説明責任そして透明性に対する国際的需要は増大を続けています。

> 　…法の支配を、国内においても国際的にも完全なる権限と効果をもって確実に機能させること、それが急務である。法と正義の要請に基づいて、人々の苦情の声が聞かれ、救済措置がとられるためである。
> 〔セルジオ・ヴィエイラ・デメロ（元国連人権高等弁務官）、2003年〕

4　実施と監視

実　施

　人権擁護は国内レベルから始まります。したがって法の支配の実施は、法の支配と公正な裁判を保障する体制を構築しようとするその国の意志にかかっています。国は、適切な司法行政に必要な**制度的インフラ**を構築、維持し、公正で平等な訴訟手続を保証する法律や規制を広め、実施しなくてはなりません。
　法の支配の概念は民主主義、市民的政治的自由の発想に非常に密接に関連しており、法の支配の実施はこうした価値観に対する認識によるところがおおきいのです。過渡期の国々からえたさまざまな事例の研究は、法の支配の確立は、政治的指導者に基本的な民主主義の原則に従おうとする意志がなく、したがって汚職や犯罪組織を許すことになればうまく行かないことをしめしています。
　一般に、法の支配の強化は汚職に立ち向かうにはもっとも有効な手段の1つなのです。そして新たに選ばれた指導者が権威主義に陥ることを防ぎ、抑制と均衡の制度を機能させることで人権に対する敬意を育てます。しかしこうした概念は実際どのよう

に実施できるのでしょうか？　基本的に3つの段階が必要です。最初に既存の法律を改定し新しい法領域を成文化しなければなりません。次に、裁判官の定期的な訓練等、適切な司法行政を保証する機関の強化が必要です。最後に法の実施と法に対する尊重を増大させなければなりません。司法の独立を確約することはすべての実施プロセスにおける基本的原則です。

　欧州評議会ヴェニス委員会のような特別諮問機関は法の支配の強化のために設立されました。裁判官の専門職組織が各国政府の実態を監視し援助活動を行っています。

監　視

　ほとんどの国では基本的人権に関する規定は憲法で制定されています。通常は、人権が侵害されたとされる場合の国内裁判においても、憲法によって人権に関する規定を行使することができます。国際的には、人権に関する条約が人権擁護のために成立してきました。ひとたび国がこのような条約の締約国となれば、国内でもその規定を保障し実施することが義務づけられます。国際法には当事国がいかにしてこれを実施しなければならないかについては規定されていません。これは国内の法秩序のあり方に左右されます。

　人権に関わる規定の実施状況を監視しそれを保証するために、自由権規約等人権条約の中には監督機構をもうけているものがあります。このような機構では、締約国が国際監督機関に対し、条約規定の実施状況について定期的に報告することを義務づける**報告制度**が採用されています。例えば、国連人権委員会は当事国が条約による義務を果たしてきた状況について意見を述べ、また実施状況を改善すべく忠告やアドバイスをあたえることもあります。さらに、自由権規約委員会は自由権規約の解釈に関する**一般的意見**も提示しています。例えば自由権規約第14条に対する1984年の一般的意見13──2006年に訂正が加えられている──等です。

　人権条約の中には**申立手続**をもうけているものもあります。その条約で保障されている人権が侵害されたとして、国内の救済策をすべて試しつくしたうえで、個人がその事例についての「通報」(communication)を申しでることができます。例えば、自由権規約の選択議定書、欧州人権条約(第34条)、米州人権条約(第44条)、そしてバンジュール憲章(第55条)の下ではこれが可能です。こうした条約の下で、個人は自由権規約委員会または欧州人権裁判所、米州人権委員会またはアフリカ人権委員会に申立てをもちこむことができます。こうした条約委員会は申立てを検討し、それが人権の侵害だと考えられる場合は、当該国にその対処あるいは法を変えるために必要な手順を踏むよう勧告し、当事者に対する救済策をとるよう勧告することもあります。

　その主要な手続として、国連人権委員会は、超法規的、即決の、あるいは恣意的な死刑執行に関する(1982年)、また裁判官と弁護士の独立に関する(1994年)特別報告者

を任命する一方、不当な拘留に関する作業部会も設立してきました。

展　開

1　成功例

司法制度の機能を確立する開発援助

　ほとんどの先進国は、開発援助政策の一貫として法の支配の改革を支援しています。例えば、ロシアは世界銀行から5800万USドルの財政援助を受けており、さらなる支援プロジェクトが米国、ドイツ、オランダ、デンマーク、欧州連合、欧州復興開発銀行の資金援助によって行われています。アジア、ラテンアメリカ諸国もまたかなりの金融支援を受けている一方で、中東、アフリカへの支援には顕著なものはありません。また、クロアチア、ボスニア・ヘルツェゴビナ、コソボ等紛争後の社会再建中の国々においても、法の支配の強化をめざすプロジェクトに対する支援が行われています。

民主制度・人権事務所（ODIHR）――欧州安全保障協力機構

　民主制度・人権事務所の使命は「人権と基本的自由を十分に尊重し、**法の支配に従い**、民主主義の原則を奨励し、…民主主義的制度を強化、擁護し、また社会全体に公平な見方を広める」ことです。法の支配の領域において、民主制度・人権事務所は、法の支配の発展を助長すべくさまざまな技術援助プロジェクトに携わっています。同事務所は公正な裁判、刑事裁判、法の支配に関するプログラムを実行しています。また弁護士、裁判官、検察官、政府当局者、そして市民社会に指導と訓練の機会を提供しています。法改正、立法の見直し計画をとおして、民主制度・人権事務所は、当事国が国内法を欧州安全保障協力機構の規定やその他の国際基準に沿うよう援助しています。こうした中で同事務所は主に東欧、南東欧、ならびに中央アジアやコーカサス地方で活動しています。

司法の独立の尊重と強化に関する決議（アフリカ）

　アフリカ人権委員会は、社会的平等のためだけではなく経済発展にとっても司法の独立が重要だと認識し、1996年にこの決議を起草しました。この決議は、アフリカ諸国に司法の独立を保護するために法的措置をとり、司法制度が機能するための十分な財源を提供することを求めたものです。

　例えば裁判官がある程度の生活を維持し、受け入れられる範囲の労働条件をえるのは、独立性を保つためにも重要なことです。さらに国は直接的にも間接的にも裁判官

の独立性を脅かすような行動をとってはなりません。

2　傾　向

国際法廷

ルワンダおよび旧ユーゴスラビアでの残虐行為の後、国際社会はこれに対応し、戦争ならびに武力紛争中に行われたもっとも凶悪な犯罪を審理する訴訟手続を進めるために、2つの特別法廷を設立しなければなりませんでした。この裁判は今までのところ首尾よく進められてきましたが、さまざまな理由から批判もされてきました。これらの法廷自体の合法性、訴訟規範に関する不透明性（裁判官が自分の必要におうじて規則を変えている可能性）、誤って告訴された人々に対する補償がないこと、そして被告を「Radical Evil on Trial」（アルゼンチンの法学者カルロス・サンチャゴの著書のタイトル。裁判にかけられているけど、のらりくらりと裁判を続け、不正によって罪をのがれようとする人の意）と見る一般的な姿勢等です。このような欠陥から学び、国際社会は異なる方法で国際刑事裁判所の設立へと向かいました。ローマ規程では当事国により広範な責任があたえられており、法の支配と公正な裁判を強固なものにする取組が行われました。例えば、不当に逮捕された人や有罪判決を受けた人に対する補償に関する規定があります（ローマ規程第85条）。また被害者と証人を保護する規定もあります（ローマ規程第68条）。

仲介（居中調停）と仲裁

国は紛争の解決方法として他の選択肢（仲介と仲裁）を積極的にとりいれています。これによって裁判の負担を軽減し裁判の手続を短縮化するだけではなく、両者が納得する解決策をみつけることで「互いに利益のある状況」を創り出すことを目的としているのです。ことに米国の裁判所では増加の一途をたどる大量の事例を妥当な期間内に処理することができなくなっていますが、欧州大陸では紛争に関する当事者間の妥協という側面が功を奏しています。

裁判手続は法的要求を訴える目的で行われますが、一方、仲介もまた個人の要求や利益を考慮に入れ、それゆえビジネス、家庭または隣人との関係等の問題でより良い結果をもたらします。

仲介は第三者の助言と手助けによって紛争を和解によって解決する手段です。**仲裁**は両当事者を法的に拘束する仲裁人の決定に従って紛争を解決する手段です。

おおくの国で審理前の時点での義務的仲介が実施されています。仲介によって解決に至らない場合にのみ裁判所での審理が行われます。米国やオーストラリアでは、いわゆる「和解期間」が定期的にあり、その期間内にすべての裁判に関わる事例について仲介が行われます。そして実際にかなりの数がうまく解決するのです（例えばオハイオ

州の場合は70％までが解決している）。しかし、当事者が、時間も費用もかかる裁判手続ではなくその代替手段である仲介によって解決しなければならないという圧力から裁判への参加を拒まれているともいえます。

ふえる審理の報道
ここ数年「リアルなテレビ番組」がますます一般的になっています。警察のカーチェイスからサバイバルショー、そしてアパートをシェアするコミュニティの日常生活まで、ほとんどなんでもテレビで見ることができます。この驚くべきスペクトルでは、法廷を題材にした番組がかなりの規模のファンをえています。たとえそれが本当の審理の中継でも、ドラマでも、正義は、カウチに座ったまま、冷たいビールとフレンチフライを手に味わうことができます。これはもちろん重大な倫理的問題を引き起こします。公開審理の原則が公正な裁判の中核をなしている一方で、テレビのなかで演じられているものは適切な方法で正義を示すこととはなんら関係ありません。それどころか、ただおおきな話題になることを切望し、視聴者の束の間の感情を相手にしているだけです。これに対抗するもっとも良い方法はおそらく、法律家協会か裁判官協会が作る倫理ガイドラインでしょう。

紛争後、危機後の社会に法の支配を(再)確立する
近年国連、他の国際機関、そして国際コミュニティによる紛争後の社会に法の支配を(再)確立しようとする動きがますます高まっています。法の支配に対する関心はまた、紛争後の社会に法の支配を確立するための原則を発展させることにもつながっています。
・現地の慣行を生かしつつ、特定の当事国に妥当な法の支配に関する援助を行うこと
・法の支配による改革が計画されるときは公的な討議、協議の場をもうけること
・独立した国家人権委員会を設立すること
・平和維持活動にしかるべき正義と法の支配の要素をとりいれること
・平和活動における法の支配に関わる計画のために、十分な国連の人的資源、資金を提供すること

紛争後の戦略における過去と現在のギャップを埋めるために、人間の安全保障委員会は、5つのグループからなる包括的な人間の安全保障へのアプローチ法を打ち出しています。その1つは「統治および個人の能力の向上(エンパワーメント)」で、これは最優先事項として、人々を守り法の支配を支持する機関の設立を進めています。

3 年表

1948年	世界人権宣言
1950年	欧州人権条約
1966年	自由権規約
1969年	米州人権条約
1981年	バンジュール憲章
1982年	超法規的あるいは恣意的処刑に関する国連特別報告者
1984年	自由権規約第14条に関する一般的意見13
1985年	司法の独立に関する国連基本原則
1985年	少年司法に関する行政のための国連ミニマム・スタンダード・ルール
1986年	バンジュール憲章発効
1990年	弁護士の役割に関する国連基本原則
1990年	検察官の役割に関する国連ガイドライン
1991年	恣意的拘禁に関する国連ワーキンググループ
1994年	裁判官と弁護士の独立に関する国連特別報告者
1998年	国際刑事裁判所ローマ規程
2006年	自由権規約第14条に関する一般的意見13の修正

7　宗教の自由

キーワード　思想、良心および宗教の自由　単独でまたは他の者と共同して、布教、行事、礼拝および儀式によって自らの権利を表明する自由　自らの宗教または信念を持ちもしくは変更する自由

　すべての者は、思想、良心および宗教の自由に対する権利を有する。この権利は、宗教又は信念を変更する自由ならびに単独で又は他の者と共同して、公に又は私的に、布教、行事、礼拝および儀式によって宗教又は信念を表明する自由を含む。

世界人権宣言第18条、1948年

説　例

　ダビフラー・マラミ氏は、1995年に逮捕され、1996年背教行為(イスラム教からバハイ教への改宗による)を理由に死刑を言い渡されました。彼の死刑判決は、1999年に終身刑に減刑となりました。アムネスティ・インターナショナルは、1996年、彼を「良心の囚人」(a prisoner of conscience)として認定し、彼の即時かつ無条件の釈放を求める運動を開始していました。その中で、彼の事件は「イラン：ダビフラー・マラミ：良心の囚人」と題した一冊の報告書の中で取り上げられましたのです。

　ダビフラー・マラミ氏は、2005年12月15日、ヤズドの刑務所の彼の独房の中で死んでいるのが発見された、といくつかの報告書は記述しています。彼の家族には、心臓発作による死亡であることが伝えられ、彼の死体は引き渡され、その後埋葬されました。

　しかしながら、ダビフラー・マラミ氏は、彼の死の直前には良好な健康状態であったことが報告されており、心臓の疾病で苦しんでいることは知られていませ

んでした。そのため、服役中彼が身体的な重労働に従事させられており、これが彼の死の直接の原因または引き金となったのではないかとの臆測を呼んだのです。彼はまた殺害の脅迫を受けていたともいわれていました。

イランの裁判所の長官であるアヤトラ・マモウンド・ハセミ・シャラウンディ氏宛ての書簡によると、服役中のダビフラー・マラミ氏の死に関する調査が、超法規的、恣意的および即決処刑に関する効果的防止および調査に関する国連原則（☞法の支配と公平な裁判）に合致して実行されるべきであること、ならびに彼の死に責任があると認定された者をすべて裁判にかけ、迅速で公正な裁判が行われるべきであると、アムネスティ・インターナショナルは、強く迫っていました。

2005年初頭以降、イランにおいてバハイ教徒集団に対するハラスメントが明らかに拡大する傾向にあります。バハイ教徒であるというアイデンティティあるいはバハイ教徒集団のための彼らの平和的活動を理由として、少なくとも66名のバハイ教徒が逮捕されたとみられています。そのほとんどは釈放されていますが、報告によれば少なくとも9名がいまだ拘留中であるとされており、ホッジャトルエスラーム・モスレミン・セイイェド・モハンマド・ハータミー前大統領に宛てて、バハイ教徒に対する人権侵害をやめるように要請した書簡によると、おのおの3年および1年の懲役を言い渡された、メラン・カウサリ氏およびバラム・マシュハディ氏がその中に含まれています。

〔出典：アムネスティ・インターナショナル、2006年〕

［論　点］
1. マラミ氏の処遇に対する理由についてあなたはどのように考えますか。
2. あなたの国や地域では類似の事件をきいたことがありますか。
3. どの国際人権基準が侵害されたのでしょうか。
4. 同様の事件は、どのようにして防止することができるでしょうか。
5. こうした事件を対象とした国際機関や手続にはどのようなものがあるでしょうか。

基礎知識

1　宗教の自由：未だ進むべき長い道のり

何百万人もの人々が精神的に導きを与えるものであって、人間という存在を越えた何かがあると信じています。あなたが信じているものに対して、あなたは、それを否定することや家族と離れることを強いられるかもかもしれないし、迫害され、拘留され、あるいは殺害されるかもしれません。

3世紀、仏教徒は、仏陀の教えを信仰しているがゆえに、インドで迫害されました。9世紀を起源として——欧州の「暗黒の時代」——、イスラム教徒その他の非キリスト教信者は、「神の名において」迫害されました。引き続いて、オスマン帝国およびイスラム教の拡大に伴う戦争が、欧州を脅かしました。ユダヤ教徒は、キリスト教徒だけではなく、イスラム教徒からも、ユダヤ人街に押し込められました。ラテンアメリカにおけるインディアンに対する行為は、キリスト教化政策の過程の中で生じました。

過去そして現在において、信心深い人々およびそうでない人々は、その信じるあるいは信じていないものに対して恐れを抱いてきたのです。何かを信じそしてそれを表明する能力は、**宗教の自由**として知られており、また保護されています。それは、法的なものだけではなく、道徳的な問題でもあります。宗教的信念は、私的分野に強く干渉します。なぜならば、それは個人の信念および私たちの世界をどう理解するかということにもかかわってくるからです。

信仰は、人の文化的アイデンティティを表明するための重要な要素のひとつです。それは、宗教的自由が、扱いに非常に気を配らなければならない問題であり、他の人権問題よりもさらに困難な問題を引き起こすように思われるからです。

もうひとつの問題が、国際人権法における宗教的自由の規律を妨げてきました。世界を見渡すと、宗教および信念は、政治の、さらには政治家にとっての重要な要素でもあります。宗教的信念および自由は、しばしば政治的要求や権力への欲求のために悪用されてきました。その結果、宗教と政治とが結びつけられたときに誤解を招く主張をもたらすことがよくあったのです。

宗教的不寛容と迫害は、民族意識、人種主義あるいは集団憎悪といった問題にかかわった、世界中に存在する多くの悲劇的な紛争の核となるものでもあるので、十分な保護は、近年にはそれだけいっそう急を要するものなのです。宗教を理由とした迫害は、信仰者と無信仰者との間、多数の宗教が共存する国家における伝統的な宗教と「新興」宗教との間、あるいは公的なもしくは優越的地位にある宗教を持つ国家とそれに属さない個人もしくは共同体との間において、現代の紛争の中でも生じています。

今日の宗教の自由に対する侵害は、ミャンマー、中国(例えば、新疆のウイグルムスリム、チベット仏教)、イラン(バハイ教)、北朝鮮、スーダン、サウジアラビア、エリトリア、パキスタン、トルクメニスタンそしてウズベキスタンにおいて信仰へのあらゆる抑圧があります。米国におけるキリスト教原理主義の新興から、多くの国におけるイスラム教の宗教的過激主義ならびに反ユダヤ主義の新たな動き(ユダヤ人／ユダヤ教への恐怖感・憎悪)の強化にまで、さらにはとりわけ2001年9月11日以降、米国および欧州における、ますますかつしばしば見落とされてきたイスラム教恐怖症(イスラム教徒への恐怖感・憎悪)にまで及んでいます。

特に宗教的自由が過激主義と結びついた場合に、宗教の自由を扱うことの緊急性を

例証する事件が、不幸にも他にも多くあります。この現象は、個別に扱わなければなりません。

☞ **基礎知識**

> 「何人も、自然的にはある特定の教会なり教派に結びつけられてはいないので、各人は真に神に受け入れられる信仰告白と礼拝がそこにあると信ずる集まりに自発的に参加するのです。救済への希望、これがその教会という集まりに加わる唯一の理由であったように、またそこにとどまる唯一の理由でもあるのです。…このように、教会とは、その目的のために自発的に結びついた人々の集まりなのです」。
>
> 〔ジョン・ロック『寛容に関する書簡』〕

> 「宗教の間に平和のない場合には国家間に平和はない。宗教の間に対話がない場合には宗教の間に平和はない。宗教の基礎に関する研究がない場合には宗教の間には対話はない」。
>
> 〔ハンス・キュング(地球倫理財団理事長)〕

宗教的自由と人間の安全保障

恐怖からの自由は、人間の安全保障の要となる価値です。この要となる価値は、宗教的自由の侵害によって、非常に脅かされています。あなたたちが望む「神」や宇宙の概念が何であれ、それを信じることができない場合には、個人の自由と安全が手の届かないところに存在することになるでしょう。思想、良心、信仰そして宗教の自由への恐怖は、個人の完全性を保障しかつ促進するにあたって、個人および集団双方に直接的な影響を与えています。

宗教を理由とした差別と迫害が、組織的または制度的な場合には、共同体間における緊張あるいは国際的な危機を招くことになるかもしれません。不安感を抱く主体は、すべてのものです。つまり、個人、集団あるいは国家ですらあります。信仰あるいは宗教を理由とした個人の安全に対するこの絶大な影響力を持ちそして偏在する脅威に対して、特別の保護措置を必要とします。人権教育および人権学習は、他人の思想または宗教的信念の尊重についての要となります。尊重、寛容および人間の尊厳を学ぶことは、力ずくで達成できるものではありません。おのおのの行為者が個人の安全保障および地球の安全保障をともに確立するためには長い期間の関わり合いが必要なのです。

2 問題の定義および解説

何が宗教であるのか？

哲学的あるいは社会学的な議論において宗教に関する**共通の定義はありません**。しかしながら、多様な定義の中でいくつかの共通の要素が、導き出されてきました。

宗教とは、語源上の観点からいえば、ラテン語の*religare*に関連しており、つまり「拘束」を意味します。宗教は、主観的あるいは一般的な文言で定義された、ある「絶対的なもの」にその信者を拘束するものであります。それは、通常、個人または共同体に「一神」または「多神」の存在に関連づけられた一連の慣習、儀式、規則そして規制があります。ミルトン・J・インガーによれば、宗教は「信念や実践体系づけられたものであって、人民の集団が人生の究極の問題に取り組む際の手段」とされています。

他方、ブラック法律辞典は、宗教について次のように定義しています。

「（人間が）神と結びつくこと、超自然あるいは超越した者の命令および教えに（人間が）崇拝、賛美、恭順および服従すること。最も広義では、[宗教]は、超越した者が違反に対して人に権威を行使すること、さらなる褒美や罰を伴いながら、行為規範を課すこと、に信念を伴うあらゆる形態を含むものである」。

これらの定義および同様の定義はすべて、主観的あるいは一般的であるにしろ、至高なるものの存在、真正なるものの存在、絶対的なるものの存在、そして超越的なるものの存在を認めることにかかわっています。「最高なもの／究極なるもの」は、規範的な機能を有しています。そして信者は、この絶対的なものへの道として、その宗教の行為に関する教えや規則が存在すると信じています。信者もまた、あらゆる信仰や儀式において、宗教的信念を表明すると信じられています。常ではないものの、法的実体、つまり教会その他の機関は、集団あるいは信仰の実践を組織するために設立されることがあります。

信仰とは何か？

信仰とは、宗教よりも広い概念です。それは、宗教を含むものですが、その伝統的な意味に限定されるものではありません。ブラック法律辞典は、信仰を「命題の真実の信仰、心の中に主観的に存在するもの、主張によって誘発されたもの、宗派、あるいは災いに向けられている証拠」と定義しています。

内心的行為としての信仰のこの狭義の知的な概念に反して、信仰とは、至高なるもの（仏教における4つの崇高な信念のように、個人的なものであれそうでないにしろ）に信心しあるいは依拠する行為を意味しています。

自由権規約委員会は、自由権規約第18条に関する一般的意見22において、宗教または信仰の保護を次のように定義しています。「第18条は、有神論的、非有神論的および

無神論的信念、さらには宗教または信念を告白しない権利をも保護している」。一般的意見は、次のようにも続けて述べています。「信念および宗教という語は広く解釈されなければならない。第18条の適用は、伝統的な宗教または伝統的な宗教と、類似する制度的に確立された性格または慣行を有する宗教および信念に限定されない。従って委員会は、あらゆる理由に基づく宗教または信念に対する差別の傾向を懸念している。あらゆる理由の中には、それらが新興宗教であるという事実または支配的な宗教集団の側からの敵意の対象となりうる宗教的少数者であるという場合も含まれる」。

他のあらゆる性格の信仰は、それが政治的、文化的、科学的、あるいは経済的なものであれ、この保護をうけることはできないのです。

☞ **表現の自由およびメディアの自由**

宗教的自由とは何か？

国際法上、宗教的自由は、**思想、良心および宗教の自由**として保護されます。

これら3つの基本的自由は、有神論的、非有神論的および無神論的信念ならびに不可知論的立場に平等に適用され、ならびに超越的な宇宙観や体系性のある行動規範のあるすべての信仰に関係しています。

厳格の意味では宗教および信仰の自由は、宗教および信仰の自由さらにはそれからの自由を含むものです。それは、あらゆる宗教規範あるいは態度を受け入れまたは受け入れない権利として理解することができます。

思想および良心の自由は、宗教および信仰の自由と同様に保護されます。すべての事項に関する思想の自由、個人の信念、および個人的または他の者の集団で表明されたものであれ、宗教または信仰との関わり合いを包含しています。

良心の自由は、多くの「良心の囚人」の存在によって示されるように、世界中で常に侵害されています。この囚人とされるほとんどの人々は、宗教的少数者であり、その宗教的信仰を理由に拘留されています。前述のマラミ氏の話は、数え切れない例のほんの一例にしかすぎません。

思想および良心の自由ならびに宗教または信仰を選択し変更する自由は、**無条件で保護されています**。自分の思想を表明することを強制されることもなく、ならびに宗教または信仰を強制させられることもありません。

国際基準

人権法は、宗教および信仰を定義しないことで、その定義に関する論争を回避しています。そして人権法は、思想、良心、宗教および信仰の自由を保護するため、いくつかの権利を定めています。宗教の自由の複雑さをよりよく理解するために、3つのレベルの分類が行われています。

1. 特定の個人の実践の自由
2. 集団的実践の自由
3. 特定の機関の自由

特定の個人の実践の自由

世界人権宣言第18条は、宗教の自由を「すべての者」の権利として定義しています。それは、子どもと大人、国民だけでなく外国人をも保護することを意味しています。この宗教の自由は、**緊急事態および戦争時においてすら、その効力を停止することは許されません**。自由権規約第18条の個人の宗教の自由の定めは、国際的に受諾されている最低基準の範疇にあたり、その権利の詳細を次のように列挙しています。

- 宗教または信仰と関連した儀式または集会する自由ならびにそのための場所を設立しかつ維持する自由
- 宗教または信仰の儀式または習慣に関連した必要な記事および材料を十分に創り、獲得しかつ利用する自由。
- 個人および機関から任意の財政的その他の寄与を要請しおよび受け取る自由。
- あらゆる宗教または信仰の要件および基準に基づく適切な世襲の指導者を教育し、任命し、選び、あるいは指名する自由。
- 宗教または信仰の教えに従って、安息日を守り、神聖な日および祭典を祝福する自由。
- 祈り、衣服規定および食事制限についての権利など、活動中の宗教的自由。
- 礼拝および儀式のための集会および結社についての自由。
- 信仰を告白する自由。
- 宗教の変更しまたは拒否する自由。
- 子どもの「最善の利益における」宗教上の教育についての権利。

集団的実践の自由

宗教的権利は、個人に上述の自由を享受する権利を与えるだけではありません。共同体において、従ってしばしば公の場において、宗教または信仰は、表明されうるものであって、かつ実践されています。これは、信者集団にも、集会および結社の自由が付与されることを意味しているのです。

特定の機関の自由

宗教上の理由に基づき設立された機関はまた、宗教の自由によって完全な保護を享受します。こうした機関は、儀式を行う僧院または宗教的事項を扱う教育的機関であっ

たり、あるいはNGOということもあります。

> これらの権利は次のものがあります。
> ・適切な慈善のあるいは人道的な機関を設立しかつ維持する自由。
> ・これら分野における関連出版物を執筆し、公表し、かつ普及する自由。
> ・適切な場所で宗教または信仰を教える自由。
> **宗教または信念に基づくあらゆる形態の不寛容および差別の撤廃に関する宣言**(宗教的不寛容撤廃宣言、1981年)

無差別原則

宗教上の理由に基づく差別および不寛容は、禁止されます。ここでいう差別とは、宗教または信仰に基づくいかなる区別、排除、制限または優遇を意味します。宗教的差別および不寛容は、公的生活に限定されるものではなく、宗教その他の性質をもつ信仰が根を下ろした個人の私的分野にもかかわるのです。

☞ **無差別**

教　育

親は、その信念にしたがって、その子の養育方法を決定する権利を有します。「子どもの最善の利益において」という規定は、宗教的実践が子どもの身体的もしくは精神的健康を害する場合においてのみ、その親の行為の自由が制限されることを意味します。こうした実践は、医療行為または学校教育の拒絶を含む場合があります。例えば、輸血拒否は、その信仰が現代の医療行為基準と両立しないとされるエホバの証人の子どもの死をもたらすのです。

公の分野においては、国家は、宗教的不寛容および差別から子どもを保護する教育、さらには思想、良心および宗教の自由の教育を含む学習過程を提供する義務があります。

［論　点］
・あなたの国で行われている宗教教育はどのようなものですか。
・あなたの国における学校のカリキュラムや教科書が、信仰しない自由を含む、宗教および信仰の自由を扱っていますか。
・あなたの国において、宗教的機関の独立性に対するこれらの保護措置はありますか。

信仰を表明すること

宗教的信仰を表明する自由は、その信仰の言葉、教育、実践、儀式および式典の保護をも含むものです。あなたは、自分の信仰を語り、教え、独りでまたは他の人とと

もにそれを実践したり、さらには食事制限、衣服の規則あるいは特定の言葉の使用、ならびに信仰上の合同儀式を遵守する権利を有します。宗教または信仰の表明はまた、信仰の命令と両立しない行為を忌避することができることを意味します。こうした行為は、宣誓、軍事的役務、宗教的儀式の参加の拒否、懺悔、または医療行為の拒否といった形で現れます。

宗教的自由の制限

あなたが何を信仰しているのかは問題ではありません。しかしが、あなたの信仰を表明した場合に、それによって他の者の利益が危険にさらされていることが生じる場合には、それに制限がかけられる場合があり得ます。

宗教的信念を表明する権利に対して課せられる制約は、比例性をもち、かつ、法に基づくものでなければなりません。それらは、公の安全、公の秩序、公の健康または公の道徳を保護するために必要な場合、あるいは他の者の基本的権利および自由を保護するために必要な場合にのみ、課すことができます。この自由に対する制限は、例えば、他の人間や自己を犠牲にすること、女性性器切除、奴隷、強制売春、破壊活動ならびに人間の健康および身体的完全性を脅かすような他の慣行が存在する場合には、認められます。

3　異文化間的見地と論争点

国家と信仰

宗教的自由の保護に関して、世界規模で問題となる主な対立点のひとつにあげられるのは、**国家と宗教または信仰との関係**に関するものです。国家による信仰へのかかわり方については、いくつかのパターンがあり、主には次のようなものがあります。国家宗教、国教会の設立、信仰とその機関に対する国家の中立、公的な宗教がないこと、教会と国家の分離、法的に承認された宗教集団の保護。

国際基準は、国家と信仰との関係についてなんらかの特別のモデルを定めているわけではありません。国家からの宗教の分離が、現代的(西洋的)社会における主要な特徴なのですが、国際基準は、公的分野から宗教色を排除した無宗教的社会という理想像を求めているわけでもありません。

国際的に要請している唯一の基準といえるものは、国家と信仰との間にいかなる関係があろうとも、公的な宗教や承認された信仰に属さない人々に対して差別をするものであってはならないということです。しかしながら、唯一の宗教が国民のアイデンティティの構成要素であるとみなされるような状況があるとすると、それと異なる信仰あるいは少数者の信仰に対する平等な取扱いが保障されると考えるのは難しいで

しょう。
　西洋的な見地からすれば、ある国家の中に存在するすべての宗教に対して平等な関係を保っているということは、個人が持つ宗教的自由の完全な保護のためには大いに望ましいことです。逆に、例えば、伝統的なイスラム教のシャリア法は、信仰と国家を結びつけています。なぜならば、この制度が、その社会に、宗教的自由に対して望ましい保護を与えていると見なされているからです。しかしながら、国家がある教会あるいは宗教に結びついている場合には、宗教的少数者に属するものの持つ権利が、平等な保護を受けることができるとは考えにくいことでしょう。

　［論　点］
・異なる宗教に対するあなたの国の態度はどのようなものですか。
・あなたの国が異なる宗教の組織を承認していますか。
・ある宗教に特権を与えているにもかかわらず、すべての信仰に平等な制度を設立することが可能であるとあなたは思いますか。
・特定の宗派あるいは宗教政党を認めることが正当であると考えますか。

背　教──信仰を選択し変える自由

　背教行為は、つまりある宗教から離れ、他の宗教あるいは宗教的な生活スタイルに変更することは、国際基準によって明白に認められいてるにもかかわらず、異文化間においてもっとも論争を巻き起こす問題です。
　ある宗教から離れ、かつ他の宗教を選択しあるいは他の宗教的生活様式に変える場合には、そのものは背教者となります。歴史的に見れば、イスラム教、キリスト教その他の宗教は、背教者のまさにその行く末に暗いものがあるという立場をとってきました。背教者に対する刑罰は、その大半は処刑だったのです。
　今日においてもイスラム教では、背教は、シャリア法に基づいて社会が構成されている多くの国家において未だ重罪として罰せられる行為です。パキスタン、サウジアラビアあるいはエジプトといった国家は、イスラム教の信仰を公に拒否した場合、終身刑または死刑が科されるとされており、多くの他の国々とは対照的です。実際には、このことは、宗教または信仰を選択しかつ変更する自由がないことを意味するのです。
　これは、国際人権法と明確に矛盾します。人は、強制されることなく自由に信仰を選択する権利を有しています。しかし、この問題を議論したとしても、非常に感情的なものとなり、宗教的自由の深い信念や異なる理解に基づいてセンシティブなものとなってしまいます。このことは、宗教その他の自由をどのように認識するかということについて、文化的な相違が存在していることを明らかにしています。

改　宗──信仰を広める権利

　強制あるいは実力を行使しない限り、自らの信仰を普及させ、人々をある信仰から他の信仰に変更させようとする権利をあなたは有しています。こうした行為は、改宗と呼ばれるものです。

　中東欧およびアフリカでは、その地に根づいている教会と、伝道の任務を果たすため外国からやってきた宗教との間で紛争が生じていました。それである時には、政府は、こうした活動を禁止したこともあったのです。人権法は、政府が表現の自由の権利を保障することを要請しており、また信者が、「単なる良心への訴え」あるいはポスターや掲示板での掲示といった、非強制的な形での、ある者の改宗に関与する自由の享受できるよう要請しています。

　ある者に他の信仰への改宗を強制することは、明らかな人権侵害です。が、どんな行為が認められるのかという疑問に対して、未だ国際法は解答を見出していません。「強制的な状況」とは、改宗を勧める行為、つまり人を改宗させるための金銭、物品あるいは特典の利用、人々が法によって存在することが義務づけられる場所(教室、軍事施設、刑務所その他)での改宗、を制限するためにも、是非とも明らかにすることが必要なものなのです。

宗教的嫌悪を刺激することと表現の自由

　2006年初頭、英国にある市民的自由のグループは、新しい「人種的および宗教的憎悪に関する法案」に対して異議を唱えました。彼らの主張によると、この法案は、「宗教的憎悪の扇動」を新しく犯罪とするものなのですが、表現の自由の一部として存在する宗教的信仰と実践を批判しかつ嘲笑する権利を制限する恐れがあるというものでした。そこで、このグループは、この権利を制約すべきではないことを主張していたのです。その後この法案は、修正されました。

☞ 表現の自由およびメディアの自由

兵役に対する良心的忌避

　異文化間で生じる論争は、強制的兵役義務に対する良心的忌避と呼ばれるものについても存在しています。致死的な力を使用する義務が自らの良心と鋭く対立する場合には、その者は軍事的役務から免除されることがあります。国内法によってこうした権利を承認する傾向は、代替的公共的役務が予定されている国家においてみられるものです(例えば、オーストリア、フランス、カナダあるいは米国)。しかしながら、ギリシャ、チリあるいは特にイスラエルといった他の国では、軍事的役務についての良心的忌避は認められておらず、武器を持つことを拒否する場合には、その者は刑務所に送られます。

［論　点］
・良心の囚人はあなたの国には存在しますか。
・国際人権法上、人を殺すことを拒絶する権利が明示的に承認される必要があるとあなたは思いますか。

4　実施と監視

　宗教的自由を実施するにあたり主要な問題となるのは、自由権規約第18条が実効的に実施されていないことです。1981年宗教的不寛容撤廃宣言は、詳細な規定をおいています。この宣言は、国際慣習法規則として一部言及されているとみなすことができますので、一定の法的効果を有しています。しかしながら、一般的には宣言には法的拘束力はありません。この問題に関する条約を作成する必要性があるとの国際的合意があるにもかかわらず、条約の中に定めるべき内容についてのコンセンサスは未だ存在していません。

　宗教的不寛容に関する特別報告者が、この1981年宣言の実施を監視するために1986年おかれました。彼の主な任務は、宣言の規定と両立しない事件および政府の行為を特定し、ならびに国家によってとるべき救済措置に関する勧告を行うことです。宗教的な動機に基づいて行われる迫害および差別は、すべての宗派において、また世界中で、個人および集団に影響を与えることがわかりました。それは、宗教および信仰上の無差別と寛容の原則を侵害することから、生命、身体的完全性および個人の人間の安全についての権利への攻撃まで及ぶものです。

　地域的人権文書もまた宗教の自由を扱っています。アフリカ人権委員会は、スーダンに関する事件において、シャリア法の適用が国際義務に従っていなければならないと判断しました。

防止措置と将来戦略

　法的に拘束力のある条約に関する作業を継続する前に、1981年宗教的不寛容撤廃宣言が、**多様性のある宗教の共生の文化**を発展させるために、一層促進されるべきです。宗教的不寛容と差別と闘うための基本的な手段として、教育の役割が重視されなければなりません。国家は、信念の問題に関する侵害および差別と闘うことについての国際法上義務を明らかに負っています。NGO、宗教的および非宗教的な(世俗の)機関も同様に、国家その他による侵害を明確にして、被迫害者を擁護し、かつ情報活動、意識の高揚、教育プログラムや教育を通じて寛容を促進することに、その役割を有していることは明らかです。

私たちに何ができるのでしょうか？

私たちは、まず他人の権利を尊重することによって、差別および宗教的迫害を未然に防ぐことができます。信念に関する宗教的寛容は、他の信仰を持つ人々を尊重することにかかわります。その信念が真実であると考えるかどうかとは関係ありません。**寛容と尊重の文化**は、他の宗教を信仰する人を差別し、否定しあるいは中傷することを拒絶し、および宗教的問題においても**差異のあることについての基本的な権利**を尊重することを求めます。それはまた、彼らが他の信仰を有していることを理由として、雇用、便宜および社会サービスへのアクセスにおいて他の者を差別することを禁止することを意味します。さらに、その宗教的意見を変更させる際にも、同じことが言えます。宗派を超えた対話とともに、信仰する者と信仰しない者とが共通の土台の上に立って、かつお互いを尊重することを学ぶことが、必要なのです。

展開

1 成功例

宗教的多元性を認めるための宗派を超えた対話

過去数十年間、宗教的および文化的多元性についての疑問が、教会や信者団体の中で関心を呼び起こしました。異なる信仰を持つ人々の間に創造的な関係を構築することが、緊急の課題であるとされたのです。対話への関心が高まるにつれ、その具体的な試みも行われるようになりました。それは互いの宗教団体の理解をいっそう促進し、教育、紛争解決さらには日常の集団生活において、より親密な形で活動を行うことを可能にしたのです。宗教的対話と和解を促進する**国際ＮＧＯ**は、数多くありますが、そのなかでも以下のものがあります。

・世界キリスト教評議会
・「宗教と人権」についての常設作業グループを持つ、世界宗教者平和会議（WCRP）
・世界宗教議会
・地球倫理基金
・宗教間評議会世界協会

多くの**地域的イニシアティブ**は、世界中の対話を通じた紛争解決と紛争予防を促進しています。

・中東では、平和のための聖職者が、イスラエルや西岸地区のユダヤ教律法学者、聖職者、宗教指導者およびイスラム教学者を集め、共通目的のために、ならび

にその地域における平和と正義の証人となるための取組みをしています。
- 南インドでは、慈悲評議会が、ヒンズー教徒、キリスト教徒、イスラム教徒、仏教徒、ジャイナ教徒、ゾロアスター教徒、ユダヤ教徒そしてシーク教徒を集めて、集団間対立に関する取組みを行っています。
- 太平洋では、宗教間調査により、フィジーにおけるあらゆる宗教の代表者を集め、偏見を克服し、相互尊重と相互の正しい理解を促進することが取り組まれています。
- 欧州では、「計画：宗教間の欧州」が、グラーツ市やサラエボ市に、欧州全土から、地方政治家や異なる宗教の代表者を招聘するという最初の試みとなっています。
- グラーツ市は、宗派間の問題を議論し、市にその解決策を助言するための、宗教間問題評議会を設立しました。

問　題

「対話において、説得力と率直さが、バランスを保っている」。
- これは、個人的および集団において、どのように行われるのことをいうのでしょうか。

教育を通じた「平和のための宗教」

宗派を超えた教育は、他の信仰を持つ人々を尊重することを促進し、学生に偏見や不寛容という壁を取り去ることを学ばせます。
- イスラエルでは、「共通の価値／異なる起源」と呼ばれる計画が、ユダヤ教徒、イスラム教徒そしてキリスト教徒を集めて、日常生活で実践可能な共有価値を探求するために聖書の文章を学習させ、その結果教材を作成しました。
- タイおよび日本では、近年青年リーダーシップ倫理キャンプが、その国の宗教集団の青年指導者を集め、リーダーシップの考え方、道徳的倫理、および集団奉仕に関する教育プログラムを実施し、和解を促進しました。
- ドイツ、英国その他の国家では、教育者が、教科書の取扱い対象となってはいない宗教的伝統についての教科書の取り上げ方を分析しています。

2 傾　向

新興宗教の動き

> 副大統領、イスラム教宗派への攻撃を非難
> 　ジャカルタ（2005年7月16日）：ユスフ・カラ副大統領は、土曜日、世界の主要なイスラム教集団によって異端であると非難されており、ほとんど知られていないイスラム教宗派の本部に対して行われた、約1000人のイスラム教徒による襲撃を非難しました。暴徒は、棒や石で武装し、ジャカルタ南部のボゴル市のアハマディア派の本部を襲撃し、事務所や居住地区を破壊しました。警察は、襲撃をやめさせようとしたのですが、暴徒の数が勝っていました。

　宗教の自由は、伝統的な世界的な宗教に限定されるものと狭く解釈されるべきではありません。新興宗教活動あるいは宗教的少数者は、平等の保護を受ける権利があります。この原則は、新興宗教活動が頻繁に差別あるいは抑圧の対象とされているという、現在の状況に照らしてみると、とりわけ重要なことです。こうした新しい宗教活動は、いくつか違った言葉で表されることもあり、またより綿密に検討する必要があります。
　「カルト」および「セクト」という言葉は、ある宗教上主流を構成する宗派とはその信念および慣行において異なる宗教集団に対して使われています。その表現は双方とも、かなりあいまいな表現なのですが、一般にセクトといえば、主流派の宗教とは分派した反対派宗教集団を表します。他方、カルトとは、しばしば特異な儀式を伴う、宗教的信念の伝統とは外れた、あるいは教義を誤った組織とみなされます。いずれの文言も、「規範とは異なるもの」と定義されています。よって、何がセクトやカルトなるものを構成するかという回答は、信念が異なる中では異なることになるでしょう。仏教やヒンズー教は、価値中立的なものとしてこの言葉を使用しています。他方で、消極的な意を言外にほのめかして使用されることもあります。これらは、これら集団の教義が異なることから生じるためだけではありません。財政的基盤を支えるために、全面的な献身あるいは苦役を伴うことがあるからです。宗教的集団というよりもむしろ商業的事業として設立された集団は、宗教的自由を保障されません。有名でかつ論争の的となっている例をあげますと、いくつかの国に、──ドイツが一番有名なのですが──、企業として見られるがゆえに教会としては認められていないサイエントロジー教会があります。

[論点]
・少数者の信仰は、あなたの国では保護されていますか、もしそうであればどのように行われていますか。
・少数者の信仰は、多数者の信仰と同等の権利または支援を享受していますか。

女性と信仰

　歴史を通して、女性は、ほぼすべての信仰によって差別されてきました。そして女性の宗教的自由が取り組まれるようになったのも、ここ最近のことです。宗教上の女性差別は、2つの要素があります。女性には、礼拝所、説教さらには先導者へのアクセスが平等ではない場合には、自分の信仰を表明する自由がないといえるでしょう。加えて、宗教法、実践および慣習が女性を罰するものであり、あるいはその生命を脅かすものである場合には、女性はその信仰の被害者であるといえるでしょう。

・エジプト農村部では性器切除された若年女性の比率は、97％にのぼります。女性性器切除（FGM）は、多くの国で文化的伝統の1つとされますが、国際人権保護基準によって強く批判されているものです。いくつかの深刻な健康問題が、切除後に生じることがあるのです。しかしながら、この分野での進展は、「女性性器切除禁止のための法的手段」に関するアフリカ・アラブ専門家協議会において、女性性器切除撤廃カイロ宣言が女性性器切除の慣行の影響を受けているアフリカ・アラブ18カ国の代表によって署名されたことです。

・奴隷の結果として頻繁に生じる**強制婚姻**は、世界の多くの国家で行われています。婚姻について女性の同意が必要であることが、尊重されているわけではありません。ときには、「主婦」が児童であることですらあるのです。強制婚姻は、欧州および北米においてもまた、ある特定の集団の中でも行われています。さらにそれは、そうした国では全面的に禁止されているにもかかわらず、文化、伝統および宗教の名の下で擁護されあるいは許容されているのです。

・**「民族浄化」の特殊な形態としてのレイプ**：多くの事件において被害者の宗教的つながりは、旧ユーゴスラビア、グルジア、スーダン、ルワンダあるいはチェチェンにおける集団レイプを誘引する要因ともなりました。レイプされた女性の強制妊娠は、レイプされたことを公に知らしめるものであり、よって女性を恥じさせ、辱めるものでした。その子どもは、差別され続けるのです。

宗教的原理主義とその影響

　2001年9月11日の世界貿易センターおよびペンタゴンへの攻撃という事件、さらに2005年7月7日のロンドン地下鉄の攻撃の事件の結果、テロリズムは、今まで以上に宗教的信仰を利用しているように思われます。多くの人々は、これら悲劇的出来事が、

信仰とテロリズムの結びつきに横たわる氷山の一角を示しているにすぎないと結論づけています。つまり、航空機ハイジャック、イスラム教によって支配されている国家における西側諸国の大使館への爆撃、「イスラエル—パレスチナ問題」はいうまでもなく、世界中の様々な「低度」紛争は、政治的理由によって宗教を動員しています。

しかしながら、この関係は非常に危険です。世界を「善」と「悪」の筋書きに分け、信仰を理由に人々に烙印を押すのです。しかし、すべてのテロリストや原理主義者が、宗教的正義があるわけではなく、またその信者がすべてテロリストであるわけでもありません。原理主義者の攻撃が信仰と、犯罪者が「神の名の下に」犯罪を行う主張とが結びついている場合には、宗教およびその自由は、政治的に動機づけられた行動または要求を隠蔽するために利用され、悪用されるのです。

信仰の名の下にテロ行為に依拠することは、宗教的信仰に基づく異なる文化の衝突を示しているのではありません。なぜならば、原理主義は、特定の社会や信仰に限定されることなく、無知と不寛容に基づく地球規模の脅威であるからです。あらゆる原理主義と闘う唯一の方法は、暴力がいっそう暴力をうみだすのであるという悪循環を断ち切る方法を実効的に探し出すことです。

> 「まさに宗教が誤ってテロリズムを正当化するために利用されうるように、政府の『反テロリズム』の行動は、人権や宗教または信仰の自由を浸食する行動を誤って正当化するために利用されうるのです」。
> 〔出典：OSCE—宗教と信仰の自由〕

［論　点］
・宗教的集団の中であるいはその間で生じる紛争の主な理由はなんですか。あなたは、自分の経験から例をあげることができますか。
・平和を探求し、紛争を解決する際に信仰の役割とはどのようなものであるとあなたは考えますか。宗教が和解の要因として作用した例を考えてみなさい。

3 年　表

宗教的自由の展開に関する歴史に関する主要なもの

1776年　バージニア権利章典、修正第1条
1948年　世界教会協議会の宗教的自由に関する宣言
1948年　世界人権宣言(第2条、第18条)
1950年　欧州人権条約(第9条)
1965年　バチカン公会議による信教の自由に関する宣言
1966年　自由権規約(第18条、第20条、第24条、第26条)
1969年　米州人権条約(第12条、第13条、第16条、第23条)
1981年　バンジュール憲章(第2条、第8条、第12条)
1981年　宗教的不寛容撤廃宣言
1992年　民族的または種族的、宗教的および言語的少数者に属する者の権利に関する国連宣言(第2条)
1993年　地球倫理への宣言(世界宗教会議シカゴ会議)
1994年　アジア人権憲章(第26条、第27条)
2001年　国連・寛容、宗教的自由に関する学校教育国際会議(マドリッド)
2001年　宗教的多様性の保全に関する世界会議(ニューデリー)

8　教育についての権利

> キーワード　教育の利用可能性と平等のアクセス　教育についての権利を通じた権利の強化

　すべての者は、教育を受ける権利を有する。教育は、少なくとも初等の及び基礎的の段階においては、無償とする。初等教育は、義務的とする。技術的及び職業的教育は、一般的に利用可能なものとし、かつ、高等教育は、能力に応じてすべての者に対して均等に機会が与えられるものとする。

世界人権宣言第26条、1948年

説　例

マヤの物語

「私の名前は、マヤ。私は、貧しい農場労働者の家庭の家に14年前生まれました。すでに多くの子どもがいて、私が生まれた時にはだれも幸福ではありませんでした。

　私がまだ幼かったとき、母親や姉を手伝い、家事をするようになりました。床を拭き、洗濯をし、水を汲み、まきを運びました。私の友達の幾人かは、外で遊んでいましたが、その中に加わることはできませんでした。

　学校に行くことが許された時、私は幸せでした。そこで私は友達を作り、読み書きをならいました。しかし、4年生になったとき、私の両親は、私が教育をうけることをやめさせたのです。私の父親は、もはや授業料を払うお金がないと言いました。また、私は、母親やほかの家族の手伝いのために家にいることを強いられました。

もし、また生まれ変われるのであれば、私は少年に生まれたい」。

〔出典：国連ミレニアム報告書、2000年〕

[論　点]
1. この事件で示されている主要な問題は何ですか。マヤに同情をしますか。さらに、あなたは、貧困から彼女が抜け出して、教育にアクセスできる方法はあると思いますか。
2. なぜ非識字の人々の大半が、少女や女性であるのか、その理由を考えることができますか。
3. あなたは、知識にはいろいろなものがあると考えますか。もしそうであるなら、どんな知識が重要なものなのでしょうか。どんな種類の知識が、社会性を失いつつあるのでしょうか。
4. 教育についての権利は、国際社会において現在優先されるべきものと思いますか。
5. 無知や非識字を撲滅するのは、だれの責任だと思いますか。またその方法はどんなものでしょうか。
6. 教育は、他の人権を享受するにあたって重要でしょうか。もしそうであるなら、なぜでしょうか。
7. 教育が人間の安全保障に貢献するとあなたは思いますか。もしそうならば、どのように貢献するのでしょうか。

基礎知識

1　はじめに

なぜ教育についての人権なのか？

　21世紀にはいって、ほぼ10億人の人々が、いまだに本を読むことも、自分の名前を書くこともできずにいます。この数字は、全世界人口の6分の1、インドの全人口に匹敵しており、その人口は増加しています。

　教育についての人権は、「エンパワーメント（個人の能力向上）の権利」として特徴づけられます。こうした権利は、個人に、人生全体を通じたコントロール、とりわけ国家の行為の効果に対して自己をコントロールできるようにします。言い換えれば、エンパワーメントの権利を行使することによって、人は、その他の権利から受ける利益を経験によって知ることができるのです。

　多くの市民的および政治的権利、つまり情報の自由、表現の自由、参政権その他の多くの権利を享受することは、少なくとも、最低限の教育を受けているかどうかにかかってきます。同様に、多くの経済的、社会的および文化的権利、つまり職業選択の

権利、同一労働に対して同一報酬を受ける権利、科学的および技術的な進歩の利益を享受する権利、ならびにその能力に応じてより高度な教育を受ける権利もまた、最低限の教育を修了しているからこそ、それを有意義な方法で行使されるのです。

文化的生活に参加する権利についても同じことがいえるでしょう。種族的および言語的少数者にとってみれば、教育についての権利は、自らの文化的アイデンティティを保持・強化するために不可欠な手段なのです。

教育は、諸国民の間、種族的あるいは宗教的な集団の間の相互理解、寛容、尊重および友好を保障ではないのですが、促進します。そして人権の普遍的な文化を創造することに役立ちうるのです。

> **教育と人間の安全保障**
>
> 　教育についての権利を否定し、侵害することは、自らの人格を発展させ、自分自身や家族を養い、また保護し、社会的、政治的および経済的生活に十分に参加するための人間の能力を傷つけることになります。社会的な規模で教育が否定されることは、民主主義や社会進歩の根幹に害をなし、その延長上には、国際平和と人間の安全保障にも害をもたらします。人間の安全保障が欠如すると、子どもたちが学校に行くことができなくなることになります。これは、武力紛争時子どもがおかれた状況を見れば明らかであり、またとりわけ、児童兵士を想起すればわかるでしょう。しかしながら、人間の安全保障に対する脅威として貧困があるのですが、貧困は、同様に、教育についての権利の否定をもたらします。人権教育や学習を通じて人権を知るという権利が、人間の安全保障にきわめて大きく寄与するのです。人権法や人道法についての教育や学習を通じて、武力紛争時の人権侵害が、防止・規制され、紛争後の社会復興が容易となるのです。
>
> ☞**子どもの人権、武力紛争における人権**

教育とは、単に読み、書き、計算の仕方を学ぶ以上のことを意味します。この言葉のそのもののラテン語の語源は、「ある者を案内すること」です。人の教育についての権利は、教育の機会、つまり、初等、中等そして高等教育へのアクセス、を含むものです。教育についての権利のこうした広義の概念を押さえたとしても、この権利の基準は、**初等・基礎教育**に焦点がおかれます。というのも大半の人々は、生涯学習を探究する基礎すら否定されているからです。

国連国際人権章典で述べられているような教育についての人権は、「初等のおよび基礎的な」段階における無償でかつ義務的な教育に言及しています。しかしながら、国家は、この要件を多様に解釈しています。欧州、北米、オーストラリアそして南アジアの一部の国では、「初等」教育の概念が中等教育全体にまで及んでいます。他方で、

世界の約20カ国では、義務教育の年齢すら特定されていないところもあるのです。

歴史的展開

　欧州の啓蒙時代より以前には、教育は、主要には親と教会の責任でした。教育が、大衆の関心事項であり、かつ、国家の責任の事項であると考えられるようになったのは、近代的な世俗的国家が勃興した以降です。16世紀および17世紀には、卓越した哲学者、ジョン・ロック、ジャン・ジャック・ルソーが、その著書において、教育についての個人の権利という近代的な概念を書き記しています。

　逆に、1689年英国の権利章典、1776年バージニア権利宣言、1776年米国独立宣言あるいはフランス人権宣言といった古典的な市民の文書は、教育についての権利を特筆すべき権利としてはいませんでした。

　19世紀になると、社会主義と自由主義が登場すると、教育は、人権の分野の中に明確に位置づけられるようになりました。マルクスとエンゲルスの著書によれば、国家は、家父長的で自己利益的な機関であると位置づけられています。19世紀の自由で政教分離的な(教会勢力の介入に反対する)思想もまた、教育に関する諸権利の定義づけに影響を与えました。これら権利は、教会や国家による干渉からの、科学、研究そして教授の自由という考えを擁護し、かつ、前進させるものとして形成されたのです。

　19世紀後半になると、教育に関する諸権利が明示的に承認されるようになりました。1871年ドイツ帝国憲法は、「ドイツ臣民の基本的権利」と題する節を定めていましたし、また同様に、1919年ドイツ・ワイマール憲法も「教育および学校教育」という一節を有していました。これらは、無償の義務的な学校を手当てすることによって、教育の保障を行うのが国家の義務であると明示的に定めていたのです。第1次世界大戦後の平和条約の内容は、少数者の教育に関する諸権利の保障を含むものでした。1924年ジュネーブ宣言、いわゆる「児童の福祉に関する国際連盟憲章」は、教育についての権利の国際的な承認につながるものでした。

　20世紀になると、教育についての権利の諸側面が、各国の憲法、国際的な人権文書において示されるようになり、あるいは国内法令の中でも、憲法以外の法令もしくは通常法令において述べられるようになりました。教育についての権利は、いまや50カ国以上の憲法の中に明示的に定められています。例えば、ニカラグア、キプロス、スペイン、ベトナム、アイルランド、エジプト、日本、パラグアイそしてポーランドがこれにあたります。

　英国およびペルーは、憲法以外の法律において教育についての権利を承認してきました。韓国、モロッコおよび日本は、憲法と通常法令の双方に教育についての権利を承認しています。

> 教育についての権利は、アメリカ合衆国憲法においては定められていません。米国の裁判所は、連邦・州の双方ともなのですが、ある程度の教育に関する権利の保持を認めてきました。とりわけ、教育の機会均等に関するものについてです。
> 〔出典：ダグラス・ホジソン、『教育についての人権』、1998年〕

2　問題の定義と解説

教育についての権利の内容と国家の義務

教育についての権利は、国際人権法において強固な基盤を有しています。またそれは、いくつかの普遍的ならびに地域的な人権文書の中にも定められています。例をあげると、世界人権宣言(第26条)、社会権規約(第13条および第14条)、女子差別撤廃条約(第10条)および児童の権利条約(第28条および第29条)です。地域的なレベルでは、欧州人権条約(第1議定書第2条)、米州人権条約(経済的、社会的および文化的権利に関する追加議定書第13条)およびバンジュール憲章(第17条)です。最近になって定められた人権文書の1つに、欧州連合基本権憲章があり、その14条に教育についての権利が定められています。

教育についての基本的権利によって、すべての個人は、それぞれの属する国家の政府による一定の行動を享受します。国家は、教育についての権利を尊重し、保護しそして充足する義務を有しています。

尊重する義務は、承認された権利および自由を侵害する行動をとること、その権利および自由の行使に干渉あるいは規制することの禁止を国家に要請するものです。国家は、とりわけ、親に自分の子どものために公私立学校を選択する自由を尊重しなければなりません。さらに自分の子どもに、親の信念に適合する宗教的および道徳的教育を確保しなければなりません。少年少女を平等に教育する必要性は、尊重されなければなりません。すべての宗教的、種族的および言語的集団の権利が尊重されるべきなのと同様にです。

> 「この規約の締約国は、教育についてのすべての者の権利を認める。締約国は、教育が人格の完成及び人格の尊厳についての意識の十分な発達を指向し並びに人権および基本的自由の尊重を強化すべきことに同意する。更に、締約国は、教育が、すべての者に対し、自由な社会に効果的に参加すること、諸国民の間及び人種的、種族的又は宗教的集団の間の理解、寛容および友好を促進すること並びに平和の維持のための国際連合の活動を助長することを可能にすべきことに同意する」。
>
> 〔社会権規約第13条1項〕

保護する義務は、国家に対して、第三者による個人の権利および義務の侵害を防止し、禁止する手段を、立法またはその他の手段によって講じることを要請するものです。国家は、公私立学校が差別的慣行を行わないことや、児童への体罰を行わないことも確保しなければなりません。

社会権規約における**充足**する義務は、権利の漸進的実現の義務を意味します。このため、行使の義務と結果の義務が区別されています。

行為の義務は、国家が講じるある行為または措置について言及するものです。この好例は、社会権規約第14条であり、この規定によれば、無償の初等義務教育を確保するに至っていない新締約国は、「すべての者に対する無償の義務教育の原則を…合理的な期間内に漸進的に実施するための詳細な行動計画を…作成しかつ採用することを約束する」とあります。

達成すべき基準
- 無償の初等義務教育
- すべての者に機会が与えられる利用可能な中等教育
- 能力に応じ、すべての者に利用可能な高等教育
- 初等教育を修了しなかった者のための基礎教育が強化されること
- とりわけ発展途上国のニーズに考慮しつつ国際協力を通じての非識字および無知の撲滅

これの意味するところは、無差別・平等原則を基礎にすべての者への教育のアクセスの改善および学校や教育内容を選択する自由が、教育についての権利の精神および主要な本質であることです。

社会権規約委員会の**一般的意見13**は、教育についての権利に関する国家の義務につき、**4つの要素**を示しています。それは、利用可能性、アクセス可能性、受容可能性そして適合可能性です。

利用可能性

無償の初等義務教育を提供する義務は、明らかに教育についての権利を実現するにあたっての前提となります。

すべての子どもに利用可能な初等学校を保障することは、多くの政治的かつ財政的責務を必要とします。国家は唯一の教育提供者ではないものの、国際人権法は、初等学校がすべての学齢期の子どもに利用可能となるように、最終的な資金提供者となることを義務づけています。初等学校の収容力が、初等学校学齢期の子どもの数を下回る場合には、義務教育に関する国家の法的義務は、実現されていないこととなり、教

育へのアクセスを権利として実現する必要性が、依然として残されていることになります。

中等および高等教育の提供もまた、教育についての権利の重要な要素です。「無償教育の漸進的な導入」の要件は、国家にその義務を免除することを意味するものではありません。

> 「女性を教育することは、家族を、共同体と、そして国家を教育することである」。
>
> 〔アフリカの格言〕

アクセス可能性

最低限、政府は、無差別・平等原則に基づき、少年少女、男女に関係なく、すべての者に、既存教育制度へのアクセスを保障することを通じて、教育についての権利の享受を確保する義務があります。教育制度への平等なアクセスを確保するための積極的な義務は、物理的なかつ構造的なアクセスをも含むものです。制度への物理的なアクセスについていえば、高齢者や障害者にとって基本的に重要なことと言えます。構造的なアクセスとは、排他的な障壁を取り除くこと、例えば、男女の役割に関する固定観念を、教科書や教育システムから撤廃することによって行われるもので、それは女子差別撤廃条約第10条に定められています。

受容可能性

教育についての権利に関する元特別報告者である、カトリーナ・トマチェフスキ氏は、彼女のある報告書の中で次のように述べています。「国家は、すべての学校が、国が定める最低基準を満たし、かつ、教育が親と子ども双方にアクセス可能であるように確保する義務がある」と。この要件は、受ける教育を選択する権利、私立学校を設立し、維持し、運営していく権利にかかわっています。教育は、文化的に適切であって、かつ、良質のものでなければなりません。児童および親は、児童の宗教的その他の信念に適合しない事項の強化や強制的な研究から自由となる権利を有します。人々の信念を変えるために公教育制度の権威を利用することは、違法な改宗行為であるとみなされています。

適合可能性

通常では、子どもが学校で学ぶことは、大人としての将来に必要な内容によって決定さなければなりません。このことは、教育制度が、子どもの最善の利益を考慮しつつ、国内的にも国際的にも社会発展と進歩と同じく適合的でなければならないのです。

教育についての人権の尊重、保護、実現を確保する政府の義務は、国家の責務にとどまりません。教育についての権利の完全な実施を促進し支援する市民社会の任務でもあるのです。

国連識字の10年(2003年-2012年)は、いまだに世界の成人人口の20％が基礎教育を受けていないという実態に直面しています。識字は、人間的能力を発展させ、今日の知識社会において経済的、社会的および政治的参加をするためには欠くことのできないものなのです。

非識字は、通常は極貧がもたらす結果です。女性の識字率は、男性のものよりも低いのが現状です。かなりの改善がみられるものの、識字能力のない7億7100万人のうちの1億3200万人が、15歳から24歳の年齢層にいるのです。

最大の関心事は、世界の貧困地域において、いまだ識字率が低いレベルにあることです。識字の10年を宣言した国連総会決議56/116によれば、識字は、すべての者への基礎教育を提供し、そして変化するニーズに対応する力を身につける生涯学習の核心をなすものです。すべての者の**生涯学習あるいは生涯教育**は、将来の地球規模の知識社会の一部をなすに違いありません。この点で、技術教育および職業教育もまた十分な配慮が必要です。

2004年に開催された**教育についての権利および教育における権利に関する世界会議**は、その「アムステルダム宣言」において、無差別を基礎としてすべての学ぶ者の教育に関する諸権利およびニーズを保障する一方、教育へのアクセスを保障する必要性を強調しました。それは、政府や国際機関に、とりわけ移民や小数者などあらゆる集団に対して教育の機会を拡大させ、教育の質と教員の地位を改善させ、校内暴力を減少させる措置を講じ、かつ、増加する生涯学習の要求に適合させることを要請しています。

3　異文化間的見地と論争点

今日、ほぼ世界中を見回してみると、教育についての権利を実施するにあたって、実質的な不均衡が明らかになっています。事実、教育についての権利の実現方法は、地域ごとに異なっています。

未就学の子どものほとんどが、サハラ砂漠以南のアフリカ諸国および南アジアの地域に集中しています。概して、モザンビークで生まれた子どもは、今日、4年間の正規の教育を期待することができます。フランスで生まれた子どもは、かなり高度な教育を15年間受けることができます。他方南アジアにおける就学期間の平均は、8年であり、裕福な国家における期間の半分にしかすぎません。さらに、初等教育の就学期間の差が縮まりつつあるとしても、富裕国と貧困国との間の教育年限平均の差は、広がりつつあります。これは、教育の質の差異を考慮する以前の問題です。ザンビアの

子どもの4分の1以下が、基礎的な識字テストに合格できる程度の初等学校を卒業できているにすぎません。同時に、高等教育へのアクセスは、主要には裕福な国家における市民の特権となっています。今日のこれら教育の不平等は、明日の地球の社会的および経済的不平等の原因となっています。

ウガンダの例：1990年代後半において、貧困を減少させる優先事項は、教育にシフトしています。無償の初等教育が導入され、大衆への教育の普及が進められました。初等教育への就学は、1997年から2003年の間に530万人から7600万人に増加しました。登録率も、人口の最も貧困な層と、裕福な層が同じ20％となっています。性差は、初等教育レベルではなくなりつつあります。初等教育にすべての者が登録することは、いまや到達しそうな状況にあります。しかし、退学率をみた場合、2015年までに初等教育の普遍的な達成は難しそうです。

現在の傾向がもし続くのであれば、2015年までに普遍的な教育を達成するというMDGの目標は、少なくとも10年では到達できそうにないでしょう。2015年には学校を卒業する子どもは4700万人と予測されていますが、そのうちサハラ砂漠以南のアフリカ諸国の子どもは1900万人です〔出典：国連開発計画、人間開発報告2005年版〕。

学校の言語の問題は、常に論争の的となってきました。国家の言語的少数者に属する場合、学校での母語を学ぶことについて、それを包含する国際人権はないのです。自由権規約（ICCPR）第27条は、言語の使用は否定されないとしているものの、母語における教育の問題については沈黙しています。**欧州民族的少数者保護枠組条約**において、欧州評議会は、母語を学ぶ権利を承認しましたが、明示には母語による教育を受ける権利を承認してはいません。**地域的または少数者の言語のための欧州憲章**は、この憲章を署名・批准した国家に、1つの選択肢として母語による教育についての権利を促進するという、さらなる一歩を踏み出しました。その目標は、少数者の2言語使用政策であり、それを国家によって認めるというものです。しかしながら、欧州のロマやオーストラリアのアボリジニーのように、この方法によっても保護されず、学校において母語を学ぶ権利を保持しない少数者も存在しています。

科学的に分析してみると、外国語による初等教育、例えば西アフリカにおけるフランス語のように、生徒の学習達成度の最も低いレベルにおいても生じうることが示されていました。したがって、**母語で初等教育を受ける権利**の必要性が、マリ・バマコにあるアフリカ言語アカデミーによって主張されています。

子どもたちが教育についての権利を完全に享受することを可能にする努力が、特筆すべき程の進展を見せているにもかかわらず、その目的を達成するためになすべき作業は、いまだにあまりにも多く残っています。差別、不平等、無関心、そしてとりわけ少女、女性および少数者に対して行われる搾取といった未解決の問題も数多

く残されています。ユニセフの「存在しない子どもたち」と題する2006年世界子ども白書、ヒューマン・ライツ・ウォッチの「私たちの子どもたちを見捨てる：教育についての権利への障害」は、**排除**の根本原因についていくつかの例を挙げています。社会は、いまだに子どもその他の集団が教育についての諸権利を完全に享受することを妨げ、かつ、人間の安全保障に逆行する社会的および文化的慣行に立ち向かう努力を強めていかなければならないのです。

教育についての権利へのアクセスに恵まれない状況におかれた集団

集団のなかには、平等を基礎に教育への完全なアクセスにおいてある特定の困難を抱えているものがいます。それは、女性や少女、少数者に属するもの、難民や移民、先住民そして障害者や社会的あるいは経済的に恵まれない集団、例えば、復員兵士または社会的に排除された若者といった集団に属する人々があげられます。これら集団は、いまや、国家報告義務といった形で、国際的な関心や行動の対象となっています。

とりわけ、注目を浴びているのは、**障害者**の教育上のニーズに関するものです。1994年サラマンカ会議において採択された行動枠組みは、**包括的教育**(inclusive education)を肯定的に宣言しました。したがって、「学校というところは、子どもたちの身体的・知的・社会的・情緒的・言語的もしくは他の状態と関係なく、すべての子どもたちを対象とすべきである」。

学校における人権

世界人権宣言第26条2項における義務に反して、学校における人権が見失われることがあります。子どものなかには、いまだ体罰や労働に服しているものがいます。彼らは、米国とソマリアを除く、すべての国連加盟国が批准した児童の権利条約によって要請される、子どもたちが持つ権利について教育や、その情報を受け取らないでいるのです。

☞ 子どもの人権

したがって、学校における人権教育や学校の民主化は、促進されなければなりません。ユネスコの関連条約や勧告で承認されているにもかかわらず、政府当局による圧力にさらされ、あるいは給与が支払われないといった場合には、教員も保護されなければなりません。校内暴力は、もう1つの問題です。それは近年増加の一途をたどっており、注目を浴びるようになってきました。175カ国の7793件のユネスコ・スクールにおいて有効な実践が行われています(2006年4月現在)。

4　実施と監視

　1945年発足当初から、国連は、「経済的、社会的、文化的又は人道的性質を有する国際問題を解決することについての国際協力」(国連憲章第1条3項)の必要性を認めてきました。情報、知識、そして技術の移転を通じた国際協力は、教育についての権利の効果的な実現にとって基本的なことです。とりわけ、低開発国の子どもにとってはそういえます。教育についての権利は、また、経済発展の前提条件でもあります。教育の提供は、すべての国家によって、長期にわたる優先順位の高いものとしても位置づけられてきました。というのも教育の提供は、個々人の人的能力が国家の発展過程の中での財産として発展させるからです。

　世界銀行や国際通貨基金(IMF)といった国際金融機関は、人的資本開発への投資として教育の重要性を強調しています。しかしながら、正確に言えば、これら機関は、また国家に対して、教育関連費の支出を含む公的歳出を削減し、あるいは、彼らの構造調整計画に見合う厳格な条件の結果として、初等教育に対してすら授業料を導入することを要求しているのです。

> 子どもの教育についての権利の実効的実施は、主要には意思の問題である。政府や国際社会の政治的意思のみが、各個人の達成感と各社会の進歩に寄与しうる程度まで基本的なこの権利を促進することができるであろう。
>
> 〔アマドゥ・マハタール・ムボウ(元ユネスコ事務総長)〕

　1990年**万人のための教育世界会議**は、タイのジョムティエンにおいて開催され、万人のための基礎教育の実効的提供が、適切かつ強力な財政、経済、貿易、労働、雇用ならびに健康の各政策によって裏打ちされた政治的コミットメントや政治的意思に依存することを宣言しています。9カ国を調査したユニセフは、普遍的な初等教育についての権利の確保を達成するため、次の6つの広範なテーマを挙げています。政治的かつ財政的コミットメント、公的機関の中心的役割、公的機関における平等、家計における教育費の削減、ならびに教育改革の広範な人間開発戦略への統合です。

　世界教育フォーラムは、2000年4月26日から28日の間ダカールで開催されました。教育分野においてこれまで開催された中では最も高い評価を受けているものです。世界164カ国が代表を送り、150もの市民団体、NGOが参加しました。このフォーラムの準備は、特に念入りに行われました。かなりの量に上る情報が収集され、それによって、ある国ではかなりの前進が見られる一方、同時にある国では教育におけるあらゆる分野において深刻な困難に直面するといった、各国により異なる実情が明らかにされました。成功裏のうちに終わったフォーラムの成果は、**ダカール行動枠組み**の採択

となったのです。
☞ 展開、2 傾向

> ダカール世界教育フォーラムは、9つの「**万人のための教育**」(EFA)**フラグシッププログラム**の着手をしました。それは、HIV/エイズへのイニシアティブと教育、幼児期初期のケアと教育、障害者の教育についての権利、統合に向けた取組み、農業従事者への教育、緊急事態および危機状態における教育、効果的な学校保健への資源の集中、教員と教育の質、国連少女教育イニシアティブ、国連識字の10年の枠組みにおける識字、です。

教育についての権利を完全な実施のためには強力な組織的な支援が求められます。国連の専門機関であるユネスコは、1946年の憲章の任務を遂行するにあたって、教育が主要目的の1つとされているように、主導的な役割を果たしています。ユネスコは、ユニセフやILOといった他の国際機関と協力して、教育改革を主導し、教育についての権利の完全実施の促進に活躍してきました。その証拠に、広範な体系的な基準となる文書、その他文書、報告書や数多くのフォーラム、会合作業グループの設立・開催、国家間、国際的政府間機関やNGOとの協力連携した活動が挙げられます。ユネスコは、教育分野における国際協力の指導的な機関となっています。ユネスコ国内委員会は、ユネスコの活動が191カ国に十分な普及を保障するものです。

> 教育における**ユネスコの活動**は、3つの戦略的目的に基づいて行われています。
> ・基本的権利としての教育の促進
> ・教育の質の改善
> ・教育における情報や有効な取組みさらには政策対話の実験、革新そして普及および共有の促進。

ユネスコは、教育についての権利に関して採択された規定をより実効的に適用させるため、そしてその約束された義務の実現を確保するため、ある機能を展開させました。それは国家に定期報告書の提出を要請するものなのですが、これは、国家が締約国となっている条約に基づく義務を履行するため、国内で講じた措置についての情報を公表する効果を有しています。教育差別撤廃条約(1960年)の締約国、そして同年に採択された同条約と同様の文言で定められた教育差別に関する勧告によれば、すべての締約国は、その採択した立法的および行政的な規定ならびに条約適用にあたって講じたその他の行動に関して定期的に報告しなければなりません。あらゆる報告書提出義務に基づいて提出された締約国の報告書を検討する責務は、条約勧告委員会に付与

されています。

　加えて、1978年執行委員会は、ユネスコの枠組みにおいて人権侵害に関する加盟国に対する申立審査を行うための**非公開手続**を確立しました。この目的は、協力、対話そして和解の精神で問題を解決することにあります。

　教育についての権利の漸進的実施の監督は、信頼のおける指標の採用および活用、国別の比較の活用によって行われます。教育分野では、信頼のおける**時系列指標**は、識字率、就学率、修了率、退学率、教員1人当たりの児童数、および歳出全体に占める割合や軍事費といった他の部門との比較の中での教育関連公的支出といったものがあります。

　このため、**EFAグローバルモニタリングレポート**年報は、2002年からユネスコによって公刊されていますが、広範な問題を扱うユネスコの「世界子ども白書」の年報を補完する新しい基準を提供しています。

　社会権規約委員会は、社会権規約の実施の監督に責任を持つ国連の監督機関です。この委員会は、社会権規約に掲げる権利の最も実効的な実施を確保するため、締約国によって定期的に提出される国家報告書を審査し、その締約国との対話を継続しています。

　教育についての権利の完全な実現は、いくつかの措置を組み合わせることによって達成することのできるものです。例えば、国家の側から意識的かつ誠実に関連国際文書に基づく報告義務を実施することによって問題の解決の道筋をつけていくこと、NGOによる「影の報告書」、そして職業団体によるロビーイングです。

　国連人権理事会の前身である国連人権委員会は、1998年、教育についての権利に関する特別報告者を任命しました。報告者には、初等教育へのアクセスや世界規模での教育についての権利の漸進的実現の状況について報告するという任務が与えられていました。最初に指名された特別報告者は、カタリーナ・トマチェフスキ氏でした。彼女は、教育についての権利アプローチに基づいて研究を行いました。6年後退任しましたが、彼女の任務に対してあまり援助がなかったものの冷静に任務を遂行していました。2004年、ベノア・ムノス・ヴィラロボス氏が教育についての権利関する後任の特別報告者となりました。

　「教育は、国家の貧困からぬけだす方法ではない。それと闘う手段なのである」。

〔ユリウス・ニエレレ〕

　教育についての権利に関する特別報告者の2005年の報告書で指摘されるように、国

内裁判所および国際裁判所において、**教育についての権利の司法判断適合性**がますます強調されるようになっています。主要な問題は、とりわけ教育への平等のアクセスに関する教育における差別です。

実施上の問題

社会的、経済的および文化的権利が実質的な額にのぼる財政支出を要請し、それゆえ、その実効的な実施に漸進的な時間がかかることがあります。実際、多くの国で、教育は政府の主要な支出費目のひとつに挙げられています。

発展途上国において教育についての権利を子どもが行使するのを妨げる主要な障害は、**貧困**です（☞**貧困からの自由**）。問題なのは、子どもが出席できる学校がないことではないのです。事実、途上国世界に住む子どもの90％以上が、初等学校に通学をしています。しかしながら、実際の問題は、不登校となる生徒や同じ学年を繰り返す生徒の率が非常に高いことです。貧困によって、家族が授業料、教科書やその他の教材費用を支払うことが困難となっているのです。あるいは、授業料が無償であったとしても、子どもの労働が貧弱な家計収入を支える場合には子どもを学校に通わせることは困難となるのです。

資金の不足は、政府当局による学校建設や維持、教員養成大学の運営、適切な教育や管理運営のできる人材の登用、教材その他の支援の供給、そして生徒のための十分な通学手段の提供に支障をきたすのです。これらすべてが、国家の判断に委ねられた経済的資源に大きく依存しているのです。「子ども救済基金」によって行われた調査によると、アフリカ諸国では、自らの負債の処理責任を果たすため、授業料の徴収または増額を行い、家庭に教育費の上昇を引き起こさせているといった状況が明らかとなったのです。その結果、数百万人もの子どもが、学校に登校できず、基礎教育の修了すらもできない状態に置かれているのです。

もう1つの要因は、**児童労働**が広範に行われていることです。不幸にも、多くの家庭では、収支を合わせるために、この補完的な収入を必要としているのです。この問題は、1999年児童労働の最悪な形態を廃止する条約やいくつかのプログラムを通じて、とりわけILOの活動の中で取り組まれています。

☞**労働の権利**

> ザンビアの平均的な児童は、毎朝7キロの道のりを歩いて学校に登校します。彼らは何も食べておらず、疲れ切っており、栄養不良で、回虫に苦しんでいます。児童は、同じ条件のもとにある他の約50名の児童とともに教室に座ります。彼らの知的受容能力（読み書きの能力）は、最低限でしかありません。音響効果は悪く、チョークもなく、ほとんどノートもありません。

貧困と児童労働は、とりわけ**少女の教育**にかなりの障害を与えています（☞**女性の人権**）。多くの少女が、生きるためにかなり幼い時期から過酷な労働を引き受けざるを得ないのです。彼女たちは、家族のニーズにこたえ、かつ過酷な日課を引き受けなければならないことを背負わされているだけでなく、早期に母親となること、そして古風な心構えを尊重する社会からの期待にも直面しているのです。少女に対する教育に関するこれら伝統的な見解は、近視眼的で一方的な見解なのですが、いまだに広く支持されており、その結果少女を学校に通わせるという親の意欲を喪失させるのです。先住民集団あるいは遊牧民集団種族的少数者に属する少女や遺棄された少女、障害を持つ少女といった、あるカテゴリーに属する少女は、とりわけ恵まれない状況に直面することになります。したがって、少女に教育への平等のアクセスを提供し、その人間の持つ潜在能力の発揮を可能にすべきであるという国際社会の関心が高まりつつあります。2000年ダカールで開催された世界教育フォーラムでは、「国連少女教育イニシアティブの10年」が宣言されました。それは、意識の向上、少女教育とジェンダー不均衡の撤廃を目的とするものです。

> 「HIV/エイズは、2004年には300万人以上もの死者をもたらしており、教育に対して、とりわけサハラ以南のアフリカ諸国において、深刻な影響を及ぼしています。ケニア、タンザニア、そしてザンビアでは、2005年に、それぞれ、少なくとも600人もの教員を失うと予想されています。エイズが原因による長期欠席は、アフリカの学校において重大な問題となっています」。
> 〔出典：ユネスコ、EFAグローバルモニタリングレポート、2006年〕

国際的および国内的**武力紛争**や市民暴動は、通常の生活スタイルを崩壊させます。生徒の毎日の通学も、紛争地域やその近隣に学校があれば、不可能となります。国際人道法において保護されているにもかかわらず、学校は攻撃対象となってしまうのです。2003年には、28カ国で36の武力紛争がありました。被害者の90％は、市民です。学校施設や教員は攻撃対象や戦闘地域となるのです。例えば、東ティモール独立に関連した暴動において、教室の95％は、破壊されました。2003年のコロンビアでは、83人もの教員が殺害されました。
☞**武力紛争における人権**

あなたは次のことを知っていますか。
　すべての途上国において10年以内に初等教育を万人に保障するため、毎年7-80億ドルの費用が必要となります。その費用は、地球上の軍事費の7日分、国際市場における為替投機の7日分、北米に住む親が毎年子どもに与えるおもちゃ

の費用総額の半分以下、欧州の人々がコンピューターゲームあるいはミネラルウォーターに毎年かける費用の半分も満たないのです。
〔出典：ケビン・ワトキンス、『教育の現在：貧困のサイクルを壊すこと』〕

展 開

1 成功例

- エジプトでは、政府は、公教育システムの中に少女に好意的な共同体の学校という成功例を作り出そうとしています。また、健康を創り出し、かつ健康を増進させる学校づくりを目標とする包括的な改革を始めました。
- マラウイ(1994年)、ウガンダ(1997年)、タンザニア(2002年)そしてケニア(2003年)は、授業料を撤廃することによって、親が負担する教育費を削減しました。ある国家は、制服を廃止しました。
- パキスタンにおけるブスチ計画は、カラチに本拠を置くNGOとユニセフが協力したものですが、これは、正規の学校に入学を認められた子どもに基礎教育を提供することを目的としています。対象となる年齢層は、5歳から10歳です。児童の約4分の3は、少女です。家庭で教育することによって、これまでのジェンダーの偏見を変える戦略が成功したのです。また200以上の在宅教育を設立しました。1ホームスクール単位で6ドルかかったのですが、国家運営の初等学校にかかる平均的費用よりもかなり低額でした。
- モーリタニアは、低年齢での婚姻を禁止する法律を採択し、基礎教育を義務的なものにするとともに、児童労働の最低年齢を16歳に引き上げました。児童の権利条約の実施を促進するため、児童評議会ならびに主要都市すべてに少年裁判所の設立を行ったのです。
- 中国のヒマラヤ地方では、少女を就学させるための効果的な措置を講じる村や世帯には、貸付けや開発資金をが優先的に与えられています。
- ラオス人民民主共和国は、少数者の地域に住む少女に対する良質な初等教育へのアクセスを確保するため、包括的な計画の中に男女平等の観点を取り入れました。長期的目標は、教育レベルを漸進的に向上させることによって社会経済発展の主流の中にさらに女性を取り込んでいくことです。
- インドのムンバイ(旧ボンベイ)では、プラトハム・ムンバイ教育イニシアティブがあり、これは、教育者、共同体集団、企業投資家そして政府役人の協力によって実施され、1600もの学校を設立し、1200の初等学校を新しくしたのです。

- アフガニスタンでは、公教育システムから少女が排除されているため、ユニセフが、少女および少年の在宅教育を支援する大胆な措置を1999年から講じました。2001年までに、在宅教育では、58000人の子どもが教育を受けているのです。
- タイの子ども計画は、中古のコンピューターの寄付を始めており、また子どもの学習と健康との関係を監視しています。
- 教育開発10年計画(PRODEC)とは、マリにおいて、2008年までに75%の初等学校就学率を達成する基本的な目標を立てたプログラムです。
- アルゼンチンにおける経済危機の結果、教育費支出が激減しました。2004年には、スペインは、アルゼンチンによる教育のために債務スワップの提案に合意しました。これによって、アルゼンチンは、スペインへの負債の支払いの代わりに、特別教育費を10億ドル計上することができました。この新しい資金は、その国の貧困層の21.5万人を救うこととなるでしょう。

〔出典:ユネスコ、EFAグローバルモニタリングレポート2006年。ユニセフ、1999・2000年年報。ケビン・ワトキンス、『教育の現在:貧困のサイクルを壊すこと』〕

> 教育についての権利計画は、教育についての権利に関する特別報告者によって2001年策定されました。これは、特別報告者の活動の透明性を増しながら、教育についての権利についての教育のためにフォーラムを提供するものでした。教育についての権利を扱い、人々がアクセスできる唯一の人権サイトなのです。この計画は、教育を通じてすべての人権の強化を促進し、教育についての権利の地球規模での実現に関する評価を行い、教育戦略を提供し、人権侵害を明らかにしつつ、それに対抗することを促進するものです〔www.right-to-education.org〕。

2 傾 向

「万人のための教育」(EFA)——ダカール行動枠組みが、世界教育フォーラム(2000年4月セネガル・ダカールで開催)において採択されました。これは、国際社会全体が教育についての権利の完全な実現に関与すべきことを表明したものです。ダカール行動枠組みは、2015年までに基礎教育を万人に普及させるようにするために、6つの目標を公約しています。

> 1. 最も恵まれない子ども達に特に配慮した総合的な就学前保育・教育の拡大および改善を図ること。
> 2. 女子や困難な環境下にある子ども達、少数民族出身の子ども達に対し特別に配慮しつつ、2015年までにすべての子ども達が、無償で質の高い義務教育へ

のアクセスをし、修学を完了できるようにすること。
3. すべての青年および成人の学習ニーズが、適切な学習プログラムおよび生活技能プログラムへの公平なアクセスを通じて満たされるようにすること。
4. 2015年までに成人(特に女性の)識字率を50％までの改善を達成すること。また、すべての成人が基礎教育および継続教育に対する公正なアクセスを達成すること。
5. 2005年までに初等および中等教育における男女格差を解消すること。2015年までに教育における男女の平等を達成すること。この過程において、良質な基礎教育への女子の十分かつ平等なアクセスおよび修学の達成について特段の配慮を払うこと。
6. 特に読み書き能力、計算能力、および基本となる生活技能の面で、確認ができかつ測定可能な成果を達成できるよう、教育のすべての局面における質の改善ならびに長所を確保すること。

　すべての少年少女に対する**普遍的な初等教育の達成**すること、ならびに、2005年までに男女平等と初等中等教育における男女格差の解消を達成すること、さらに、2015年までに教育における男女の平等を達成することは、ミレニアム開発目標の8目標のうちの第2と第3の目標として、2000年9月に開催されたミレニアムサミットにおいて確認されたものです。また、幼児死亡率の削減や妊産婦の健康の改善やHIV/エイズの蔓延防止といったその他のミレニアム開発目標も適切な教育政策なくしては達成することはできないものです。教育に及ぼすHIV/エイズの影響に関するイニシアティブといった「『万人のための教育』(EFA)フラグシップ・イニシアティブ」は、EFA目標を支持する多角的協力メカニズムです。その一例を紹介しましょう。
　世界銀行は、無償初等教育に対する十分な支援がこれまでなかったことに対する批判を受け、2002年EFAファースト・トラック・イニシアティブを開始しました。これは、普遍的初等教育に向けた早期改善を確保するための援助国と途上国との間を結ぶ地球規模のパートナーシップを構築するものです。低所得国は、ミレニアム目標のうちの第2目標を達成するためにかなりの支援を必要としている国家ですが、こうした国家は、ユネスコと世界銀行の共同の監督の下、援助共同体から追加的支援を受けることができるのです。2006年1月までに、約20カ国がファースト・トラックへの参加国となっています〔参照：http://www.efafasttrack.org/〕。

初等学校未就学児童数（1998年と2002年の比較）

	1998年				2002年			
	総計 (千人)	男性 (千人)	女性 (千人)	女性比率 (％)	総計 (千人)	男性 (千人)	女性 (千人)	女性比率 (％)
世　界	106,268	45,067	61,201	58	99,303	44,722	54,581	55
途上国	102,052	42,971	59,081	58	95,459	42,701	52,758	55
先進国	1,911	961	950	50	2,376	1,285	1,091	46
中進国	2,304	1,135	1,170	51	1,468	736	732	50
サハラ砂漠以南アフリカ諸国	45,581	20,648	23,933	54	40,370	18,367	22,003	55
アラブ諸国	8,491	3,501	4,991	59	6,906	2,882	4,025	58
中央アジア諸国	775	375	400	52	635	294	341	54
東アジア・太平洋諸国	8,309	4,158	4,151	50	14,782	7,410	7,372	50
南アジア・西アジア諸国	35,722	12,534	23,189	65	30,109	12,698	17,411	58
ラテンアメリカ・カリブ海諸国	3,620	1,623	1,997	55	2,084	858	1,226	59
北米・西欧諸国	1,429	718	711	50	1,848	1,012	836	45
中東欧諸国	3,340	1,510	1,830	55	2,569	1,203	1,366	53

〔出典：ユネスコ『EFAグローバルモニタリングレポート2006』、2005年〕

教育の商業化

　グローバリゼーションは、教育の商業化の方向を強めてきました。教育が、人権から派生する公共財という位置づけよりはむしろ、対価を要求するサービスに変化しつつあることを意味します。事業として設立された私立教育施設は、公教育を衰退させることになるでしょう。この傾向に対抗し、また職業団体からの関心に対応して、欧州連合は、多角的貿易交渉ドーハラウンドにおいて教育におけるサービスを事業化することを慎むよう主張しているのです。

万人のための教育に向けた前進：さまざまな成果

○1998年以降の積極的な傾向
・初等学校への就学がサハラ以南のアフリカ諸国および西アジア諸国において飛躍的に増加したこと。各地域で2000万人の子どもがさらに学校に通うようになったこと。
・初等教育への少女の就学が急激に上昇していること、とりわけ貧困国において顕著にみられること。
・教育に対する公的支出および公的援助が、かなり上昇していること。

○残された課題

・100万人以上の子どもが、いまだに初等教育へのアクセスができていないこと。その55%が少女であること。
・163カ国のうち、47カ国が普遍的な初等教育を達成したこと。さらに2015年までに達成見込みの国は、20数カ国にとどまること。
・授業料の廃止を決定したという積極的な例を持つ国もかなりあるものの、調査した103カ国中89カ国がいまだ初等学校の授業料を徴収しており、これは社会権規約第13条の義務に違反すること。
・2005年の男女平等という目標は、調査対象の149カ国中94カ国で未達成である。86カ国は2015年までに達成できない状況にあること。

〔出典：ユネスコ、EFAグローバルモニタリングレポート2006〕

3　年　表

1946年	ユネスコ憲章：教育の機会均等の理想
1948年	国連総会で世界人権宣言が採択。教育がすべての人々の基本的権利であると宣言。
1959年	国連総会で児童の権利宣言採択。教育がすべての子どもの権利であると宣言。
1960年	ユネスコ：教育差別撤廃条約
1966年	社会権規約
1973年	ILO雇用最低年齢条約
1979年	女子差別撤廃条約。女性に対する差別の撤廃と教育における平等の権利を要請。
1985年	第3回世界女性会議。教育は、女性の地位向上のための基礎であると宣言。
1989年	児童の権利条約
1990年	タイ・ジェムティエンで、万人のための教育世界宣言。国連開発計画、ユネスコ、ユニセフ、世界銀行、その後は世界人口基金（UNFPA）による共催であるこの会議は、基礎教育の広範な普及に地球規模のコンセンサスを得た。
1993年	モントリオールで開催された国際会議で、人権および民主主義のための教育の世界行動計画が採択。
1994年	特別ニーズの教育に関する世界会議：アクセスと平等、サラマンカ開催。参加者は、すべての国が、特別のニーズ教育を自国の国内教育戦略の中に導入すべきであると宣言。
1994年	国際人口開発会議。参加国は、女児の教育をとりわけ重視した、貧困の撲滅、雇用の促進、社会的統合の促進のための良質な教育への万人のかつ公正なアクセスの促進と達成を約束。
1998年	教育についての権利に関する特別報告者の任命
1999年	教育についての権利に関する一般的意見13
1999年	最悪の形態の児童労働に関するILO条約
2000年	ダカール行動綱領、世界教育フォーラム・セネガル会議で採択。
2000年	国連ミレニアム総会；2015年までの初等教育および平等のアクセスのすべての児童への保障
2003年	国連識字の10年
2004年	教育についての権利および教育に関する権利に関する世界会議アムステルダム会議

9　子どもの人権

キーワード　子どものエンパワーメントと保護　参加と供給　子どもの差別禁止　子どもの最善の利益

　児童に関するすべての措置をとるにあたっては、公的若しくは私的な社会福祉施設、裁判所、行政当局または立法機関のいずれによって行われるものであっても、児童の最善の利益が主として考慮されるものとする。

国連児童の権利条約第3条、1989年

説　例

子どもへの体罰

　次の問いに対する子どもたちの答え：
「どうして子どもはたたかれると思いますか？」
　―「いたずらをしたり、けんかをしたりしているときに、お母さんかお父さんにたたかれるよ」(6歳男児)
　―「他の人とけんかをしたときや、石やものを投げたとき」(7歳男児)
　―「多分、カーペットにお絵かきをしてるときや、長いすに落書きしているとき、部屋を片付けないとき。――絵の具をつかっていて、なにかに着けちゃったとき。ママのお気に入りのグラスを倒しちゃってそれが砕けちゃったとき」(5歳女児)
　―「お部屋を片付けないといけないんだけど、1時間しかなくて、でもずっと本読んでばっかりだとたたかれるんじゃないかな」(6歳男児)

――「お父さんやお母さんがしてはいけないっていうことをするから」(7歳女児)。
〔出典：ウィロー、カロリン；ハイダー、ティナ、『あなたの心を傷つける――たたくことについて語る子どもたち』、1998年。抜粋が以下において入手可 www.childrenareunbeatable.org.uk〕

〔論 点〕
1. なぜ人々は自分の子どもをたたくのでしょうか？
2. 子どもをたたくことはしつけの適切な形態でしょうか？
3. 体罰の代替手段はなにがあるでしょうか？
4. 自宅、学校および行刑制度における体罰をいっさい禁止しているのは世界中で16カ国しかないのはなぜでしょうか？
5. この問題についてあなたは、自分自身で、および他の人とともに、なにをすることができると思いますか？

武力紛争によって影響を受ける子どもたち

「私は、お母さんと畑に行く途中で、［神の抵抗軍（ウガンダの反政府武装勢力）によって］誘拐されました…他の誘拐された少女のひとりが逃げようとしましたが、つかまりました。反乱軍兵士が、彼女は逃げようとしたから殺さなければならない、と私たちにいいました。彼らは、新しい子どもたちに彼女を殺させました。彼らは、私たちに、もし私たちが逃げたら、私たちの家族を殺すといいました」。
13歳の少女サロンは、国王のレジスタンス軍によって誘拐されました。同軍は、ウガンダ北部を拠点としウガンダ政府と戦闘中ですが、地元住民も脅かしていて、それは、とくに、反乱軍で兵士としてつかうための子どもを誘拐することが原因となっています。世界中の85カ国以上の国々において、18歳以下の子どもたちが国家軍または反政府武装団体に入隊させられており、約30万人の子どもたちが現実に武力紛争に参加しています。
〔出典：ヒューマン・ライツ・ウォッチ、「死の傷跡：神の抵抗軍により誘拐されたウガンダの子どもたち」、1997年〕

〔論 点〕
1. 大人が子どもたちを戦闘に用いる理由としてどんなことがありうるでしょうか？
2. 子どもをこの暴力のサイクルから救うためにはなにがなされなくてはならないでしょうか？
3. 子どもたちを戦争で用いる結果なにがおこりますか？　――その子どもにとって、また、その社会にとって。

基礎知識

1　子どもの権利の保障のための闘い

　子どもの人権を議論していると、しばしば予想外で相反する感情が交錯することを経験します。はじめは、皆、若い人々の家庭への権利、家族や友人とともに暮らす権利、人格や才能を発展させる権利、害悪から保護される権利、そして、尊重され真剣に受け止められる権利にただちに同意をするでしょう。しかし、いったん、育児の具体的な水準やこれらの目的を実現するための責任についての問題が生じると、ほとんど論争となってしまうのです。

　国連児童の権利条約（CRC）を少し見てみましょう。この国際条約は、1989年に国連総会で採択されたものですが、子どもの人権の国際的保護の出発点となるものです。そして、児童の権利条約は、現在、2カ国（ソマリアと米国）を除いたすべての国連構成国を含んだ193カ国により批准され、これまでにもっとも広範に批准された人権条約である、というところまでは成功物語といえます。児童の権利条約は真に子どものための普遍的な人権基準をもうけているのです。けれども、基準に関する面とは裏腹に、実施面に関しては悲惨な状況がみられます。例えば、国連／ユニセフの国連2002年子ども特別総会では、10年間の終わりの回顧において、サハラ以南のアフリカにおいて子どもが生き延びる可能性はさらに悪化しており、世界中で、1億4900万の子どもが栄養不足で1億の子どもが正式な教育を受けていないこと等が明らかにされています。

　2002年5月に、数千の政府代表者と非政府組織（NGO）からの代表、および600人を超える若者（18歳以下）が、国連子ども特別総会のためにニューヨークへ集合した時には、期待は非常に高いものがありました。しかしながら、新しい国際行動計画（子どもたちにふさわしい世界）は、交渉に2年ちかくもかかったにもかかわらず、そこそこの成功しかもたらしませんでした。そして、もっとも印象的なことは、討論のなかで、もっとも争点の多い問題の1つは、成果文書における児童の権利条約の位置づけであり、米国のように、子どもの権利に基礎をおいて成果文書をつくることにまるきり反対する国もありました。

子どもの権利と人間／子どもの安全保障

　人間の安全保障の概念は、人の権利および安全への脅威からの自由であり、恐怖および欠乏からの自由を促進し、人間としての可能性を十分に発展させる機会が均等に保障されている状態として説明されてきました。このように、この概念は、暴力や貧困によってもたらされ、差別と社会的な排除によってさらに悪化させられた不安定な状況に焦点をあわせています。人の安全への直接の脅威に対抗

するために優先順位をつけ、緊急に行動をおこすという側面は、とりわけ、子どもの最善の利益の考慮を優先する原則に従っていて、子どもの権利の概念をうまく補っています。しかしながら、人間の安全保障の概念を政治的な道具として利用するには、いくつか考慮すべきことがあります。

第一に、子どもの人権の保護のための拘束力ある法的枠組みはすでに用意されていて、包括的な権利とそれに対応する拘束力ある国家の義務を提供しています。

他方、人間の安全保障はこれまでのところ、この規範的な基礎を欠いています。

第二に、人間の安全保障／子どもの安全保障アプローチは、子ども自身の能力や素質を無視する一方で、傷つきやすさや子どもの依存性を強調して、結果として（過）保護を招いてしまうことがあります。子どもの安全保障のための概念的な挑戦は、どのようにして、エンパワーメント／自己能力形成の側面を最適に統合するのかという点にあり、それは、人権議論の中心です。

これから、次のことがいえます。すなわち、子どもの権利と子どもの安全保障のアプローチのあいだの相互作用が強調されなくてはなりません。例えば、平和プロセスおよび紛争後の再構築における子どもの参加に関する現在の討論の文脈において見られるようにです。

> 「共通の財産である権利を、子ども、または他のいかなるグループにも否定しようとする社会は、そうすることについて明確で支持できるような理由をしめせなくてはならない。挙証責任は、つねに、他の人が参加するのを排除しようとする人たちの側にある：子どもは、他の人と同じ権利をもつために、自分の問題を立証する必要はない」。
>
> 〔ボブ・フランクリン、1995年〕

当初から、人間の安全保障ネットワークは、とくに、武力紛争（小型武器、地雷問題を含む）との関係で子どもの安全保障に特別の注意を払ってきました。この約束は、オーストリアが議長国となった2002／2003年の人間の安全保障ネットワークが、武力紛争によって影響を受ける子どもたち、および人権教育を優先事項としたことにも反映されてきました。

2　定義と解説

子どもの権利の性質および内容

子どもの権利の概念はより広い人権運動から徐々に進化してきた一方で、また、社会的、教育的および心理的な分野における過去200年以上の他の発展からも派生して

きました。その発展には、国公立の学校における制度的な義務教育、産業化の子どもに対する悪影響(例えば、工場または採掘坑における子どもの搾取)、および子どもにとっての戦争の重大さの問題等が含まれます。子どもの発育に対する新しい考え方は、新しい教え方の概念と育児モデルから始まって、1970年代における「子ども解放運動」へと進展しました。それらは、子どもを単に親／大人の支配の対象とみる伝統的なパターナリスティックな見方を退けて、子どもの傷つきやすさと保護の必要性から、子どもの自立性、能力、自己決定および子どもの参加に関する新たな問題へと焦点を移すのに役立ちました。ついには、これらのすべての発展は結びついて、1978/79年に国連の内部で始まった、子どもの人権に関する新たな法的拘束力のある初めての文書である児童の権利条約を起草する時に、その政治的なプロセスに強いインパクトをあたえました。その採択の日である1989年11月20日は現在、毎年、国際子どもの権利の日となっています。

児童の権利条約の主要な概念
エンパワーメントと解放、世代的およびジェンダーの側面

　すべての人間の尊厳の尊重に基づいて、児童の権利条約はすべての子どもを自分の人権の享有者と認めています：これらの権利は両親または他の大人の権利から引き出されているのでも、それらに依存しているのでもありません。これは、子どもの解放の概念およびエンパワーメントの概念の両方の基礎であって、子どもが、尊重された主体として、また社会の市民として、若者に向けた制限的なまたは差別的な認識や期待に対して、それらに挑戦したり変革したりすることを可能にするものです。

　実際は、子どもは(身体的、感情的、および社会的発育、物理的資源／収入の欠如の段階に応じて)いぜんとして大人に依存しており、彼らを世話する人がどんな経済的および社会的な状況にあるかが、子どもの生活水準に直接的なインパクトをあたえます。しかしながら、子どもの人権を保護することによって、子どもたちの法律上または社会における地位はおおきく変わるでしょう。それは、子どもが直面するすべての問題を解決するわけでも終わらせるわけでもありません。しかし、子ども(および社会)の最善の利益に基づいた包括的なやり方で、これらの問題に取り組むプロセスに関与するのに必要とされる手段なのです。若者の権利を受け入れることは、このように、特別に「特権的な」社会集団をうみだすことではなく、その代わりに、社会のなかで彼らの地位を、彼らが自分たちの利益を大人と同じ資格で守ることができるところまで上昇させるために必要な前提条件なのです。その時初めて、子どもは裁判所において親権に関する事件で証言を聞いてもらえるでしょうし、あるいは、少女が性的虐待に対して十分に安心することができるでしょう。このことは、また、子どものエンパワーメントが予防的、注意喚起的な側面をもっていることを強調します。

> 「100人の子どもたちは、人である100人の個々の人である——人となるべきものでも、明日の人でもなく、今、今現在、今日の人なのである」。
> 〔ヤヌス・コルチャック、子どもの愛し方、1919年〕

　そして、その時初めて、特別の、別個の社会集団としての子どもの利益が真剣に受けとめられるでしょう——先進諸国の「高齢化社会」における人口的状況を考えるときわめて重大な問題ですが、しかしまた、しばしば若者が全人口の50％以上を構成している途上国においてもそうです。

　この世代的な側面に加えて、ジェンダーの側面は子どものエンパワーメントにとってもっとも重要です。性的搾取のための女児の売買、「家族の名誉」の名の下での女児の殺害、教育および雇用における女性の排除と不利な状態は、メディアと娯楽産業において女性が侮辱されステレオタイプ化されて扱われていることとともに、明らかに、彼女たちが、女児としておよび子どもとしての両方の、二重の差別を受けていることをしめしています。

子どもの全体論的な見方

　児童の権利条約は、経済的、社会的および文化的な権利と市民的および政治的な権利を、単一の文書のなかで結びつけた初めての普遍的な人権条約として独自性をもちます。児童の権利条約は、このように、子どもの状況に取り組むにあたって包括的な(全体論的な)アプローチを採用しています；それは、子どものアイデンティティ、自己決定および参加の尊重を保障する規定をも網羅しているので、子どもの発育期における保護の必要性に焦点をあてていた以前の児童の権利諸宣言より先進的になっています。

子ども—親—国家の関係

　同時に、これらの2つの面——保護の権利と自律の権利——は、排他的ではなく相互的に強化しあっています；例えば、しばしば一部の批評家たちは、子どもに権利を付与することによって家族が崩壊してしまうと懸念し、児童の権利条約は「反家族的」であり、自立的な権利を保護的な権利より有利に扱っていると主張してきましたが、そうではありません。児童の権利条約は、明示的に、子どもに対して「適当な指示および指導」をあたえる(両)親の「責任、権利および義務」を認識しています。しかしながら、この親の責任は、「児童の発達しつつある能力に適合する方法で」という制限があります。すなわち、この責任は、子どもに対するいかなる絶対的な権限もあたえない、絶えず変化する相対的なものです。さらに、国家とくらべて、両親は第一義的な

教育責任を負いますが、彼らがその責任を果たせない、あるいは果たす気がない場合は、国家／社会が介入することが合法的となります。

子どもの差別禁止

この条約は、子どもに対する差別の禁止を明確に含んでおり、子どもの親や親権者でさえも異なる取扱いをする理由としてはならないおおくの事由をしめしたリストをしめしています：すなわち、「…人種、皮膚の色、性、言語、宗教、政治的意見その他の意見、国民的、種族的若しくは社会的出身、財産、心身、障害、出生または他の地位」（第2条）がその事由です。国連児童の権利委員会は、児童の権利条約の実施を監視する委員会ですが、このリストを非常に広く解釈してきて、さらに、例えば、HIV/エイズに罹った子ども、ストリート・チルドレン、人里離れた農村地帯に暮す子ども、庇護申請をしている子ども等に対する差別にも言及しています。

> 「私には夢がある。いつか私の4人の子どもたちが、皮膚の色ではなく、彼らの人格の中身で評価される国に住めるようになるという夢が」。
> 〔マルティン・ルーサー・キング・ジュニア、1963年〕

子どもの最善の利益

第3条1項は、条約全体の全般的な指導原理を明確に述べていますが、それは、すなわち、子どもの最善の利益に対して優先的な配慮をするということです。それは、直接に子どもを対象とした行為（教育、少年事件等）にかぎらず、子どもに直接または間接の影響をあたえる可能性のあるあらゆる行為（雇用政策、予算配分等）に関連してです。したがって、このことは、いかなる行為者（国家であれ私人であれ）も「子どもへの影響評価」を行う義務をもつことを意味していますが、この「子どもへの影響評価」は、あらゆる措置がもたらしうる結果および他の選択肢について考察すること、また、その措置の実行と子どもへの影響をさらに監視することを提起しています。

さらに、「子どもの最善の利益」の原則は、包括的な規定としての役目をもっていて、児童の権利条約の適用できる明示的な規定がないときや、児童の権利条約の権利間に対立がある状況の場合の手引きとして用いられます。

> 「いかなる国の将来の展望も、その国の現在の若者をみればただちに判断できる」。
> 〔ジョン F. ケネディ、1963年〕

児童の権利条約の「子ども」の定義

　最後に、1つの重要な問題が残されています：児童の権利条約の下で、実際に誰が「子ども」と考えられるのでしょうか？　なるほど、いくぶん法的なアプローチに従って、児童の権利条約は「子ども」を（成人年齢がそれぞれの国においてそれより早く達している者でないかぎり）18歳未満の人間として定義し、大人を大人でないものから区別しています。しかし、明らかに、10代の少女が課題や必要とするものは、しばしば新生児のそれとはおおきく異なります。このように、対象となっている者たちは、非常に多様で、非同質的な社会的「18歳未満」の集団であるので、児童の権利条約を適用する際には、特定された文脈において、その措置をとる対象となる実際の集団がなんであるのかを明確にすることが必要不可欠になります。また、児童の権利委員会は、締約国に、一貫性という意味においても、継続した正当性という意味においても、児童の権利条約は年齢制限に関する国内規定を一般的にみなおすよう要求していることを、繰り返し強調してきました。

条約の権利：
参加―保護―供給

　上記の指導原理の他に、条約の内容を説明するために、「3つのP」――参加（participation）、保護（protection）、供給（provision）――の構成が一般的に用いられます。

- **参加**の側面は、まず、第一に、第12条1項に述べられているように、子どもの参加の権利を明示的に承認することです。「適切な重み」を子どもの視角にあたえることがこの規定の鍵となる要素です；それは、子どもが真にプロセスに影響をあたえることができるように、そして、意思決定に影響力をもてるように、（大人が適切に支援しながら）子どもをある程度まきこんでいくことを必要とします。さらに、児童の権利条約は、例えば、良心、宗教、結社、集会の自由およびプライバシーの尊重のような、子どもの権利としてこの文脈において重要な他の基本的な政治的および市民的権利を採用しています。
- **保護**の問題に関しては、児童の権利条約の中の権利は、子どもに関してあらゆる形態の暴力、虐待または搾取からの保護を含んでいます。
- 児童の権利条約の下で保障されている**供給**の権利は、例えば、健康、教育、社会保障および適切な生活水準への権利を包含しています。

　そのうえ、児童の権利条約は、また、アイデンティティ、家族および他の社会的関係（家族の再会を含む）の保護への子どもの権利を明確に述べることによって、新たな規範を発展させました。それは、代替的な家族的環境や養子、休息、余暇、遊び、および文化的活動、暴力または搾取の犠牲となったあらゆる子どものための回復およびリハビリテーションを確保する国家の義務を規定しています。

> **まとめ：なぜ子どもの権利に基いたアプローチを用いるのか？**
> ・子どもの権利は人権である――年齢に関係ない人間の尊厳の尊重。
> ・子どもの権利は配慮の焦点を移す――個人の子どもへ、そして、社会のなかでのグループとしての子どもへと。
> ・子どもの権利は包括的で相互に関連している――暴力の禁止なくして自由な発言はなく、適切な生活水準なくして教育の権利はありません。
> ・子どもの権利は法的な権利である――それらは責任を明確にし、その責任がある人に責任を負わせます。
> ・子どもの権利は子どもに力をあたえる――それらは、権利の主体であり所有者として承認された子どもとの相互作用という新たな文化を要求します。

3 異文化間的見地と論争点

　子どもの権利の保護という問題は、社会における子どもの地位、幼少期についての広く行きわたった考え方、子どもにあたえられた役割モデル、彼らに関係のある生活水準およびインフラストラクチャーの問題を照らし出します。さらに、それは、その社会における家族の概念と女性の地位に関しておおくのものを明らかにします。

　子どもをめぐる1つの論争的な問題、すなわち、不明確な問題の典型的な例として、子どもの体罰に関係することが挙げられます。世界中のいかなる刑法も、大人に対する故意の加害を犯罪行為であると明確に説明している一方で、同じ原則が子どもには適用されません。そのかわりに、何回の鞭打ちなら「合理的に」許されるのかという議論や、たたくのにつかう棒のサイズや材質に関する規制や、あるいは、学校での処罰の際に医者をたちあわせなくてはならないという要求等が問題となったりします。児童の権利委員会は、2000年および2001年の2つのテーマ別討議において、国家による暴力や家族または学校において子どもに加えられた暴力に焦点を当ててきました。そのテーマ別討議では、この問題に対して世界的な政治的注目をひきつけるために、子どもに対する暴力についての国連の重要な研究も着手されましたが、それは、2006年に完了しました。

> 「もしも永続的な平和を創ろうと望むなら、我々は子どものことからはじめなくてはならない」。
>
> 〔マハトマ・ガンジー〕

他の議論となっている分野は、例えば、少女の地位(家族の中での息子の優先、教育、雇用、宗教法の制限的な解釈、女性性器切除のような伝統的な習慣、リプロダクティブ・ヘルス・サービスへのアクセス)、そして、子どもの労働問題への効果的な取組等がありますが、それらは、それぞれの国におけるさまざまな経済的および社会的要因および条件に関連している問題です。

4 実施と監視

　人権の分野においては、たいていは、原則と実行のあいだ、義務とその実際の実施のあいだにギャップが存在しますが、このギャップは子どもの権利の分野においてもっともおおきいといえるでしょう。この状況に対してはさまざまな理由があげられます(子どもの権利は、「家族の価値」/文化/宗教的な伝統、子どもに焦点を当てたインフラストラクチャーや子ども主導のイニシアティブへの支援の欠如といった、しばしば論争的な議論に結びついている)が、よりおおきな要因の1つは、児童の権利条約の脆弱な監視システムにもあるでしょう。当条約は、その規定の実施を監視するために**国家報告**制度しかもうけていません。この手続の下では、当事国は、児童の権利条約の監督機関である**児童の権利委員会**に、条約(およびその選択議定書)実施の進展状況について(5年ごとの)報告書の提出を義務づけられます。これが、各政府との「建設的対話」を開始し、政府への勧告をともなった批判的な評価としての委員会の「最終所見」へとつながります。

　児童の権利条約には、他の人権条約がもつような個人通報または国家通報制度はありませんが、NGOは、委員会が独自の判例法を発展させるのにつながりうる個人通報制度の導入を求めて、すでにロビーイングを始めています——このことによって、子どもの権利に関する法的議論が、今よりもさらに精密に行われるようになるでしょう。しかしながら、委員会は、現状でも、個人通報制度がないことを補うためにたいへん革新的な行動をとってきました。第一に、NGOの参加に対して非常に開放的な立場をとり、問題のより完全な像を捉えるため、NGOを招いて、子どもの権利の状況に関する政府報告書についての自分たち自身の「(影の)報告書」を提出させました。

> 「他の人の権利を守るのと同じくらいの用心深さをもって子どもの権利を守る義務よりも尊い務めがありうるだろうか？　すべての国において、例外なく、すべての子どものためのこれらの自由を確保する任務以上におおきな、指導者となるための試金石がありうるだろうか？」
> 〔コフィ・アナン、前国連事務総長〕

> 「条約を実施することは、選択や福祉や慈善の問題ではなく、法的な義務を遂行するという問題である」。
> 〔子どもの権利コーカス、子ども特別総会のフォローアップを監視する国際NGO綱領、2002年〕

　第二に、委員会は、特定の話題(例えば、「子どもと家族」「少年司法」「HIV/エイズ」)に関して、それらの問題に国際的な注目を集めるために、年次パブリック・フォーラム(一般的討議の日)を始めました。そして、2001年から、委員会は、権限ある解釈である「一般的意見」を出していて、それは児童の権利条約の基準の鍵となるものです(例えば、2005年は、自国外にまたは幼少期に隔離された子どもの保護について)。しかしながら、おおくの基準、文書、および規則が、国際および国内両レベルにおいて、関係するあらゆる行為者間でのより親密な協調を徐々に要求するようになり、監視のための新たな挑戦をしめしています。後者に関しては、「可能ならば」、2003年の終わりまでに、子どもに焦点を当てた政策の基礎としての包括的な国家行動計画の提出を諸国家に求めた2002年の国連特別会期の成果文書が重要なものとして挙げられます。

　さらに、政治的なレベルにおいては、立法および行政のあらゆるレベルにおいて子どもの権利の視角を確立することは、いまだに重要な挑戦です。諸規則の子どもへの影響の定期的な評価、子どもに配慮した予算、貧困減少戦略における子どもの参加、子どものための独立したオンブズパーソンの創設／強化等は、いまだにルールというよりも期待にとどまっています。そのうえ、子どもの権利の支援運動は、広く大人によって動かされた運動であり続けているので、子ども／若者主導の改善策が模索されなくてはなりません。

　最後に、いかなる促進的な努力も、信頼のおける情報、教育および訓練戦略に基づくものでなければなりません。そして、それらは、子どもの権利や人権についての教育が、子どもにも、若者にも、また、大人にも直接に届くよう、効果的でなければなりません。児童の権利委員会が2001年にその最初の「教育の目的に関する一般的意見」で述べたように、「第29条1項の価値に確固として根ざした内容をもつ教育は、すべての子どもにとって、彼女または彼の人生のなかで、グローバリゼーション、新技術および関係する諸現象によってもたらされる根本的な変化の時期にともなう挑戦に対して、バランスのとれた、親人権的な対応をする努力のために必要不可欠な道具なのである」。

> 「我々は、ここに、過去10年の成果のうえに基づき、なによりも先に子どものための要求の原則によって導かれながら、子どもにふさわしい世界をつくり出すことを続ける事に努力を惜しまないことを再度明らかにする」。
> 〔子どもたちにふさわしい世界、宣言および行動計画、国連子ども特別総会より採択、2002年〕

展　開

1　成功例

　以下のイニシアティブとプロジェクトは、児童の権利条約の強化および実施を成功させた例です。

「人々をつなぐ」

　オーストリアにおける難民の若者のためのある支援プロジェクト。アジール・コオルディナチィオーン・エースタライヒ(難民および移民組織を調整するオーストリアのNGO)によって組織されているもので、ユニセフ・オーストリア委員会からの支援を受けています。

　このプロジェクトの基本的な考え方は、孤児である難民たちとしばらく時間をともに過ごしたのち、教育・言語コース・仕事・当局との会合・スポーツ活動等において彼らを実務的に支援したいと考えるオーストリア在住の成人と彼らを結びつけるということです。このNGOの活動が、子どもと支援者のあいだの信頼関係を確立して、難民がその環境で安定して過ごせるように助け、支援者に対しては豊かな人格的経験をもたらしています。すべての支援者は、政府等と協力しながら注意深く選抜され、法的問題、社会的・心理的な問題についての事前訓練を受けます。2001年に活動を始めて以来、そのプロジェクトは参加者や一般大衆、政府、そしてメディアから肯定的な評価を受けてきました。

「誰もが権利をもつ／権利である——毎日の生活をともに行うためのトレーニング」

　ウィーン(オーストリア)のWUK子ども文化活動センター(子どものための文化的活動の開放空間イニシアティブ)および、ボルツマン人権研究所における人権教育サービスセンターによって組織されたワークショップ・シリーズ。

　このワークショップ・シリーズは、(7歳から15歳までの)学校および子ども／若者グループに属している子どもに向けたもので、平和的な紛争解決、討論を通じての寛容とコミュニケーション、ロールプレイ、グループ活動を通じての意思疎通に焦点をあてています；それぞれのワークショップは2時間半で、2人の専門家(訓練された調停者、興味をおこさせる人、心理学者、役者、教師等)のチームによって進められます。2001年から、「責任」、「紛争解決」、「尊重」、「境界と限界」についてのコースが100を超えるワークショップで開発され、提案されてきました。

児童の権利条約の国内実施に関する、NGOの「影の報告書」および「国民連合」

児童の権利条約の当事国は、定期的に児童の権利条約の実施について児童の権利委員会に進展状況を報告することを求められています。これらの国家報告の包括的な審査を容易にするために、同委員会は、NGOまたはNGOネットワーク（国民連合）によって用意される、審査対象国における子どもおよび青少年の状況に関する彼ら自身による評価をしめす「影の報告書」／「代替報告書」を歓迎しています。約100カ国において、そのような国内の子どもの権利連合がすでに設立され、児童の権利条約の実施を促進し、監視しています。さらに、ジュネーブに本拠をおく児童の権利条約のためのある国際的なNGOグループは、NGOや連合に報告書を書いたりプロセスを監視したりする際の支援を提供しています。

2 傾 向

子どもの権利の保護のための枠組としての児童の権利条約は、「静的な」文書ではなく、継続的な発展をつづけています。このプロセスは、例えば、児童の権利委員会によって児童の権利条約の解釈を通じて、または、武力紛争における児童の関与についての選択議定書と、児童売買、児童売春および児童ポルノグラフィについての選択議定書（両者とも2002年に発効）のように、児童の権利条約に新たな基準を採用することによって、強化されます。

子どもの権利の分野における最近の傾向と議論のいくつかは次のものを含みます：

- **構造的な諸側面**：子どもの権利の監視；子どもの権利の役割；サービスの提供者であり同時に批判的な番犬としてのNGO；子ども／若者主導のイニシアティブおよび組織の支援、子どもと若者のためのオンブズ事務所の確立。
- **子どもおよび若者の参加**（地域的、国内的、国際的）：主要な国連会議、国内貧困減少戦略への参加；政治的参加／選挙権。
- **子どもと家族環境**：両親の離別、「寄せ集め家族」、片親家庭；親の世話や代わりの環境がない子ども。
- **女児の権利**：社会的役割モデル；メディアによるステレオタイプ；宗教的／文化的背景、リプロダクティブ・ヘルス。
- **世代的な諸側面**：人口的な変化；富の配分；資源へのアクセスや政治的な影響。
- **情報への権利**：インターネットへのアクセス／データ保護；メディア／テレビ／コンピューターゲーム等における暴力的な内容；インターネット上の子どもポルノグラフィ。
- **子どもに対する暴力**および**子どもの性的搾取**；体罰の世界的な禁止；心理社会的な

支援と親の訓練；子ども間や仲間同士での暴力。
- **障害をもった子ども**のための包括的な教育および職業訓練。
- **子どもと経済**：児童労働／最悪の形態の撲滅；経済的なグローバリゼーションと公共サービスの自由化（健康、教育──GATS）の影響；娯楽およびスポーツ産業、広告、マスメディアの**若者文化**に対する影響。
- **子どもに対するＨＩＶ／エイズの影響**：差別、両親の死等。
- **子どもと武力紛争および緊急時（自然災害）における子ども**：緊急時における教育、子ども兵士のリハビリテーション；紛争後の再建における子どもの参加；非国家主体／私企業の責任；安全保障理事会の役割；国際刑事裁判所の役割；子どもの権利の訓練と平和維持／フィールドで働く職員のための行動要綱。

事実と数字──子どもの権利の統計的な情報

- **出生登録**：全子どものうち誕生後その5年以内に登録されているのは45％にすぎない。
- **5歳以下の子どもの死亡率**：年間約1050万の子どもが、しばしば容易に防ぐことができる原因で死んでいる（主な「死因となる病気」：下痢、重い呼吸系の伝染病：ジフテリア、結核、百日咳、はしか、破傷風）；2002年には、その土地でうまれたポリオの事例が見つかったのは7カ国のみであった。
- **出産時に死亡する母親**：世界平均：子どもの誕生10万件ごとに400件の母親の死亡；サハラ以南のアフリカ：940件；南アジア：560件；中東および北アフリカ：220件；ラテンアメリカ／カリブ諸国：190件；東アジア／太平洋：140件；CEE／CIS：64件；先進工業国：13件
- **10代の妊娠**：年間1400万人の幼児が19歳未満の親からうまれている；サハラ以南のアフリカにおいて（既婚または性交経験のある）女性の23％しか避妊を用いていない。
- **ＨＩＶ／エイズ**：サハラ以南のアフリカにおいて、2003年には推定1210万人の子ども（0-17歳）がエイズによって孤児になり、190万人の子ども（0-14歳）が同地域でHIV陽性で生きている（世界合計：210万人）。
- **食料**：推定1億5000万人の子どもがまだ栄養不足である。
- **貧困**：30億人の人々が1日2ドル未満で、12億（その50％が子どもである）が1日1ドル未満で生計を立てている。6人に1人の子どもは、世界のもっとも裕福な諸国における国内の貧困ライン以下で暮している。
- **児童労働**：5歳から17歳のあいだの推定2億4600万の子どもが児童労働に従事している；これらのうちの70％ちかくまたは1億7100人の子どもは危険な状況ま

たは条件(例えば、炭鉱内、農薬や殺虫剤の使用、または危険な機械の使用)で働いている。
- **ストリート・チルドレン**：推定1億人の子ども(4歳以上)が通りで暮らし働いている。
- **教育**：初等教育の在籍者数：世界で82％、しかし、1億の子どもが学校外に残されており、その53％が女児である。
- **社会サービスと政治的な優先事項**：平均して、途上国は、基礎的教育または基本的なヘルスケアよりも、防衛により多額を費やしている；先進国は国際開発援助の約10倍を防衛に費やしている。
- **武力紛争**：1990年代：200万人の子どもが武力紛争で死亡し、600万人が負傷または障害を負った；30万人が子ども兵士として紛争に直接関与した。
- **子どもの難民と避難民**：世界中に1100万人の子どもの難民がいる。
- **障害**：推測1億2000万人から1億5000万人の子どもが障害をもちながら生きている。
- **暴力**：毎年、4000万人の15歳未満の子どもが、医療行為が必要なほどの家族からの虐待または育児放棄の犠牲者となっている；毎年200万人の女児が女性性器切除の危険にさらされている。
- **子どもの売買**：アフリカと東南アジアにおいて、年間40万人の女児と男児が影響を受けている；世界：年間200万人もの子どもと女性が売買されている。
- **自殺**：世界中で年に約400万人の青少年が自殺を試みて、少なくとも10万人が死んでいる。
- **子どものためのオンブズパーソン**：少なくとも40カ国で設立されている。
- **国内行動計画**：1990年の子どものための世界サミットを受けて：約155カ国が国内行動計画を用意した。

〔出典：ユニセフ、国連子ども特別総会「フォローアップについての第1回年次報告書」、オンラインで利用可：http://www.unicef.org/specialsession。ユニセフ「2006年世界の子どもたちの状態」、オンラインで利用可：http://www.unicef.org/sowc06.〕

3 年　表

1923/24年　児童の権利宣言(エグランタイン・ジェブ／国際連盟)
1959年　国連児童の権利宣言
1989年　国連児童の権利条約(1989年11月20日採択；1990年9月2日発効)
1990年　国連人権委員会が児童売買、児童売春および児童ポルノグラフィについての特別報告者を指名
1990年　ニューヨークにおいて子どものための世界サミット(9月29日—30日)；子どもの生存、保護および発達に関する世界宣言および行動計画の採択
1990年　子どもの権利および福祉に関するアフリカ憲章(1999年11月29日発効)
1996年　グラサ・マシェルが独創的な研究「子どもに対する武力紛争の影響」を国連総会に提出する。
1996年　ストックホルムにおいて、子どもの商業的性的搾取反対世界会議(2001年に横浜でフォローアップ)
1998年　子ども兵士利用の中止のための連合から6つの国際NGOが、戦争および武力紛争における子どもの利用の禁止を働きかける。
1999年　同じ考え方をもっている国家グループから、人間の安全保障ネットワークが発展し、武力紛争に影響を受けた子どもの状況を強調する。
1999年　国際労働機関によって最悪の形態の児童労働に関する第182号条約が採択される(発効：2000年11月19日)。
2000年　条約の2つの選択議定書が採択：武力紛争における児童の関与について(2002年2月12日発効)と、児童の売買、児童売春および児童ポルノグラフィについて(2002年1月18日発効)
2002年　国連人権委員会が子どもに対する暴力に関する重要な研究を指示
2002年　子どもフォーラム(5月5-7日)およびニューヨークでの国連子ども特別総会；子どもフォーラム文書および宣言ならびに行動計画(子どもたちにふさわしい世界)が採択される。
2003年　人間の安全保障が「武力紛争によって影響を受ける子どものための支援戦略」および「子どもの権利訓練カリキュラム」を支持する。
2005年　国連安全保障理事会が、子どもと武力紛争についての監視および報告制度を規定する決議1612を採択。

10 武力紛争における人権

キーワード 国際人道法：戦争にさえ限界があるのです

　…次の行為は、…いかなる場合にも、また、いかなる場所でも禁止する。
- 生命および身体に対する暴行、とくに、あらゆる種類の殺人、傷害、虐待および拷問
- 人質
- 個人の尊厳に対する侵害、とくに、侮辱的で体面を汚す待遇
- 正規に構成された裁判所で文明国民が不可欠と認めるすべての裁判上の保障をあたえるものの裁判によらない判決の言渡および刑の執行

「傷者および病者は、収容して看護しなければならない。…

ジュネーブ4条約共通第3条1項および2項、1949年

説　例

　私がベトナムに行ったのは19歳のときでした。私はライフル銃専門の四等兵でした。私は人殺しの訓練を受けていましたが、現実に誰かを殺すということは訓練や引き金を引くこととは違っていました。
　私はそんなことをすることになるとは知らなかったのです。私は女性や子どもたちがそこにいることは分かっていましたが、私が彼らを殺しに行ったのかというと、私はそれが起きるときまで、殺すことになるとは知らなかったのです。私は誰も殺したくなかった。私は人殺しをするために育てられた

んじゃない。
　彼女は高木帯の限界線から背を向けて走っていましたが、彼女はなにかを運んでいました。私はそれが武器であるかどうか、あるいはそれがなんなのかは分かりませんでした。でも、私はそれが女性であることは分かっていたし、女性を撃ちたくはありませんでした。しかし、私は撃つように命令を受けたのです。それで私は彼女が武器をもって走っていると考えて撃ちました。私が彼女の向きを変えると、それは赤ん坊だったのです。私は彼女をだいたい4回くらい撃ったのですが、弾丸は貫通しており、その赤ん坊も撃たれていました。さらに、彼女を調べると、その赤ん坊の顔が半分なくなっているのが見えました。訓練が私に人殺しのプログラミングをもたらし、そして、私はそのときまさに人殺しを始めたのです。
　——バーナード・シンプソン　1968年に起きた出来事について語る米国のベトナム復員軍人
〔出典：デーヴィッド・ドノヴァン（2001年）「かつての最優秀戦士：ベトナムにおけるある士官の追憶」国際赤十字委員会（2001年）『人道法を探求する——若者のための教育モジュール』所収より脚色〕

［論　点］
1. この兵士は女性や子どもが適法な標的ではないということを知っていたのにもかかわらず、なぜ銃を撃つことを決心したのでしょうか。
2. 武力紛争時において、女性や子どもが保護されるのはなぜだとあなたは思いますか。
3. あなたは命令への服従は戦争を戦うにあたって重要であると思いますか。兵士はつねに命令に従うべきでしょうか。
4. 戦時において合法な行動であるか非合法な行動であるかを決定するのは誰だと思いますか。
5. なにが非合法なのかについて兵士が学ぶことはどのくらい重要でしょうか。規則を定める目的はなんでしょうか。
6. どうすればここに書かれたような悲劇を回避することができるでしょうか。

基礎知識

1　戦争にさえ限界があるのです

　戦争以上に人間の安全保障を劇的に脅かす状況はほとんどありません。武力紛争という極限状況において、政府は社会のニーズと個人のニーズとのあいだで困難な選択

をしなければならないことに気づくのです。人権が実際的な意味を失うということはけっしてありませんが、体系的で組織的な暴力が勃発すると、人権の根底にある原理そのものが公然と侮辱されることになります。そして、そのような体系的で組織的な暴力こそが、武力紛争の真の特徴なのです。そのようなものとして、武力紛争という状況は、**戦争にさえ限界がある**というきわめて簡潔な考えに基づいて、人権を補完するものの、それとは別の諸規則を必要とするのです。通常これらの規則は国際人道法または武力紛争法と呼ばれています。国際人道法は、以下のような目的のために、武力紛争のあいだにおける暴力の使用を限界づけようとする原則や規則であると要約することができます。

- 敵対行為に直接に参加していない人々（「文民」）の命を助けること
- 暴力によりもたらされる結果を（「戦闘員」に対するものでさえ）戦争の目的に必要なだけの量に制限すること

国際人道法と人間の安全保障

　武力紛争という例外的で無秩序で暴力的な現実における行動を法が規制できるのかということについては、疑問を呈したり、否定したりする者もたくさんいます。個人や社会の生存が危機に瀕している場合に、法的な考慮が人間の行動を制限するとどうして期待できるのでしょうか？　一見したところは驚くべきことであるように思われますが、侵略する側もされる側もいちように、やむにやまれぬたくさんの理由によって、国際人道法により確立された行為規範に従うことになるのです。暴力の噴出は安全という観念そのものを否定するものですが、それにもかかわらず国際人道法が戦争にさえ限界があるという考えを擁護することによって人間の安全保障に寄与していると理解することが重要です。国際人道法は武力紛争という現実を認め、個人を対象とした詳細かつ現実的な諸規則でこれに現実的に対応するのです。この法分野は、ある国家や叛乱団体が武力行使に訴える権利をもっているのかいないのかについて明らかにしようとするものではありません。そうではなく、国際人道法は戦争が引き起こす被害を制限することを最優先の目的としています。国際人道法は、人間の尊厳を保つために努力することによって、和解の可能性を拡大し、最終的な和平に寄与してもいるといえるでしょう。

「戦争はつねに平和を求めて行われるものでなければならない」。
〔ユーゴ・グロティウス〕

国際人道法の淵源

近代的な国際人道法の誕生は、最初のジュネーブ条約(「陸戦における傷病者の状態改善に関する第1回赤十字条約」)が採択された1864年であるというのは、大半の学者が一般的に合意するところですが、この条約に含まれる諸規則が目新しいものであったというわけではまったくなかったということも明らかです。実際に、同条約の大部分は既存の慣習国際法に由来するものでした。じつは、武力紛争におけるある種のカテゴリーの犠牲者を保護する規則や敵対行為のあいだに戦闘手段や戦闘方法を承認または禁止するということに関する慣習は、紀元前1000年頃にはすでに存在していたのです。

19世紀半ばまでは、国際人道法により作りあげられた法典や慣習は地理的に限定されており、普遍的なコンセンサスをしめすものではありませんでした。人道法についての最初の普遍的な条約を推進する原動力となったのは、なんといっても、アンリ・デュナンという名の1人のスイス人実業家です。フランス軍とオーストリア軍が北部イタリアで対決した戦いのなかで、1859年にソルフェリーノで起きた殺戮を目撃して、デュナンは著書を執筆することを決意し、この書物において、彼は戦いの恐ろしさを描き、戦争犠牲者の運命を改善するために実行可能な施策を提案し、これを公表しようとしたのです。

陸戦における傷病者の状態改善のための1864年ジュネーブ条約の採択は、国家が個人のためにその権限を自ら自発的に制限することに同意するという国際条約であり、普遍的な批准に向けて開放されることになりました。初めて、武力紛争は成文化された一般法により規律されるようになったのです。

1859年6月25日、太陽がのぼると、想像しうるかぎりもっとも恐ろしい光景があらわれていました。戦場は兵士や馬の死体に覆われていました。道、水路、谷、茂み、野原のいたるところに死体が転がっていたのです。…1日がかりで救助された憐れな傷ついた兵たちは、幽霊のように青ざめており、疲れ切っていました。もっともひどく傷を負っていた者のなかには、自分たちに話しかけられたことが理解できないかのように、無表情な者もいました。…また、神経の損傷により、不安になったり、興奮したりする者や、痙攣性の震えのためにぶるぶる震えている者もいました。裂傷を負い、その傷が感染症の症状を呈し始めて、その苦痛のためにすでに発狂した者もありました。彼らはこの苦痛から逃れさせてくれるよう懇願し、死との闘いにとりつかれて歪んだ顔で悶え苦しんでいました。

〔アンリ・デュナン『ソルフェリーノの思い出』〕

国際法としての国際人道法

　国際人道法の規則や原則は、たんなる道徳的または哲学的な知覚対象や社会慣習ではなく、普遍的に承認された法規則です。もちろん、これらの規則が法的性格をもつことの当然の論理的帰結として、武力紛争のさまざまな当事者に課される権利義務の詳細なレジームが存在しています。国際人道法の規則を尊重しない個人は、裁判にかけられることになります。

　国際人道法は、国際社会の構成員間の調整や協力を規律するための規則・原則である国際公法という、より包括的な枠組みのなかの独自の一部として理解、分析されるべきものです。

国際人道法と人権

　武力紛争により引き起こされる苦痛や損害を制限しようとするにあたり、国際人道法は紛争の際に人権の「中核」を保護するものであるということができます。これらの中核的な保護装置には、生命に対する権利、奴隷の禁止、拷問および非人道的取扱いの禁止、法の遡及適用の禁止等が含まれます(言論の自由、移動の自由、団結の自由等)。国家の緊急時に免脱することが認められる他の権利とは異なり、国際人道法によりあたえられる中核的な保護はけっして停止されることはできないものです。国際人道法は武力紛争という例外的な状況にこそまさに適用されるものなので、人権の「中核」の内容は、人道法によりあたえられる基本的かつ法的な保証に収斂する傾向があるのです。国際人道法が武力紛争における基本的人権を保護する方法には、以下のようなものがあります。

- 戦争犠牲者にあたえられる保護に**差別があってはなりません。**
- 人道法の大部分は**生命の保護**、とくに紛争に参加していない文民や人々の生命の保護に向けられています。また、国際人道法は**死刑を科すことを制限しています。**
- 国際人道法は、**生きるために必要な手段**、すなわち人権法の下で「経済的・社会的」と分類される権利**を保護する**ものであり、そのことによって、伝統的な市民的権利としての生命に対する権利にまさるものです。
- 国際人道法は、無条件に、**拷問および非人道的取扱いを禁止しています。**
- 国際人道法は明確に**奴隷を禁止しています。**戦争捕虜は彼らをとらえた人間の所有物と見なされるべきではありません。
- **裁判上の保護**がジュネーブ諸条約および追加議定書において成文化されています。
- **子どもと家族生活の保護**は国際人道法において明確に強調されています。例としては、子どもの抑留条件に関する規則や家族の構成員を分離することを否定する規則が含まれます。
- **宗教への尊重**が、埋葬の慣習についてだけでなく、戦争捕虜に関する規則において

も考慮されています。

国際人道法はいつ適用されるのでしょうか？

国際人道法は2つの状況で適用されうるものです。いい換えるならば、国際人道法は2つの保護体系を提供しているのです。国際人道法が適用される状況の第一は、国際的な武力紛争、もう1つは国際的ではない武力紛争です。これら2つの適用条件について明らかにする前に、1949年以後、伝統的な「戦争」概念にとって代わった「武力紛争」という概念について、すこしふれておくべきでしょう。

国際的な武力紛争とは、2つまたはそれ以上の国家が武器を使用して衝突する紛争と、植民地勢力、外国支配または人種差別的な犯罪に抵抗して人民が蜂起する紛争、すなわち、一般に民族解放戦争といわれる紛争とをさしています。これらの状況は、適用可能な人権法レジームに加えて、4つのジュネーブ諸条約および第一追加議定書が規定する諸規則等、広範な国際人道法規則に服することになります。

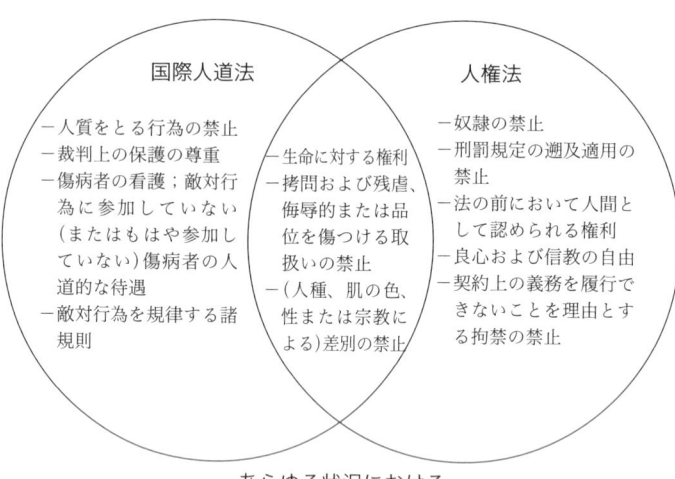

国際人道法
- 人質をとる行為の禁止
- 裁判上の保護の尊重
- 傷病者の看護；敵対行為に参加していない（またはもはや参加していない）傷病者の人道的な待遇
- 敵対行為を規律する諸規則

（共通部分）
- 生命に対する権利
- 拷問および残虐、侮辱的または品位を傷つける取扱いの禁止
- （人種、肌の色、性または宗教による）差別の禁止

人権法
- 奴隷の禁止
- 刑罰規定の遡及適用の禁止
- 法の前において人間として認められる権利
- 良心および信教の自由
- 契約上の義務を履行できないことを理由とする拘禁の禁止

あらゆる状況における…

> 「戦争は、どう見ても、人間と人間の関係ではなく、諸個人が、人間としてではなく、ましてや市民としてでもなく、兵士として、偶然によってのみ敵同士となる国家間の関係です。… 9．戦争の目的は敵国を破壊することなので、敵国の防衛者たちが武器を手にしているかぎりは、彼らを殺すことは正当です。しかし、彼らが武器を下ろし、降伏するやいなや、彼らは敵や敵の手先ではなくなり、再びただの人間に戻ります。そして彼らの命を奪うことはもはや正当ではなくなるのです」。
>
> 〔ジャン・ジャック・ルソー〕

国内の武力紛争には、より限定された規則群が適用されます。これらの規則は、とくにジュネーブ4条約の共通第3条および第2追加議定書に含まれています。共通第3条は人道性の最低基準を表しているものなので、あらゆる武力紛争の状況に適用されます。また、これらの規則群は、緊急事態においても引き続き適用されうる人権法の一部とともに適用されることもあります。さらに、国際的ではない紛争においては、もともと国際紛争への適用を予定していたいくつかの規則も慣習法規則として適用されます。

武力紛争には至らない暴力的な事態には、国際人道法は適用されません。このような場合においては、人権法や関連する国内法の諸規定が、暴力行為にかかわった人々の運命を決定することになります。

2　保護される権利についての定義と解説

武力紛争における国際人道法の基本的な規則とはなんでしょうか？

1. 戦闘力を失っている人や敵対行為に直接には参加していない人は、自己の生命やその精神的・身体的な一体性を尊重される権利があります。彼らはいかなる状況においても不利な差別を受けることなく保護され、人道的に待遇されなければなりません。
2. 降伏した敵や戦闘力を失った敵を殺したり、傷つけたりすることは禁止されています。
3. 傷病者は、彼らを権力内に有する紛争当事者によって収容され、看護されなければなりません。このような保護は、医療要員、医療施設、医療用輸送手段、医療材料にもおよぶものです。赤十字、赤新月、赤水晶の標章は、このような保護の印であり、尊重されなければなりません。
4. 敵国の権力内にある捕えられた戦闘員・文民は、その生命、尊厳、人格上の権利や信念を尊重される権利があります。彼らはいかなる暴力行為や報復からも保護されなければなりません。彼らは家族と通信し、救済品を受けとる権利があります。
5. すべての人に基本的な裁判上の保護により利益を受ける権利があります。やっていない行為について責任をとらされることがあってはなりません。いかなる人も身体的または精神的な拷問、肉体に加える刑罰、残虐または品位を傷つける取扱いを受けることはありません。
6. 紛争当事者やその軍隊構成員が戦闘の方法や手段を選ぶ権利は無制限ではありません。不必要な傷害や過度の苦痛を引き起こすような性格の武器や戦闘手

段を使用することは禁止されています。
7. 紛争当事者は、いかなる時においても、文民たる住民と戦闘員とを区別し、文民たる住民や民用物を助けることができるようにしなければなりません。文民たる住民ばかりでなく、個々の文民も攻撃の対象としてはなりません。攻撃は軍事目標に対してのみ向けられなければなりません。

注：これらの規則は、国際赤十字委員会により起草されたもので、国際人道法のエッセンスを要約したものです。これらの規則は法的文書という権限をもつものではなく、有効な条約にとって代わろうとするものではまったくありません。これらの規則は国際人道法の増進に寄与するために起草されたものです。

区　別

「今日の紛争の犠牲者は、たんに無名であるというばかりでなく、文字どおり無数です。…今日、文民は『一斉攻撃にさらされている』というだけではありません。彼らは、不慮の偶発的な負傷者でも、現代、婉曲的にいわれるような『付随的損害』でもありません。ほとんどいつもといっていいくらい、彼らは故意に攻撃対象とされている、というのが恐ろしい真実なのです。…」
〔コフィ・アナン（前国連事務総長）〕

国際人道法はなにをどのように保護しているのでしょうか？

国際人道法は、文民、傷者、病者、捕虜、難船者、医療要員、宗教要員等、戦闘に参加していないか、もはや参加していない**個人**を保護するものです。このような保護は、紛争当事者にこのような個人に対して物質的援助をあたえ、彼らをいかなるときも不利な差別をすることなく人道的に待遇するよう義務づけることによって保証されるものです。

病院や傷病者の輸送手段等、特定の**場所や対象**も保護されており、攻撃してはなりません。国際人道法は明確に認識されるようなおおくの標章や印——とくに赤十字、赤新月、赤水晶の標章——を定めており、これらは保護されるべき人々や場所を識別するためにつかうことができます。歴史的建造物、芸術作品、礼拝所も保護されています。軍事行動を支援するために、これらの対象を利用することはきびしく禁止されています。さらに、**環境**も国際人道法の関心事項であり、自然環境に広範、長期的かつ深刻な損害をあたえることを目的とする、またはあたえることが予測される戦闘の方法・手段は禁止されます。

敵対行為においては、戦闘員と文民とだけでなく、民用物と軍事目標も区別しなく

てはなりません。これは文民がそれ自体として保護されるだけでなく、文民の生存や生活に必要な物品（食糧、家畜、飲料水の供給設備等々）も保護されるということを意味します。

　国際人道法は、治療することができないような傷害をあたえることを目的とする爆発性の弾頭のように、予期される軍事的利益と比較して、それが使用されることによる結果がおおきすぎる武器の使用を禁止しており、これによって不必要な苦痛からの保護も定めています。文民を偶発的または付随的な結果から保護し、戦闘員を**不必要な苦痛**から保護するという目標を確保するにあたっては、**人道性、軍事的必要性、比例性**の諸原則が鍵となります。軍事的必要性とは敵を打ち負かすために必要な行動であると定義されるものであり、国際人道法はこのことを十分に考慮して作られてきました。その結果、人道法の一部は、人権法学者にとってはあまり「人道的」とは思えないようなものとなりましたが、それには国際人道法が精密で現実的であるという利点もあるのです。

> **人道性**
> 「武力紛争の核心部分に人道性の領域を残しておくことによって、国際人道法は和解への道を切り拓き、交戦者間の平和を取り戻すだけでなく、人々のあいだの調和を促進することにも貢献しているのです」。
> 〔列国議会同盟（IPU：1889年に発足した各国の議会による国際組織）1993年90回定例会議〕

国際人道法を尊重しなければならないのは誰でしょうか？

　国際条約である1949年のジュネーブ諸条約や1977年の2つの追加議定書の当事者となれるのは国家だけです。しかし、武力紛争のすべての当事者は、国家の軍隊であれ、叛乱勢力であれ、国際人道法に拘束されます。2007年1月時点で、世界の国家のうちのほとんど、正確には194カ国が、1949年のジュネーブ4条約の当事国です。これらの諸条約が大多数の諸国により受諾されているという事実は、条約の普遍性の証となるものです。現在、国際的な武力紛争の犠牲者の保護に関する第1追加議定書の当事国は167カ国、非国際的な武力紛争の犠牲者の保護に関する第2追加議定書の当事国は163カ国となっています（いずれも2007年1月現在のデータ）。

　あなたの国が条約の当事国であるかどうかをチェックするためには、国際赤十字委員会に問いあわせるか、国際赤十字委員会のウェブサイト：http://www.icrc.orgで調べてみましょう。

3 異文化間的見地と論争点

文化に対する認識の重要性

　戦争の残忍さを制限しようとする人間の努力は普遍的なものです。歴史を通じて、おおくの文化が不必要な苦痛を軽減し、破壊を制限するために、暴力の使用を抑制しようと試みてきました。当初ジュネーブ諸条約やハーグ諸条約は、欧州のキリスト教文化に属する法律家や外交官により起草され採択されたものであったため、普遍的なものではありませんでしたが、根底にある価値は普遍的なものです。国際人道法のこのような普遍的な側面はけっして過小評価されたり、看過されたりすべきではありません。現実には、国際人道法の諸規則が尊重され実施されるかどうかは、ほとんどの場合、現地の伝統や慣習を適用されるべき条約に明確に一致させることができるか否かに左右されることになるでしょう。

国際人道法の適用可能性に関する対立する見解

　国際人道法の諸原則がほぼ普遍的な承認を獲得してきた一方で、暴力が発生してどの時点で武力紛争となるのかについての考え方には対立があるために、実施という問題が生ずることがあります。ある紛争を武力紛争であると認定することは、国際人道法が適用されるようにするための基本的な必要条件であるので、第一次的な重要性を有しています。国家が自国領域における暴力行為に直面すると、国家はしばしばこれらの出来事を国内的なものと取り扱おうとします。他の国家が間接的にこのような騒乱に関与している場合ですら、国家はそうしたがるものです。武力紛争という事態が起きていると認めることは、人権法によりあたえられる保護に加えて、暴力の実行に責任を負っている人たちが国際人道法の諸規則の下での保護に値しうると認めることを意味します。政府当局がこれらの実行者たちを戦闘員ではなく、犯罪者、ゲリラ、テロリストなどと性格づけることによって、国際人道法の諸規則を回避する傾向があるというのも驚くようなことではないのです。

　国際人道法がこのような状況においても国家に受け入れられるようにするための1つの方法は、これらの規則が適用されるようにすることが敵対行為に参加する集団に正当性をあたえるものではないということを保証するというものです。国際人道法の現実的かつ実用的なアプローチは、どのような立場であるかに関係なく、紛争の犠牲者を保護するために活用されています。国際人道法が、一方では軍事的必要性、他方では人道的な考慮という対立する概念のあいだでのバランスであることに留意することは重要です。

　「人が戦争に参加したとき、国籍に関係なく、いかに簡単に残虐な心理に

とらわれてしまうかについて、私たちは知ることができます。人種差別的な行為に明白にしめされているように、このような残虐性はしばしば他人に対する憎悪により引き起こされるものです。ある戦争犯罪についてとりあげる際に私たちが取り組まなければならないもっとも根本的な問題は、兵士たちが経験する死への根深い恐怖です。戦時における恐怖を克服するために、人々は暴力に頼ろうとし、それが今度は人々のモラルを低下させ、残虐さを爆発させることになるのです」。

〔田中ゆき、日本の学者〕

4 実施と監視

　武力紛争において法を執行することの困難さにかんがみて、国際人道法の諸条約を起草した国家代表たちは固有の実施メカニズムを策定し、国際法の一般的なメカニズムを武力紛争の犠牲者固有のニーズに適応させなければなりませんでした。不幸なことに、一般的なメカニズムと固有のメカニズムを組み合わせるだけでは、武力紛争における最低限の個人の尊重さえ保証することはできません。このようなメカニズムの組合せは、**訓練と教育**によって、一人ひとりの者が、武力紛争においても敵はいぜんとして尊重に値する人間であると気づくことができるようにすることによってのみ可能となるのです。

　大雑把にいうと、国際人道法の実施を確保するために国際人道法が用いる戦略には3つのタイプがあります。
・予防措置
・武力紛争時における遵守を確保する措置
・抑止措置

予防措置

　ジュネーブ諸条約の当事国──これは世界のほとんどすべての国家ということを意味します──は国際人道法についての知識を可能なかぎり広く普及させる**義務**を負っています。国家の軍隊に国際人道法を教えるだけでは十分ではありません。市民社会や若者も武力紛争における人道性という視点について認識する必要があるのです。国際人道法のさしあたっての焦点は、戦時において生命や人間の尊厳を保護するということです。しかし、さらに敷衍して、国際人道法は私たちが体験するすべての場面において生命や人間の尊厳という価値を保護することにも向けられるのです。そのようなものとして、国際人道法は、人権教育とともに、地方レベル、国家レベルそして国際的レベルにおける公民教育に独自の貢献をなしうるのです。真に人道的な思考を教

遵守を監視するための措置

国家が人道的な諸規定を周知させる義務を負っており、法が実効的に適用され、十分に尊重されるよう確保するためのすべての必要な措置がとられなければならないことを国家に想起させるにあたって、国際赤十字委員会は主要な役割をはたしています。

抑止措置

国際人道法は国家があらゆる暴力を抑圧することを義務づけています。戦争犯罪と呼ばれるある種の重大な人権侵害は、国際人道法により処罰されます。実際には、国家は戦争犯罪を処罰し、戦争犯罪の被疑者を捜索し、彼らを自国の裁判所で裁くか、訴追のために他国に引き渡すかするために国内法令を制定することが必要条件となっています。これらの抑止措置が抑止力として役にたち、人権侵害の再発を防止することもあるのです。

最近、国際社会は常設の国際刑事裁判所を創設しましたが、この裁判所は戦争犯罪、人道に対する罪、ジェノサイドについて審理する権限をもっています。旧ユーゴスラビアやルワンダでの紛争のために創設された臨時の法廷とは異なり、国際刑事裁判所は普遍的な管轄権を有することになります。

展　開

国際赤十字・赤新月運動は、国際赤十字委員会、約180カ国の各国赤十字・赤新月社により構成されています。各国の赤十字・赤新月社は、人道分野における各国当局の支援団体として活動し、災害救助、健康、社会事業計画を含む広範囲にわたるサービスを提供しています。国際赤十字・赤新月連盟は各国の赤十字・赤新月社相互間の協力を促進し、その能力を強化するための組織です。

国際人道法の監視者・後援者として、国際赤十字委員会は武力紛争のあいだにおいてもある程度の人道性を維持しようとするにあたって主導的な役割をはたしています。

1　成功例

文民の保護

人道法は文民たる住民を危険から免れさせるという原則に基づくものです。これらの原則とは、敵対行為に参加していない人々はいかなる状況においても攻撃されるこ

とはない、敵対行為に参加していない人々は命を救われ、保護されなければならないといったものです。しかし、今日の紛争において、文民は身の毛もよだつほどの暴力に耐え、時には直接の攻撃対象とされることも度々あります。文民に恐怖や苦痛を広める実行としては、虐殺、人質をとる行為、性的暴力、しつこく攻撃をすること、追放、強いられた移動や略奪、水・食糧・健康管理へのアクセスを故意に否定すること等が挙げられます。

国際赤十字委員会は文民がとくに危機に瀕しているような地域に常駐します。国際人道法は**女性**や**子ども**に特別の保護をあたえているので、女性や子どもには特別の注意が払われています。

> 「戦時において家族がばらばらになると、女性や少女たちはとくに暴力にさらされやすくなってしまいます。今日、戦争により強制的に退去させられた5300万の人々の80%ちかくが女性と子どもです。父親、夫、兄弟、息子が戦うために家を離れると、女性、幼児、老人はおき去りにされ、彼らは自活しなくてはならなくなります。難民となった家族は、彼らが避難場所を求めようと決意するにあたって主要な要因として、レイプやレイプへの恐怖を口にします」。
>
> 〔世界の子どもたちの状況、1996年〕

女性は、戦闘員として積極的な役割を果たすことから、文民たる住民の一員として、あるいは女性として攻撃対象とされることまで、実に多様なかたちで武力紛争を体験します。女性の戦争体験は、別離、家族の構成員や生活の喪失、性的暴力・負傷・剥奪・死の危険の拡大等多面的です。このような現実への対応としては、以下のようなものが含まれます。

・武器をもつ者に女性の権利について教えること。
・敵対行為の犠牲者のために奉仕する医療施設や衛生部隊に産婦人科面の健康管理のための援助を提供すること。
・抑留されている女性は女性の直接的な監視の下におかれなければならないこと、彼女たちが睡眠をとるための宿営や衛生施設は男性のための宿営・施設とは十分に分離されていなければならないことを抑留当局に想起させること。
・武力紛争によって分離された家族の構成員間の接触を回復するために活動すること。
・行方不明になっている家族に支援をあたえること。

子どもたちが自分の両親その他の家族に対して行われた残虐行為の直接の目撃者となってしまうことは非常によくあることです。子どもたちは殺されたり、手足を切断

されたり、監禁されたり等々、家族から引き離されてしまうのです。かろうじてそれを免れた子どもたちでさえ、慣れ親しんだ環境から切り離されることによって、自分たちの将来や自分たちが愛する人々の将来に関する確信を失っています。子どもたちはしばしば逃避を強いられたり、意に反して放棄されたり、身元証明の手段もなく拒絶されたりします。さらに、紛争地帯で家族と暮らしたり、おき去りにされたりした子どもたちは、新兵募集の潜在的な志願者となります。家族を奪われ、徴集された子どもは戦争のない生活を想像することはほとんどできなくなってしまいます。武装集団にくわわることは、自分が生き残れるようにするための手段なのです。このような現実への対応としては、以下のような対応が含まれます。

- 武器をもつ者たちが子どもの権利を尊重するよう奨励すること。
- 武力紛争のために子どもを徴集し、紛争に参加させるのを禁止すること。
- 紛争の犠牲となった子どもに対して、十分な医療的・心理的・社会的な援助をあたえること。
- 家族と離れている子どもを保護し、行方不明者を追跡することによって、家族の絆を回復するために活動すること。
- 子どもの抑留条件を監視すること——子どもたちを同一家族の構成員ではない成人から切り離しておくようにする——、子どもの解放の実現のために活動すること。

> いわゆる自発的な理由で、私たちと行動をともにしている子どもたちがいました。しかし、私は自発的な参加などないということを認めるくらい慎重でなければならないと考えています。私たちの仲間になった子どもたちの圧倒的多数は、必然的に、または詐欺、恐怖、安全のために進んでくわわっているからなのです。守ってくれるべき親をもたず、随伴する者がない子ども、餓死をおそれている人々、十分な健康管理を受けていない人々は、軍事活動を求めることもあるのです。
>
> 〔マイク・ヴェッセルス博士〕

捕虜を保護すること

捕虜を拘束し、拘留することは、武力紛争の1つの結果です。自由を奪われることにより、人々は拘留当局に対して無防備な立場におかれ、囚人環境に閉じ込められることになります。紛争や国内での暴力の際には、過剰で違法な武力行使が当たり前で、構造的欠陥が悪化しているために、このような脆弱性は深刻なものとなります。国際人道法には、捕虜を保護することをとくに企図した措置が含まれます。捕虜の生命や尊厳に対する尊重を確保するための方法には、以下のような方法が含まれます。

- 監禁施設の責任者が、国際人道法の規則に関する訓練を受け、もし彼らがこれ

らの規則を遵守しなかった場合には、処罰されるようにすること。
・当局が捕虜のための十分な資金や手段を確実に提供するようにすること。
・国際赤十字委員会のような中立的な人道的組織が捕虜を訪問し、捕虜の待遇を監視するのを許可すること。
・家族が離散している場合には、家族の絆を回復すること。
・アムネスティ・インターナショナル、ヒューマンライツ・ウォッチまたは地域の人権組織等の人権組織が、捕虜を捕えた者が捕虜を虐待してはならないことを学ぶべきであると周知させるのを支援すること。

家族の絆を回復すること

　ほとんどすべての緊急事態——武力紛争、大規模な住民退去その他の危機的状況——において、子どもは親や家族その他の責任を有する成人から切り離されることになります。彼らの状況がすぐに明らかになることは滅多にないので、彼らは「孤児」ではなく「分離された、または随伴者がいない子ども」と表現されます。また、老人や障害者のように紛争時に困難な状況におかれやすい人々が他にもありえます。彼らは放置され、身内から隔離または切り離され、看護を受けることができないこともあります。彼らはとくに脆弱なので、国際赤十字委員会は必要な場合には彼らを保護し、家族を再統合することを目的とする特別の措置に着手することになります。このような措置としては、以下のような措置が含まれます。

・国際赤十字・赤新月運動を経由して、赤十字通信（離れ離れになった家族を仲介する手紙）、ラジオ放送、電話、インターネットを通じた家族のニュースを送り届けること。
・本国への帰還、家族の再統合を組織化すること。
・抑留されている身内または前線を越えた家族の訪問を促進すること。
・紛争のために身分を証明する文書をもたない、またはもてなくなった者が本国に帰還し、または第三国に再定住するために、国際赤十字の旅行証明書を発行すること。
・行方不明者の家族に情報を提供し、これを支援すること。

標章に関する誓約

　ジュネーブ諸条約は、赤十字、赤新月、赤水晶（2006年以降）の3つの標章を挙げています。国際人道法は、標章の使用・サイズ・目的・装着箇所、保護される人々や財産、誰が標章を使用できるか、標章の尊重によりなにが必要とされるのか、標章の濫用についての罰則はなにかについて規定しています。
　武力紛争時においては、標章は以下の者によってのみ保護標章として使用され

ることができます。
　・軍隊の医療要員
　・軍隊の医療サービスに援助をあたえることを自国政府により正当に認められ、その資格をあたえられた各国赤十字・赤新月社
　・政府により認められた民間病院その他の医療施設
　・各国赤十字社と同様の条件に服するその他の無償の救護所
標章の濫用には以下の3つのタイプが挙げられます。
　1. **模倣**：人道組織が混同するような類似した赤十字を識別のために用いること。
　2. **不正使用**：製薬会社が赤十字の旗を用いて業務を告知すること。
　3. **背信行為**：軍隊が武器を運ぶために赤十字をつけた救急車を使用すること。
　国家は標章の濫用を防止し、これを抑止するためにあらゆる措置を講じなければなりません。もっとも重大な濫用事例は戦争犯罪と見なされています。

人道的活動の行動原則

　人道的であると認められるために、組織はいくつかの重要な原則を守らなければなりません。これらの行動原則のうちもっとも重要なのが**中立性**と**公平性**です。中立性はいずれの側にも与しないことであると理解することができます。この原則により、人道活動家たちは紛争に参加するすべての者の信頼を獲得し、これを維持することが可能になります。公平性とは、ニーズに基づいて優先順位があたえられることを意味します。実際、人道活動家たちは国籍、人種、宗教的信条、社会的階級または政治的意見による差別をしません。彼らは個人のニーズにのみ導かれ、もっとも差しせまった事例に優先権をあたえなければならないのです。

赤十字・赤新月運動の基本的な諸原則
人道性―生命、健康を保護し、人間に対する尊重を確保すること。
公平性―国籍、人種、宗教的信条、階級または政治的意見に関する無差別。ニーズにのみ導かれること。
中立性―敵対行為においていずれかの立場に与することはできないということ。
独立性―外部のいかなる類型の権力からも完全に自律的であること。
無償の奉仕―非営利組織であること。
一体性―1つの国には1つの赤十字または赤新月社しかおくことができないということ。
普遍性―世界規模の組織であること。

　捕虜を訪問するにせよ、戦っている両当事者間の中立的な仲介者として行動するに

せよ、国際赤十字委員会により実施される活動は政治的に敏感な性格をもつために、また現場に存在して、いずれの側からのすくなくとも黙認をえようとするために、**信頼性**は組織の活動において重要な役割をはたしています。この原則は中立性原則や公平性原則とともに人道活動家たちにある種の倫理的ジレンマをもたらすものです。人道活動家は虐待を目撃しても、これを非難することにより犠牲者たちの生命を危うくしたり、自分たちが支援を必要とする人たちにアクセスすることが妨げられたりするような場合には、虐待を非難することはできないからです。

2 傾 向

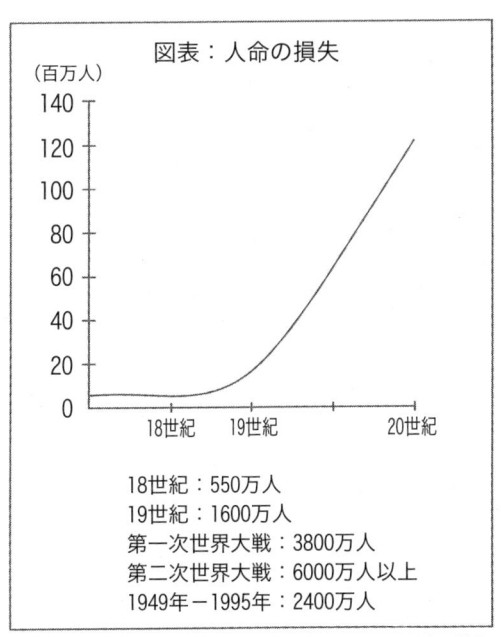

図表：人命の損失

18世紀：550万人
19世紀：1600万人
第一次世界大戦：3800万人
第二次世界大戦：6000万人以上
1949年－1995年：2400万人

出典：『20世紀、すべてのうちもっとも破壊的な世紀』議会人のためのハンドブック

対人地雷の禁止

1990年代を通じて、国際赤十字・赤新月運動、国際組織、非政府機関の巨大な連合体が、対人地雷の禁止を達成し、地雷の犠牲者や地雷の悪影響を被っている社会を救うために、粘り強く活動していました。この活動はオタワ条約、すなわち「対人地雷の使用、貯蔵、生産および移譲の禁止ならびに廃棄に関する条約」が採択された1997年に最高潮に達し、この条約は1999年3月1日に発効しました。この条約は広範に使用

されている武器を国際人道法により禁止した初の条約であり、他の以前の武器に関するいかなる多数国間条約よりも早く発効しました。

2007年10月時点で、155カ国が1997年の対人地雷禁止条約を批准し、さらに2カ国が条約に署名しています。「人間の安全保障ネットワーク」諸国（カナダ、ノルウェー等14カ国）はこの条約のもっとも熱心な支持者であり、ネットワークは条約の完全かつタイムリーな実施に向けた指導的な国際的連合の1つともなっています。

国際赤十字委員会による支援の一端

[2004年の数字]

捕虜への訪問
- 80カ国ちかくの2435の抑留所の57万1503人の抑留者が訪問を受けています。この中には、初めて登録され、初めての訪問を受けた抑留者2万9076人が含まれています。
- 3万9743の抑留証明書が発行されました。

家族の絆を取り戻すこと
- 136万2358の赤十字通信が収集され、分配されました。
- 家族により捜索の要請が提起された6166人の所在が確認されました。
- 2782人が家族と再会しました。
- 9695人が旅行証明書を発行され、本国に帰還または他の国に再定住することができました。

支 援
- 34カ国において、132万4000人が食糧を受けとり、223万9000人が生活必需品・衛生用品を受けとりました。
- 40カ国において、1940万人が水・住宅プログラムの恩恵を受けました。
- 272万2000人が国際赤十字委員会の支援する健康管理施設の恩恵を受けました。
- 1万576人以上の戦傷者が国際赤十字委員会の病院に収容されました。

〔出典：国際赤十字委員会：www.icrc.org〕

3　年　表

いくつかの武力紛争が、人道法の発展におおかれすくなかれ直接的な影響をあたえています。

第1次世界大戦（1914年－1918年）は、まったくというわけではありませんが、新しい戦闘手段がすくなくとも前例にない規模で使用された場となりました。このような戦闘手段には、毒ガス、初の航空機による砲撃、何十万もの捕虜の拘束が含まれます。

ある種の戦闘手段の使用を禁止する1925年のジュネーブ毒ガス議定書や戦争捕虜の待遇に関する1929年の諸条約（捕虜の待遇に関する条約・傷病者の状態改善に関する第3回赤十字条約）は、このような展開に対する対応でした。

第2次世界大戦(1939年－1945年)では、文民と軍事要員の死者数が第1次世界大戦では1：10の比率であったのに対して、両者が同じくらい殺されるのを目の当たりにすることになりました。1949年、国際社会は、当時有効だった諸条約を改正し、新しい国際文書——文民の保護についてのジュネーブ第4条約——を採択することにより、このような悲劇的な数字、とくに戦争が文民にあたえた悲劇的な結果に対応したのです。

1977年の追加議定書は、新たな軍事技術の発展ばかりでなく、非植民地化における文民の保護への新たな挑戦への対応でした。とくに、第2追加議定書は、反乱軍その他の組織された武装集団で、責任ある指揮の下で当該領域の一部に対して支配を行うものも対象としています。

国際人道法の主要文書および他の関連する文書

- 1864年　陸戦における傷病者の状態改善に関するジュネーブ条約（第1回赤十字条約）
- 1868年　サンクト・ペテルブルク宣言（戦時におけるある種の発射物の使用禁止）
- 1899年　陸戦の法規慣例に関する条約（ハーグ陸戦条約）
  ジュネーブ条約の原則を海戦に応用する条約
- 1906年　1864年ジュネーブ条約の再検討・発展（第2回赤十字条約）
- 1907年　1899年ハーグ条約の再検討と新たな諸条約の採択
- 1925年　窒息性ガス、毒性ガスまたはこれらに類するガスおよび細菌学的手段の戦争における使用の禁止に関する議定書（ジュネーブ・ガス議定書）
- 1929年　ジュネーブ2条約
  ・1906年ジュネーブ条約の再検討・発展（第3回赤十字条約）
  ・俘虜の待遇に関するジュネーブ条約（新）
- 1949年　ジュネーブ諸条約
  Ⅰ　戦地にある軍隊の傷病者の状態改善
  Ⅱ　海上にある軍隊の傷病者および難船者の状態改善
  Ⅲ　捕虜の待遇
  Ⅳ　戦時における文民の保護
- 1954年　武力紛争の際の文化財の保護のためのハーグ条約
- 1972年　細菌兵器（生物兵器）および毒素兵器の開発、生産および貯蔵の禁止ならびに廃棄に関する条約（生物兵器禁止条約）
- 1977年　国際的な武力紛争の犠牲者保護（第1追加議定書）と非国際的な武力紛争

の犠牲者保護(第2追加議定書)を強化した1949年ジュネーブ諸条約の2つの追加議定書

1980年　過度に傷害をあたえまたは無差別に効果をおよぼすことがあると認められるある種の通常兵器の使用の禁止または制限に関する条約(CCW)(特定通常兵器使用禁止制限条約)と以下の議定書
・検出不可能な破片に関する第1議定書
・地雷、ブービートラップおよび他の類似の装置の使用の禁止または制限に関する第2議定書
・焼夷兵器の使用の禁止または制限に関する第3議定書

1993年　化学兵器の開発、生産、貯蔵および使用の禁止ならびに廃棄に関する条約(化学兵器禁止条約)

1995年　失明をもたらすレーザー兵器に関する議定書(1980年条約の第4追加議定書)(新)

1996年　改正された地雷、ブービートラップおよび他の類似の装置の使用の禁止または制限に関する議定書(1980年条約の改正第2議定書)

1997年　対人地雷の使用、貯蔵、生産および移譲の禁止ならびに廃棄に関する条約(対人地雷禁止条約)

1998年　国際刑事裁判所ローマ規程

1999年　1954年の文化財保護条約の議定書

2000年　武力紛争における児童の関与に関する児童の権利に関する選択議定書

2001年　非国際的な武力紛争に対象を拡大した特定通常兵器禁止制限条約第1条の修正

2002年　ローマ規程発効。初めての常設的な国際刑事法廷の創設。

2002年　武力紛争における児童の関与に関する児童の権利に関する選択議定書発効

2003年　爆発性戦争残存物に関する議定書(1980年条約の第5追加議定書)

〔出典:国際赤十字委員会:www.icrc.org/ihl〕

11 労働の権利

キーワード　労働の世界における人権　労働の権利と労働に関連する人権

　…世界の永続する平和は、社会正義を基礎としてのみ確立することができる…。

国際労働機関憲章、1919年

説　例

自由貿易地帯におけるぞっとするような労働条件

　シャオシェンは中国中部のチョンユワンというちいさな農村に住んでいたのですが、苛酷な生活を送っていました。彼女には食べられる米はほとんどなく、将来の展望ももっていなかったからです。来る日も来る日も、彼女は父親が米を収穫するのを手伝うために、深い水たまりで跪かなければなりませんでした。

　ついに、ある日、彼女は村を離れる決心をしました。人を寄せつけない山々の向こうの遠く離れた知らないどこかによりよい場所があると聞いていたからです。こうして、ある朝、日の出前に、彼女はよりよい生活という夢を共有する彼女の友達数人と家を出たのです。2000キロもの道のり、終わることのない重圧、不安、そして数え切れないほどの涙の日々の果てに、彼らは目的地に到着しました。香港との境界線に隣接する中国南部の自由貿易地帯、深圳という町です。そこで彼らは仕事をみつけて、お金を稼ぎ、自分たちの夢を実現しようと願っていました。

　シャオシェンは「チィーリー手工芸品製造所」というおもちゃを生産する会社を経営するファン・グオガンとラオ・チャオチュワンという2人の実業家を知るこ

とになりました。そして、シャオシェンは472人の従業員の1人となったのですが、ほどなく自分が故郷の村にいたときよりもよりひどい状況にあるという印象をもつようになりました。生きていくのがやっとというくらいの飢餓賃金(1カ月に5,000円くらい!)で、彼女は深夜から明け方までチィーリー製造所でコツコツと仕事をしていました。2人の実業家はどちらも従業員が商品を盗むのではないかとおそれていたので、工場は牢獄のように作られており、そこで労働者たちは1日24時間暮らしていました。すべての窓にはかんぬきがされていて、非常口はすべて封鎖されていました。国の監督機関は買収されていて、このような状況にも見て見ぬふりをしていました。来る日も来る日も、シャオシェンは柵の向こうで、建物を出ることも、普通の生活を送ることも、自分だけの空間もあたえられることなく暮らしていました。

　1993年11月19日の午後、火事が発生し、制御不可能なスピードで建物全体に広がりました。建物中に可燃性がきわめて高い化学薬品が貯蔵されていたため、悪夢のような地獄が引き起こされることになりました。シャオシェンや他の人々は死に物狂いで火から逃れようとしました。しかし、彼らにどのような術があったというのでしょう? すべての窓にかんぬきがされていて、すべての扉は閉まっていたのです。16歳に満たない人が大半を占める200人の男女が、命のかぎり絶叫するなかで、文字通り火に取り囲まれました。シャオシェンは2階でかんぬきがされた窓の1つをかろうじて破ることができ、飛び降りるか、生きたまま火に焼かれるかの選択をせまられました。そして、彼女は意を決して飛び降り、両足首を骨折しました。それでも、彼女は生き残ったのです。

　しかしながら、この日の午後、87人が命を失い、47人以上が重傷を負いました。
〔出典:クラウス・ベルナー&ハンス・バイス、『ブランド企業黒書(Schwarzbuch Markenfirmen)』、2001年、より抜粋〕

〔論　点〕
1. シャオシェンが強いられた労働条件において、どのような人権が侵害されていたでしょうか。
2. 労働の権利に関連する主要な問題はなんでしょうか。
3. 将来の展望あるいはすくなくともシャオシェンのような従業員の労働条件を向上させるために、国際的レベルでどのような措置をとることができるでしょうか。
4. 自由貿易地帯で商品を生産する多国籍企業にはどのような責任があるでしょうか。
5. 上述のような状況を変えるために、消費者はどのような行動をとることができるでしょうか。

基礎知識

1　21世紀における労働の世界

　新たなテクノロジーと世界的な高度情報通信網によって、労働の世界は産業革命をはるかに超える変容を経験する可能性があります。

　工業化が進行したために、20世紀には、農業部門がさらに衰退し、サービス部門の重要性が増すという現象が見られました。世界市場の**自由化**と**「電脳革命」**によって、世界経済における機会はどんどん広がっています。

　この新たな世界経済は、きちんとした訓練を受け、柔軟かつ高い動機をもっていなければならないと同時に、現在の市場の需要により迅速に適応しようとする意思をもつ高度に専門化された労働者を必要としています。労働者は加速化する技術革新や構造変化にともない増加するストレスや変化する労働条件に対処しなければなりません。パート、自由業、その他、不安定な労働条件に直面している人々が増加しているのです。この点に関して、グローバル化は、統合された世界経済において活躍するための教育、技能、機動力をもっている人々とそうではない人々とのあいだの社会的な格差を顕在化させつつあります。これらの新たな不平等と不安定によって、社会の異なる部門間での対立が引き起こされているのです。

　貿易・財政レジームの自由化の結果として競争が強化されたことによって、企業には生産コストを減少させるという高いプレッシャーが働くことになりました。このような目標を達成するために、企業は、機械化により労働力を不要なものとすることを通じて、生産「労働」というコスト集約的な部門を削減させるか、生産拠点を社会的な諸基準がはるかに低いために、低賃金な諸国に移転させるかということになります。概して、賃金にも労働条件にも下方向の圧力が働くことになりがちです。その結果、強制労働、児童労働等の問題が発生することもしばしばみられます。

　「グローバル化」現象は世界のあらゆる場所の人々に影響をおよぼしていますが、積極的な側面の結果が均等に生み出されているわけではありません。しかし、各国の政府が貿易障害の引き下げによる否定的な効果を軽減する能力は、主として多国籍企業という新しい「グローバルなアクター」のために衰えてきているのです。

　グローバル化の社会的な側面は、国際的な政策の主要な関心事項とならざるを得なくなっています。社会的な安定、平和、発展を確保し、世界経済に人間的な顔をあたえるために、国際的な規模で社会的な諸基準や人権を増進することが以前よりもはるかに重要になっています。国際労働機関(ILO)は、グローバル化の社会的側面に関する世界委員会を設置し、この委員会は2004年2月に「公正なグローバル化：すべての人々のための機会の創造」と題する報告書を出しています(さらなる情報については、

http://www.ilo.org/public/english.fairglobalization/index/htmを参照）。

労働と人間の安全保障

　社会的・経済的な安定は、人間の安全保障にとって重要な側面です。これに関して、労働の権利と労働の場での諸権利は人間の安全保障を達成するうえで決定的に重要な役割を果たすものです。労働にアクセスすることができない人々は社会的な援助に依存するか、将来の展望がまったくもてないかしかないのです。人権基準としての労働の権利は、単に生きていくことを保護するということを超えるものです。基本的ニーズを充足することだけでは、人間の安全保障を強化するのに十分ではないからです。労働者の諸権利はディーセントな（人間らしい）労働条件を確保するだけでなく、労働現場における差別や搾取から労働者を守るものでもあるのです。労働は、生きていくことや福祉を確保するためだけのものではなく、人間が社会との関係や社会への参加をうまくやっていくためのものであるべきなのです。また、労働は自己決定、自尊心、自己実現にも密接に関わるものであり、それゆえに人間の尊厳にも深く関係しています。さらに、個人の不安定、危険で不健康あるいは不公正な労働条件、失業、労働組合の否定は、不安感を生み、社会の不安や不安定を作り出すことになりがちです。このような理由から、搾取なきディーセント・ワーク（安心して働くことができる人間らしい仕事。権利が保障され、十分な収入をえて、適切な社会的保護のある生産的な仕事）のための諸基準を増進することは、人間の安全保障を強化するための前提条件であり、これに資することになるのです。

　どのようにすれば労働の人間的な局面が確固とした地盤を勝ち取ることができるのかを理解するためには、「**歴史をふりかえる**」ことが必要でしょう。

歴史をふりかえる

　平和と発展とを増進するうえで社会正義や正当な労働条件が果たす役割は過小評価されるべきではありません。労働に関係する不正、虐待、搾取は不安をうみだすことになりがちです。ディーセント・ワークが人間の尊厳を維持するための前提条件であるということが認められるに至ったのは、なによりも労働者が自分たちの権利のために闘ってきた結果です。それゆえに、労働者の権利は、1919年以降の国際労働機関による労働立法や第2次世界大戦後の国連による基準設定において具現化されるようになってきたのです。

【18世紀】

　働くことが社会のすべての構成員の基本的権利であるという考え方は、もとも

とは**フランス革命**において提起された主張でした。「労働の権利」という用語を初めて用いて、労働が個人の社会的福祉のみならず心理的福祉にとっても重要であることを強調したのは、空想的社会主義者であったシャルル・フーリエです。フーリエは、国家は同等な機会を提供する義務をもつと唱え、労働の権利を実現するためには社会を完全に改造することが必要であると結論づけました。

労働の権利についてのこのような見解は、社会主義の理論にもみいだすことができますし、のちに共産主義諸国の政府も同様の見解を広めようとしました。したがって、労働の権利は、どちらかといえば「社会主義的な伝統」に位置するものであるということができるでしょう。

【19世紀】

産業革命は、生産手段をもたないために賃金労働に依存する社会集団である労働者階級の出現を招来しました。労働者たちは、工場、織物製作所、鉱山等で搾取され、危険な労働条件に苦しまされました。しかし、労働者の窮乏化は労働者同士の連帯感を作り出し、労働者は自分たちの組織を作り始めました（カール・マルクス「万国の労働者よ、団結せよ！」より）。

労働者たちの声は徐々におおきなものとなっていき、彼らがおかれている状況も広く知られるようになりました。おおくの国では、最初の**労働組合**による圧力のために、労働時間や労働条件に関係する改革法令が可決されました。しかし、労働不安は続いたために、資本家や政府はさらなる措置を検討するよう圧力を加えられることになりました。

【20世紀】

一部の資本家は、諸国が労働基準を無視して比較優位を保とうとするのを回避するために、共通の国際基準を設定するよう提唱し、1905年および1906年に、ついに最初の2つの国際労働条約が採択されました。しかし、さらに条約を起草し採択しようというイニシアティブは第1次世界大戦によって中断しました。

第1次世界大戦を終結させたヴェルサイユ条約では、労働条件と社会正義と世界平和との相互依存性が国際的な規模でようやく承認されることになり、労働の分野における国際基準の策定のための機構としての**国際労働機関**の創設が取り決められました。このような状況において、人間の価値、社会的ニーズ、自己実現の手段としての労働という概念が作り出され、強化されていきました。

1919年から1933年までのあいだに、国際労働機関は労働に関連する広範な問題を対象とする40の条約を起草しました。

「暗黒の木曜日」として知られる1929年の株式市場の暴落は、深刻な挫折を招き、経済はおおはばに減速、大規模な失業者が発生しました。その結果、失業した労働者によるデモや暴動が起こりました。ドイツでは、世界経済の危機ののち、深

刻な政治危機に陥り、そのことがアドルフ・ヒットラーの台頭の一因となり、ついには第2次世界大戦を招来することとなったのです。

> 「ディーセント・ワークは今日世界中の政界・実業界のリーダーが直面する世界的な要求です。私たち共通の未来は、私たちがこの申立てにどのように応えるのかにそのおおくがかかっているのです」。
>
> 〔国際労働機関、1999年〕

第2次世界大戦後

それゆえに、**国際連合**は、新たな世界秩序がこのような状況が再現するのを防ぐことができるようにするために、その目的および綱領に経済的・社会的関心事項を含めました。

1944年にフィラデルフィアで採択された国際労働機関の目的に関する宣言(1946年にILO憲章に統合され、「フィラデルフィア宣言」として知られています)においては、労働と人間の尊厳との関連性が強調されています。この宣言は、「労働は商品ではない」として、「すべての人間は…自由および尊厳ならびに経済的保障および機会均等という条件において、物質的福祉および精神的発展を追求する権利を有する」と述べています。

このことは1981年のローマ法王による回勅「人間の労働についての尊厳(ラボーレム　エクセルチェンス)」でも明快に述べられています。この回勅は、哲学的および宗教的観点から、客体ではなく主体としての労働者の地位を高めようとしたものです。

労働者たちの運命を改善するために、国際労働機関および国連によっておおくのことが行われてきました。しかし、今日グローバル化する経済により新たな難題、新たな不確実性が生じているために、新しくてより複合的な解決策が必要となっています。

2　定義と解説

労働の場での人権侵害の実例は、炭鉱で働く子ども、投獄されている組合活動家から、債務労働や子どもの商業的性的搾取等現代の奴隷に至るまで広範囲におよびます。こうした観点から、人権は不健康または危険な労働環境や搾取的な労働時間のような劣悪な労働条件にも関係します。この論題に該当する論点には、例えば女性や移住労働者等、労働の世界においてとくに脆弱な集団の保護も含まれます。また忘れてはならないのは、人間の尊厳、人間の安全保障とディーセントな労働条件の関連性につい

て論じられる必要があるという点です。
　以下では、労働の権利と労働者の権利の保護のための2つの主要な国際的メカニズムであるILO体制と国際人権章典について分析します。

国際労働法：国際労働機関（ILO）

　国際労働機関は1919年に創設されました。この機関は主として第1次世界大戦後の社会改革に対する懸念の増大を具体化するために作られたものです。いかなるところであっても、貧困は繁栄と安全保障に危険をもたらすものであるという強い信念に立脚して、国際労働機関は、人種、性別または社会的門地による差別なく、世界中の働く人々のために条件を改善することを目的としています。

　1947年、国際労働機関は国連の専門機関となり、1969年にはその功績にノーベル平和賞が授与されました。

　国連の専門機関のなかでも、国際労働機関は唯一無二の機関です。各機関が出す決定が使用者および労働者ならびに各国政府の見解を反映しているという三者構造をもっているからです。

　国際労働機関は、次のような任務を行っています。
- 基本的人権を増進し、労働条件・生活条件を改善し、雇用機会を増大させるために、政策および計画を策定すること。
- これらの分野における国際基準（条約および勧告）を確立し、その国内的な実施を監視すること。
- 各国がこれらの政策を実効的に実施するのを支援するために広範な技術協力計画を実行すること。

図表：ILOによる基本的な人権条約　　中核的なILO条約の批准状況（2010年1月1日時点）

原則	条約	批准国数
結社の自由ならびに団結権および団体交渉権の保護	87号条約（1948）	150
	98号条約（1949）	160
最低就労年齢および最悪の形態の児童労働の禁止	138号条約（1973）	154
	182号条約（1999）	171
強制労働の禁止	29号条約（1930）	174
	105号条約（1957）	169
同一報酬の権利ならびに雇用および職業における差別禁止	100号条約（1951）	167
	111号条約（1958）	169

〔出典：国際労働機関：www.ilo.org〕

これまで国際労働機関は180あまりの条約を起草してきており、これらの条約では、労働、職業の安全および健康、社会保障、雇用政策ならびに職業訓練等の分野における基準が規定され、女性、移民および先住民に対して保護があたえられています。

しかし、通常、基本的な人権条約といわれているのは、ILO条約のごく一握りにすぎません。これらの条約の批准国数は比較的高い数値をしめしています。

グローバル化により引き起こされた新たな難題への対応として、国際労働機関は1998年6月18日に**労働における基本的原則および権利に関する宣言とそのフォローアップ**を採択しました。この宣言では労働者に関するどのような原則および権利が基本的なものであるかが明らかにされています。これが上記の中核的なILO条約です。これはグローバル化に伴う難題に対応するための慎重に指揮された国際的な努力への重要な第一歩です。そして、「ソーシャル・ミニマム」を構成するいくつかの規則で表明されている共通の価値群に対する各国の約束を反映するものでもあるのです。

この宣言では、**すべての**ILO加盟国が、当該条約を批准しているか否かにかかわりなく、主要なILO条約が規定する基本的な権利を尊重し、促進し、これを実現する義務を負っていることが確認されています。主要条約を批准していない諸国は、宣言に明記された原則を実施するために行われた努力について年次報告を提出するよう求められています。実際、この宣言は基本的な人権条約の批准国の相当な増加に貢献しています。2005年末までに、178のILO加盟国のうち117カ国がこれら8条約すべてに批准しました。

また、国際労働機関は、4年に1度のわりあいで**すべての**加盟国について、基本的原則を実施するために行った努力に焦点を当てたグローバル・レポートを毎年発行しています。これらの報告書は、各期間内に行われた行動の実効性を評価するための基礎として役立てられています。

3　国際的な人権章典における労働に関連する人権

世界人権宣言（UDHR）

世界人権宣言には、広範囲にわたり、労働に関連する人権が含まれています。さらに、これらすべての権利は、締約国を拘束する国連の2つの人権規約においても展開されています。以下では、これら労働に関連する人権をかかげた世界人権宣言からの抜粋を概観し、そののちこれらの権利について詳説します。

> 「何人も、奴隷の状態におかれず、また、苦役に服することはない。…
> すべての者は、平和的な集会および結社の自由についての権利を有する。
> …

すべての者は、労働し、職業を自由に選択し、公正かつ良好な労働条件を確保し、および失業に対する保護についての権利を有する。すべての者は、いかなる差別もなしに、同一の労働に対し、同一の報酬を受ける権利を有する。労働するすべての者は、自己及び家族のために人間の尊厳にふさわしい生活を確保し、及び、必要な場合には他の社会的保護手段により補完される公正かつ良好な報酬を受ける権利を有する。すべての者は、その利益を保護するため、労働組合を結成し、及びこれに加入する権利を有する。
　すべての者は、労働時間の合理的な制限…を含む休息及び余暇についての権利を有する。
　すべての者は、…自己及び家族の健康及び福祉のための相当な生活水準についての権利、並びに失業、疾病、障害…その他不可抗力による生活不能の場合に保障を受ける権利を有する。…」

〔世界人権宣言第4条、第20条、第23条、第24条、第25条〕

自由権規約（ICCPR）

奴隷の状態からの自由

　自由権規約第8条は、「何人も、奴隷の状態におかれない。…何人も、強制労働に服することを要求されない。…」と宣言しています。

　世界的に非難されているにもかかわらず、奴隷状態や強制労働という慣行は今日でもさまざまな形態で存続しています。しかも、こうした慣行は、しばしばイデオロギー的な理由や伝統的な文化的背景という遺産に根づいているのです。国際労働機関によると、このような慣行と非民主主義的な社会構造とのあいだには明白な関係性があります。世界の何百万もの老若男女が奴隷として人生を送ることを強制されているのです。このような搾取が奴隷状態と呼ばれることはめったにありませんが、状況は一緒です。

「奴隷とは…
- 精神的または身体的脅威によって、労働を強制されています。
- 通常は精神的または身体的虐待や虐待へのおそれによって、「使用者」に所有または支配されています。
- 人間性を奪われるか、商品として取り扱われるか、または「財産」として売買されています。
- 身体的に拘束されるか、移動の自由を制限されています」。

〔出典：国際反奴隷制協会（ASI）：http://www.antislavery.org/homepage/antislavery/modern.htm〕

現在どのようなタイプの奴隷制が存在しているのか?

債務労働は、世界のすくなくとも2億人に影響を及ぼしています。病気の子どものためのほんのわずかな薬代のために、自らまたは騙されて借金をしたことによって、人々は債務労働者となっています。彼らは、借金を返すために、1週間7日間、1年365日と長時間働くことを強制されているのです。彼らは労働の「対価」として基本的な食糧と住居はあたえられていますが、借金が清算されることはまずなく、その借金は何世代にもわたって引き継がれてしまうこともあるのです。

強制労働は、個人、政府または政治団体によって違法に徴集され、——通常は暴力その他の刑罰の脅威にさらされながら——、働くことを強制されている人々にふりかかっています。

最悪の形態の児童労働とは、搾取的または危険な条件で働く子どもたちをさしています。世界中で1000万人の子どもたちが、個人および社会的な発展に不可欠な教育や娯楽を奪われた状態で、フルタイムで働いているのです。

子どもの商業的性的搾取:子どもたちは、売春、人身取引(トラフィッキング)、ポルノグラフィによって、その商業的価値を搾取されています。しばしば、子どもたちは誘拐され、売買され、性産業に従事するよう強制されているのです。

人身取引とは、暴力や詐欺を用いて、経済的利益をえるために、通常は女性や子ども等の人間を移送および/または取引することを意味します。移民の女性が騙されて、家内労働や売春を強制されることもよくあります。

早婚および強制婚とは、選択の自由をあたえられずに結婚し、しばしば物理的暴力を伴う隷属生活にはいることを強いられている女性や子どもをさします。**伝統的または「動産」奴隷**とは、人間の売買を意味します。しばしば、彼らは自宅から拉致され、相続され、贈り物としてあたえられているのです。

〔出典:世界革命:http://www.worldrevolution.org/Projects/Webguide/GuideArticle.asp?ID=1412〕

国際労働機関の2005年グローバル・レポート『強制労働に反対する世界的な同盟』によると、世界中で1230万人の人々が強制労働の犠牲者となっています。そのうち、980万人は仲介業者に搾取されており、さらにそのうち240万人以上は、人身取引の結果として強制労働の状態におかれているのです。また、この他250万人は、国家や反政府軍事集団によって強制的に働かされています。

社会権規約(ICESCR)
労働の権利

社会権規約第6条は、「すべての者が自由に選択しまたは承諾する労働によって生計を立てる機会をえる権利を含む、労働の権利」について規定して

います。この「権利の完全な実現を達成するために…とる措置には、…技術及び職業の指導及び訓練に関する計画…」が含まれます。

労働：権利か義務か？

義務であり、重圧や精神的・身体的努力に関係するものに対する人権を、私たちが必要とするのはなぜでしょうか？　重圧、努力等の否定的な含意があるために、労働の権利という概念に関しては、しばしば混乱が生じます。しかし、労働は人間の尊厳や社会への参加に密接に関連しています。そうであるがゆえに、失業は深刻な挫折、さらには憂鬱までも引き起こすことがあるのです。また、労働は自己実現の手段ともなり、人格の発展に貢献しうるものでもあります。

労働の権利は、何人も労働の世界それ自体から排除されないということを確かなものにします。すなわち、労働の権利は、労働へのアクセスだけを対象とするのではなく、不当な解雇からの保護をも含んでいるのです。しかし、労働の権利は、労働に対する保証を含むものではなく、現実にすべての国に失業は存在しています。しかし、政府は、労働の権利の完全な実現を漸進的に達成するために、主として雇用に関する国の政策の策定および実施を通じて、すべての適当な措置をとることが義務づけられています（社会権規約第2条）。

公正かつ良好な労働条件を享受する権利

> 社会権規約第7条
> 「…締約国は、すべての者が公正かつ良好な労働条件を享受する権利を有することを認める。この労働条件は、…次のものを確保する労働条件とする。公正な賃金及びいかなる差別もない同一価値の労働についての同一報酬…。…相応な生活。安全かつ健康的な作業条件。すべての者が…昇進する均等な機会。休息、余暇、労働時間の合理的な制限…」。

同条は、公正かつ良好な労働条件だけでなく、とりわけ人間らしい生活を保障する最小限度の報酬について規定しています。この最小限度の報酬は、国際労働機関が採択した多数の条約に密接に関連するものであり、これらの条約は社会権規約委員会が同条により生ずる国家の義務を明確化するためにも用いられています。

労働組合を結成し加入する権利

> 社会権規約第8条
> 「…締約国は、すべての者がその経済的及び社会的利益を増進し及び保護するため、労働組合を結成し及び…自ら選択する労働組合に加入する権利、

> …ストライキの権利を認める」。

　組織において結束することは、労働現場であれ、所属する社会や国内であれ、つねに、人々の安全を強化するための手段であり続けてきました。

　社会権規約第8条は、結社の自由の権利に密接に関係するものです。団体交渉権は、労働の世界における結社の自由を実効的なものとします。これらの権利は、しばしば労働の現場における他の基本的権利ないし資格の実現のための鍵であるとされているので、きわめて重要であると考えられています。しかし、これらの権利は、例えば児童労働に反対する闘いのように公的な約束や社会的受容を常にえてはいるとはかぎりません。

待遇の平等および差別禁止の権利

　労働に関連する権利について論じようとする場合、差別禁止の原則および待遇の平等に関する規定を無視することはできません。差別禁止および待遇の平等についての諸規則は、社会権についての法全体に浸透しています。なかでも、労働市場における女性の平等待遇を確保する諸規則に特別な注意を払う必要があるでしょう。

☞ **女性の人権**

　経済的機会へのアクセスに関する女性の平等な権利が承認されるまでの重要な里程標となったのは、女子差別撤廃条約(CEDAW)の採択であり、この国際条約は女性のリプロダクティブ・ライツ(性と生殖に関する権利)についても取り扱っています。婚姻または母性を理由とする女性に対する差別を防止し、女性の労働の権利を確保するために、締約国は、妊娠または母性休暇を理由とする解雇および婚姻をしているかいないかに基づく差別を禁止しなければなりません。さらに、締約国は、給料またはこれに準ずる社会的給付をともない、かつ、従前の雇用関係の喪失をともなわない母性休暇を導入しなければなりません。

義務の水準

　国際的な法文書が最終的にどの程度実効的であるかは、つねに、各国政府が自らの国際的な法的義務を実施するためにどのような措置をとるか次第です。

　前述の権利に関する締約国の義務には、次のようなものがあります。

・**尊重する義務**

　もっとも基本的な義務は、国家が奴隷状態および強制労働からの自由を尊重するという義務です。もう1つのとても重要な側面は、結社の自由ならびに労働組合に加入およびこれを結成する自由を尊重することです。これらの諸権利は、国家にその他の重要な労働者の権利を実施するよう圧力を加える潜在的能力をもっているので、頻繁

に侵害されています。

・保護する義務

　いかなる労働者の労働条件もこれを下回ることが許されない最低基準を設定することを義務づけられています。さらに、労働の権利は不当な解雇に対する保護を要求するものであり、いかなる場合においても、国家は労働へのアクセスにおける差別に対する保護を確保しなければなりません。

・促進する義務

　労働に関しては、この義務は職業に関する指導や訓練のための便宜を提供することによって、労働へのアクセスを容易なものとする義務として理解することができます。

・充足する義務

　この点に関する労働の権利はしばしば誤解されているのですが、国家はすべての者に職を保障することを要求されているわけではありませんが、国家は安定的な経済的・社会的・文化的発展および完全かつ生産的な雇用を達成するための政策を追求するよう義務づけられています。

4　異文化間的見地と論争点

　このような法的枠組を履行するための活動では、発展の程度や制度面において多様な人々がおり、彼らはますます共通性が高まりつつある労働の世界を異なる方法で体験しているということを考慮に入れなければなりません。有名な漁師のたとえ話は、「労働」は文化的背景により異なる価値をもっているので、労働パターンを変えるための措置はバランスのとれたものでなければならないという事実をしめす好例でしょう。

> **たとえ話：漁師**
>
> 　ある日の午前中、1人の漁師が、砂のうえに網を広げて、美しい浜辺で横になり、日の温かさを楽しんだり、時々青い波がきらきら光るのを眺めたりしていました。
>
> 　そんなとき、1人の旅人が浜辺に降りてきました。旅人は漁師が浜辺に座っているのに気づき、この漁師が、なぜ自分や家族の暮らしを支えるために忙しく働くのではなく、ゆったりとくつろいでいるのかを知りたいと考えました。
>
> 　「君はあちらで魚をたくさんとったりしないのかい」と旅人はいいました。「君は浜辺で横になっているんじゃなくて、一生懸命働くべきなんじゃないのかい！」
>
> 　漁師は顔をあげてほほ笑みながら答えました。「そうしたら、私にはどんな

いいことがあるんだね？」

「そうだね。君はもっとおおきな網を手に入れて、もっとたくさんの魚をとることができるようになるよ」と、旅人は答えました。

「そうなると、私はどんないいことがあるんだろう？」漁師はまだほほ笑みながら尋ねました。

旅人は答えました。「君はたくさんのお金を手にして、もっとたくさんの魚を釣ることができるような船を買うことができるだろうよ」。

「それで、どんないいことがあるんだい？」と漁師はまた尋ねました。

旅人は漁師の質問に少しいらだち始めながら、いいました。「おおきな船を買える。そうすれば、君のために働いてくれる人を雇うことだってできるじゃないか」。

「それで、なにかいいことがあるのかい？」

旅人は怒り始めました。「分からないのかい？ 君は漁船団を作り上げて、世界中を航海して、使用人たちに君のために魚をとらせることができるんだよ！」

ふたたび漁師は尋ねました。「そうすると、どんないいことがあるんだね？」

旅人は怒りで真っ赤になり、漁師に向かって大声でいいました。「君は大金持ちになって、もう生活のために働く必要はなくなるってことが分からないのか？ 君はこれからの人生のすべてをこの浜辺で座って、日が沈むのを見ながら過ごすことができるようになるんだよ。この世に心配することがなんにもなくなるんだよ！」

漁師はずっとほほ笑みながら、顔をあげていいました。「じゃあ、今私がやっていることを君はどう思うんだい？」

5　実施と監視

　国家が批准した条約は、その国家を拘束します。しかし、こうした国際的な法文書の実効性は、国家が国内法を通じてその条約を実施し、監視機関による意見に従おうとする意思をもっているかどうかに左右されます。条約上の義務の違反があった場合の国家に対する制裁の可能性は限定されているので、条約の実施は国家の「恥辱の念の動員」をすることができるかどうかにかかっているのです。経済がグローバル化しているなかで、このような実施メカニズムの脆弱性は、人権とりわけ労働に関する諸権利を貿易とリンクさせることを必要とせざるをえません。このことにより、国際的な基準に違反した国家に対して、貿易上の制裁を課すという可能性が開かれることになるのです。しかし、この問題は大変な論争を巻き起こしています。たしかに、貿易上の

制裁によって、国家は児童労働の禁止等の措置をとることを余儀なくされるでしょうが、児童労働のような問題は通常はるかに複雑な解決策を必要とするものだからです。

国際的な基準の実施のために、国際労働機関および国連はさまざまな**監視および不服申立の手続**を定めています。

ILO条約の締約国は定期的に報告書を提出しなければならず、この報告書は**条約勧告適用専門家委員会**により検討され、意見を付けられます。この委員会の報告書は最終的には毎年開催される国際労働総会に提出されます。そして、この国際労働総会は毎年加盟国間における相互評価を行い、多数の加盟国の条約の適用状況に関する結論を出すのです。このような手続は、条約実施の手段としては実効性を欠いているようにも思われますが、1967年以降、130以上の国において約2000回もの国内の労働法・社会法の改正が行われているのです！

このような監視手続の他に、国際労働機関は労働基準の実施について2つの不服申立手続を用意しています。その第一は、使用者団体や労働者団体が加盟国に対する不服を提出することができるというものです。第二の手続は、加盟国および国際労働総会の代表（政府代表、労働者代表、使用者代表）が他の加盟国に対して不服を申し立てることができるというものです。このような申立てがなされると、審査委員会が任命されることになります。

上記の手続とは別に、**結社の自由委員会**という特別委員会が労働組合に関する諸権利の違反申立について検討しているということにもふれておく必要があるでしょう。この違反申立は、関連するILO条約を批准しているか否かにかかわらず、すべての加盟国政府に対して行うことができます。1950年に活動を開始して以来、この委員会は、関連法令の改正、解雇された労働者の復職、さらには投獄された組合活動家の解放に至るまで、多大な成果を挙げています。

社会権規約の適正な履行を監視するために任命されている国連機関が、**社会権規約委員会**です。他の人権条約機関とは異なり、社会権規約委員会は国際条約によって設立されたものではなく、1985年に社会権規約の監視のために経済社会理事会によって委任されたものです。委員会は18人の独立した専門家によって構成されています。2005年11月、委員会は労働の権利に関する一般的意見を出し、この意見では、労働の権利の内容および国家がこの権利を実現するためにとるべき措置についてくわしく述べられています。

規約の締約国は、経済的・社会的・文化的権利を保障するためにとった立法、政策その他の措置について概略を述べた報告書を5年ごとに提出しなければなりません。社会権規約委員会による報告書の検討と関係国の代表との討議を経て、委員会は「最終所見」においてその意見を公表します。これまで委員会は何度も規約違反を認定し、問題とされた権利についてさらなる侵害を思いとどまるよう強く要求してきました。

規約上の権利の違反について、個人や集団が公式な不服申立を委員会に提出することを可能とする社会権規約への選択議定書は、2008年12月10日に採択されました。

展　開

1　成功例

児童労働撤廃国際計画(IPEC)

国際労働機関は、児童労働撤廃国際計画(IPEC)を展開しています。国際労働機関は、NGOだけでなく、各国政府や社会的パートナー(労働者団体、使用者団体、学校、メディア等)と協働して、この問題の複雑性や問題解決のために徹底的かつ一貫した手段をとる必要性を考慮に入れつつ、特別計画を進めているのです。児童労働をなくすためには、例えば、労働現場から子どもを引き揚げさせ、子どもたちに教育という別の選択肢を提供すると同時に、子どもたちの家族にも別の収入源と安全を保証する計画に着手するといった児童労働に代わる選択肢をみいだすことが必要です。児童労働撤廃国際計画は、1992年に発足して以降、当初の6カ国から現在では87カ国にまで、その業務活動を拡大できるようになっています。

図表：世界で5歳から17歳までの経済活動を行っている子どもの推定値(2000年時点)

年齢層	総人口に対する労働従事者数の比率(%)
5—9歳	12.2
10—14歳	23.0
計(5—14歳)	17.6
15—17歳	42.4
総計(5—17歳)	23.0

〔出典：国際労働機関：www.ilo.org〕

アフリカサッカー連盟およびアフリカ・ネーションズ・カップの主催国と協力して、児童労働撤廃国際計画は、2002年マリでの選手権大会にさいして、児童労働の問題に対する世論を啓発するための大規模なキャンペーンを実施しました。「児童労働にはレッド・カードを」というサッカーというスポーツを知っている人なら誰でも理解できるような簡潔かつ率直なメッセージで、このキャンペーンは、さまざまなメディア——ビデオ、テレビやラジオを通じて配布されたポピュラー音楽や印刷物、2つの国際航空路線、サッカーの試合自体——を利用して、アフリカ内外の何百万もの人々に届けられました。この活動は21のアフリカ諸国で実行され、数カ国の国内メディアが

このキャンペーンを大々的に宣伝しました。ケニアでは1億2000万人、ザンビアだけでも500万人の人々がこのメッセージを受け取ったとみられています。エジプト、ガーナ等いくつかのアフリカ諸国では、キャンペーンに対して熱狂的な支持があったため、今後の国内や地域のサッカーの試合やその他の公開のイベントでもキャンペーンが続行されることになっています。

> **あなたは知っていましたか**
> - 5歳から14歳までのうち約2億5000万人がフルタイムまたはパートタイムで働いています。この数字はこの世界で100人の子どものうち16人が生活のために働いているということを意味しています。
> - このうちほとんど半分にあたる約1億2000万人が1年を通じて毎日フルタイムで働いています。
> - そのうち70％は農業で働いています。
> - そのうち70％は危険な環境で働いています。
> - 2億5000万人の働く子どものうち、約5000万～6000万人は、5歳から11歳までの子どもで、定義上その年齢や脆弱性にかんがみて、有害な環境で働いています。
> - 児童労働は先進国においてもよくあることです。例えば、米国では、23万人以上の子どもが農業で、13000人の子どもがスウェット・ショップ（搾取工場＝低賃金、長時間労働が行われている労働現場）で働いています。
>
> 〔出典：国連・世界教育学習プロジェクト・サイバー・スクールバス
> : http://www.un.org/cyberschoolbus/briefing/labour/labour.pdf〕

労働と人権に関係する企業の行動綱領

多国籍企業がその活動についての説明責任を果たさないことはもはや不可能です。消費者やNGOは多国籍企業における労働条件を改善するよう無視できないくらいの圧力を企業にかけているからです。その結果、このような圧力によって、人権や労働基準、さらには環境に対する関心を含む企業の行動綱領が採択されることがふえてきています。その他の実例については、http://www1.umn.edu/humanrts/links/sicc.htmlを参照。

> とくに卓越した事例は、ギャップ株式会社による販売員行動綱領、リーバイ・ストラウス＆カンパニーによる調達・業務に関する世界的指針、ジョンソン＆ジョンソン社による社会的責任に関する政策で、これらは、従業員および／または会社の請負業者や納入業者に向けられたものです。これらの綱領は、とくに職業上の安全および健康、結社の自由、賃金および手当、労働時間、児童労働、強制労働、非差別的な雇用慣行を射程に入れています。

たしかに、これらの取組は社会情勢に積極的な影響を及ぼしていますが、これらが例えば国際的な人権文書が規定するようなきわめて高いレベルの基準をめざしているわけではなく、国家の基準をめざしているにすぎないこともしばしばです。さらに、これらの綱領が外部による監視を定めていない場合には、実効的な監視システムを欠くことになります。そのため、これらの綱領は確立された基準にはリップ・サービス以上の敬意を払わないことがおおいと主張されることもあります。それにもかかわらず、これらは社会的責任の向上をめざすあるべき方向への第一歩なのです。

商品のラベリング

良好な社会慣行に従って生産された商品にラベルを貼付することが、よりよい社会的慣行および人権の保護に貢献するものとして推進されることがふえてきています。ラベリングによって、消費者が、良好な慣行を支持するような形で、自らの購入権を行使することを通じて、生産慣行に影響をあたえることが可能になります。今日、ヨーロッパおよび北米を中心として、おおくの国でラベリングの取組が行われており、対象製品には現在コーヒー、茶、ココア、ハチミツ、砂糖、米、果物、ジュース等が含まれています。

国際フェアトレードラベル機構(FLO) は、社会において周辺的な地位に追いやられ、不利益を被っている第三世界の生産者の待遇を改善するために活動しています。国際フェアトレードラベル機構は、国際的に承認されたフェアトレードに関する基準を満たしている製品に、フェアトレード・マークという消費者向けラベルを授与します。このラベルは、ヨーロッパの主要なスーパーマーケット・チェーンのほとんどで、市場に出されています。米国では、国際フェアトレードラベル機構の構成団体である米国トランス・フェアによって、フェアトレード認証のラベルが貼られています。

例えば、**ラグマーク**は絨毯・敷物産業における児童労働をやめさせるために活動している世界的な非営利組織です。ラグマークは、インド、ネパール、パキスタンの子どもたちに教育の機会をあたえています。ラグマークのラベルは、絨毯や敷物の製造で違法な児童労働が用いられていないことを保証するものです。

グローバル・コンパクト

「グローバル・コンパクト(GC)」は、コフィ・アナン国連事務総長(当時)が、ビジネス界が普遍的に支持および奨励されている諸価値を遵守し、企業が国連諸機関や労働

界、市民社会と団結するように求めた1999年1月31日の世界経済フォーラムでの演説によって着手されたアイディアに立脚しています。企業の説明責任を求める傾向が強まっていますが、世界的で価値に基礎づけられた統御の開発および増進に向けて、企業を支援するための国際的な枠組を欠いていました。グローバル・コンパクトはこのギャップを埋め、ビジネス界からのおおきな支持をえてきました。

> 「市場の力を普遍的な諸原則という権威に結合させるという道を選びましょう」。
> 〔コフィ・アナン（前国連事務総長）〕

グローバル・コンパクトは、人権、労働、環境の問題およびあらゆる形態の腐敗に反対する約束を含む10の主要な原則を定めています。労働に関しては、国際労働機関のもっとも基本的な労働基準を遵守するという約束が含まれます。すなわち、
・結社の自由および団体交渉権の実効的な承認
・あらゆる形態の強制労働の撤廃
・児童労働の実効的な廃止
・雇用および職業における差別の撤廃　です。

国際労働機関は、これらの基準を実効的に増進するために具体的な措置を策定することを支援しています。グローバル・コンパクトのウェブサイト（http://www.unglobalcompact.org）では、参加団体のリスト等この取組の諸原則に関する情報に簡単にアクセスすることができるようになっています。開始以降、数百の企業、国連諸機関、ビジネス団体、労働組織、市民社会組織、学術団体等の参加者および自治体がグローバル・コンパクトに関与しています。

グローバル・コンパクトは、任意の強制力をもたない規則群です。そのため、グローバル・コンパクトは企業が自発的に行動することを奨励する積極的な手段として広く承認されてきていますが、その実施を実効的なものとできるのかという点に関してはいくつかの問題が残されています。批判的な立場からは、グローバル・コンパクトが、法的に強制できる基準ではなく、独立した監視・強制メカニズムをもたないこと、基準自体の意味するところが明確ではないことは、この取組の実効性を阻害するものとなると主張しています。

2　傾　向

輸出加工地帯（EPZs）

外国からの投資を誘致するために、課税のみならず労働者の権利保護のための法令

遵守の義務も免除するいわゆる自由貿易地帯を設置する国がどんどんふえています。国際労働機関はさまざまなタイプの輸出加工地帯を次のように区別しています。自由港（貿易関連）、特別経済地帯、自由工業地帯、企業地帯（製造関連業種全般）、財政サービス地帯、自由商業地帯（サービス業関連）です。たいがい多国籍企業は主として低賃金によって利益をえるのですが、労働者もえられる給料が輸出加工地帯の外での同等な仕事の場合よりは高いので、輸出加工地帯に流入してくることになります。その代わり、そこでの労働条件、例えば安全や健康面では、それほど十分ではないということもあります。防火規則が守られていない、救急設備が設置されていない、安全ではない機械設備等の問題は輸出加工地帯で起こりうる問題のごく一部にすぎないのです。情報が公開されるようになって、こうした状況はたしかに改善されつつありますが、問題は残ったままです。

　輸出加工地帯はすくなくとも100カ国にあります。世界中の輸出加工地帯では、全部で約420万人の労働者が雇用されており、そのうち約300万人の労働者が中国の輸出加工地帯で雇われています。

〔出典：国際労働機関：www.ilo.org；国連開発計画（2005）・人間開発報告書2005年版、国連開発計画（2000）・人間開発報告書2000年版〕

労働組合の衰退

　先進国のなかには、労働組合の構成員数がかつてないほど低下している国がみられます。例えば、米国では、労働組合に加入しているのは労働者の約12.5％にすぎません（2004年時点）。労働組合のパワーは少し前にくらべてはるかに弱くなっているのです。他方、ほとんどの途上国では、労働組合結成の自由はほとんどありません。労働者を組織化しようとするにあたってはさまざまな種類の障害が生じ、いくつかの国では、労働者が自分たちの権利を主張するために団結することを阻止するために、暴力、虐待、法の手続によらない殺人や身柄の拘束が日常的に用いられているのです。

国際的流動性の増大：労働者の移出入

　今日、貧困と暴力は何百万もの人々がよりよい将来を求めて母国を離れざるを得なくなる悲劇的な理由となっています。経済発展に不均衡があるために、このような動きはさらにふえつつあります。移住労働者が、さまざまな差別や搾取にさらされることもしばしばです。

　合計すると、1億7500万人の移住労働者がおり、これは世界の全人口の2.5％を占めています。国際労働機関の2004年の集計によると、女性の大部分を含む、ほぼ8600万人の移住者が経済活動を行っているか、雇用されるか、さもなければ収益活動に従事するかしています（47.5％）。この推定値に加えて、身分証明書をもたない等、統計に

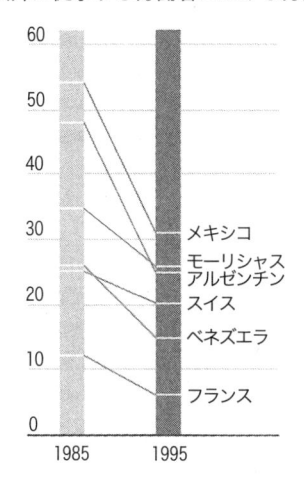

図表：労働組合構成員数の減少
　　　－農業以外に従事する労働者における労働組合加入率

国	1985	1995
メキシコ		
モーリシャス		
アルゼンチン		
スイス		
ベネズエラ		
フランス		

あらわれない移住者が増加しつつあります（移住者全体の10〜15％）。この数字は、グローバル化する世界での不均衡に対して十分な対処がなされないかぎりは、さらに上昇することになるでしょう。

　移住労働者に関係するILO条約（97号条約・143号条約）は、国家の出入国管理政策が国際的に審査されるのではないかと国家がおそれているために、残念ながらほんのわずかな国の批准しかえられていません。すべての移住労働者およびその家族の構成員の権利の保護に関する国連条約が2002年12月に発効し、世界中の移住者にとってよりよい展望が開かれたことは、前向きな展開でしょう。

若者の失業

　先進国も途上国も同じように直面しているもっとも厄介な問題の1つが、若者の失業者が多数になっており、しかもそれがさらに増加しているということです。

> 「若年層は世界の失業者全体の40％以上を占めています。現在世界で失業中の若者は6600万人いると推測されており、この数字は1965年から約1000万人増加しています。また、不完全就業も新たな懸念材料となろうとしています。新しい仕事の大半は給料が安く、不安定です。生活のためにインフォーマル・セクター（雇用統計に含まれない経済部門のこと：訳注）に就き、仕事上の保護も、利益も、将来の展望もほとんどまたはまったくもてない若者が増加しています」。
>
> 〔コフィ・アナン（前国連事務総長）、2001年〕

…国連の集計によると、今日、世界で5億1000万人以上の若い女性および5億4000万人の若い男性が生活しています。
　…これは5人のうちだいたい1人が15歳から24歳という年齢で、若年層は世界の全人口のほぼ18%を占めていることを意味します。…
　…今日の世界は人口のほとんど半分が25歳未満と非常に若々しいのです。…
　…世界レベルでは、2003年において、若者は大人の3.5倍失業しやすいのです。
　…国際労働機関の集計によると、2003年、世界中で約8800万人の若者が失業しています。
　…コロンビア、エジプト、イタリア、ジャマイカ等多様な諸国で、若者3人のうち1人以上が「失業」──すなわち、職をもっておらず、職を探していると同時に／または職に就くことができるという意思を表明している状態──に分類されています。

〔出典：国連（2005）・世界若者報告書2005年版〕

国際労働機関によると、若者の失業は1993年に失業率が11.7%となって以降、着実に増加しています。2003年には、若者の失業率は14.4%という高率に達しました。2003年における若者の失業率は、中東および北米地域ではもっとも高く25.6%、サハラ以南のアフリカ諸国で21%、東アジアではもっとも低く7%、先進工業諸国では13.4%となっています。2003年におけるG8諸国の失業率の合計は15.1%で、10年前から3.4%上昇しています。

　長期の失業等の状況は社会的な困窮を引き起こし、若い時に失業したことによる結果は深刻なものとなりがちです。若者の失業は、しばしば暴力、犯罪、自殺、さらには薬物・アルコールの濫用等の深刻な社会問題をともない、これにより悪循環が永続することになります。

　実効的な若者政策および計画は、若者特有の能力、ニーズおよび相違を考慮に入れながら綿密に推進される必要があります。国連、国際労働機関および世界銀行は、世界レベルでこの問題に対処するための「若者の雇用のためのネットワーク」を創設しています。

〔出典：若者の雇用に向けての窓口：http://www.youthemploymentgateway.org〕

HIV／エイズと世界銀行

　エイズは、職場の問題です。なぜならば、それが労働や生産性に影響を及ぼすばかりでなく、流行病の波及および効果を制限するための広範な闘いにおいて、職場は決

定的に重要な役割を果たすものであるからです。HIV／エイズはおおくの労働者の生計や労働者に生活を依存している人々——家族、社会および企業——に脅威をあたえます。それによって、HIV／エイズは国家の経済も弱体化させてしまうのです。HIVに感染した人々に対する差別および彼らが被る汚名は、職場での基本的な諸原則および権利を脅かし、HIVの防止および介護のための取組をむしばむものです。

　国際労働機関は、企業、社会、国家レベルでこの問題にどのように対処すべきかについての指針をあたえる「ＨＩＶ／エイズに関する行動規範と労働の世界」を公表しています(さらなる情報については、以下を参照：http://www.ilo.org/public/english/protection/trav/aids)。

12 表現の自由とメディアの自由

　すべての者は、意見および表現の自由についての権利を有する。この権利には、干渉されることなく意見をもつ自由、ならびにあらゆる方法によりかつ国境とのかかわりなく、情報および考えを求め、受けおよび伝える自由を含む。

世界人権宣言第19条、1948年

説　例

　スリランカ；マノラニ・サラバナムット博士は、1990年2月に、スリランカで誘拐され、殺害されたジャーナリストであるリチャード・デゾイサの母親です。サラバナムット博士は、彼女の息子の殺人について、真実を明らかにするための運動をしました。彼女は、殺人の捜査をするための情報を当局に提供しましたが、次のように書かれた手紙を受けとることになっただけでした：「あなたの息子の死を弔いなさい。母親として、あなたはそうするべきだ。それ以外のことをすれば、まったく予期しないときに、あなたは死ぬことになる…沈黙のみがあなたを守るだろう」〔出典：ヤン・バウエル。1996年。『女たち、沈黙のみがあなたを守るだろう。表現の自由と人権の言語』。人権と民主的発展のための国際センター〕。

　ベオグラード；2005年9月6日、ラジオオーケーの時事問題編集者であるサーシャ・ストイコヴィッチは、ヴラーニュ市議会のセルビア急進党の2人のメンバーにより口頭で攻撃され、身体的な暴力をふるうと脅されました。数日後には、その議会の議長であるネーナド・ストッチから電話を受け、彼が行った世論調査の件で逮捕すると脅されました。その世論調査の結果はまだ放映されていません

でしたが、ストッチは悪いものであろうと考えていました。

　独立電子メディア協会(ANEM)は、内務省や文化情報省等の適切な部署にジャーナリストとラジオオーケーの編集者を守るように要請しています〔出典：mediawatch@lists.opennet.org of 16 September 2005〕。

　クロアチア；NGOであるセーモ(SEEMO・東南欧メディア協会)がえた情報によると、2005年12月6日に、クロアチアの週刊誌であるフェラル・トリビューンの編集者であるドラーゴ・ヘドゥルが死の脅迫状を受けとりました。ヘドゥルの説明によると、その手紙は彼自身と彼の取材源に向けられたものであったのですが、その取材は1991年にオシジェックでのセルビア市民の拷問と殺害についてのもので、フェラル・トリビューン誌にシリーズ記事として掲載されたものでした。ヘドゥルが死の脅迫状を受けとったのは、これが初めてではありませんでした〔出典：seemo@freemedia.at of 12 December 2005〕。

〔論　点〕
1. 上記の話のなかで、誰によってどんな人権が侵害されているでしょう。
2. 表現の自由とメディアの自由の制限を正当化する理由はどんなものがあるでしょう。
3. これらの自由をよりよい方法で守るために、なにがなされるべきでしょうか。
4. 権利を侵害された人は、なにができますか。
5. 責任あるジャーナリストの義務はなんでしょうか。

「私たちは、私たちの危難、危機、危険のときに、私たちの舌として私たちのペンをつかう自然の権利をもっている」。

〔ヴォルテール、プレスの自由、1964年〕

基礎知識

1　過去と現在の関連性

　意見と表現の自由――「あらゆる方法によりかつ国境とのかかわりなく、情報および考えを求め、受けおよび伝える自由」(世界人権宣言第19条)を含む――は、基本的な市民的および政治的権利の1つで、すべての人権文書に規定されています。そのルーツは18または19世紀における人格的自由を求める闘争のなかで米国と欧州の憲法にかかげられたときにはじまります。英国の哲学者ジョン・スチュワート・ミルは、プレ

スの自由を「腐敗した専制的な政府に対する安全保障の1つ」(『自由論』1859年)と呼びました。それはまた、民主的システムの一要素となる権利でもあります。すなわち、国家の市民だけでなく、すべての人は、政府についての意見を述べ、批判する人権をもつということです。1941年1月にルーズベルト大統領は、言論と表現の自由を、第2次世界大戦後の将来の世界秩序の基礎となるべき4つの自由の1つとして公言しました。国境を超えた情報へのアクセスとその自由な流通は、開かれた多元的社会の重要な要素です。

人間の安全保障、表現およびメディアの自由

「恐怖からの自由」もまた、自分の意見を表明する自由とメディアの自由を含みます。人間の安全保障の概念は、支配権力への批判も含めいかなる情報や考えをも求め、かつ受けとる個人の権利にも基礎づけられているので、ジャーナリストへの脅迫やメディアの規制は、人間の安全保障に対する重大な脅威となります。人間の安全保障に対する新たな脅威、そしてまた新たな機会が「新技術」によってもたらされます。新しい「連結性」は、教育的な目的のためにも、組織犯罪のためにも利用されえます。地雷反対や国際刑事裁判所のための国際的なキャンペーンはより容易になりましたが、「サイバー犯罪」の形で新たなリスクもうまれてきました。経済やサービスが新しい技術に依存するようになるにつれ、包摂と排除の新しい形態がうまれてきました。例えば、ウィーンに本拠をおくNGOのセーモは、テレコム・セルビアが、メディアやその他の人々を民間のインターネットプロバイダからテレコム・セルビア・インターネットサービスへ変えさせるために、貸し出していたインターネットラインに「制限」を設けていたと申し立てました。

どんな紛争も家庭の居間にもちこんでしまうという「CNNファクター」は、メディアの役割を変えてしまいました。世論が果たす重要な役割のために、イラクのケースで見られたように、メディアは戦争において重要な役割をもつようになりました。「情報戦」や「インフォテイメント」は、情報は他の目的につかえるものであるということをしめしています。情報へのアクセスを改善することは、2003年および2005年の世界情報社会サミットの重要な目的でした。

「私はあなたの見解に同意はしませんが、あなたがそれを表明する権利は私の生命をかけて守ります」。

〔ヴォルテール、1694年—1778年〕

新旧の挑戦

　情報、表現およびメディアの自由は冷戦中はとくに重要なもので、当時東欧の社会主義諸国の人々は、外国の、または民間の新聞や雑誌へのアクセスがありませんでした。のちには、中国政府は、衛星受信機の使用を制限して、人々が西側のチャンネルを受信するのを防止しましたし、今日では、自国民に政治的または宗教的な理由で政府が望ましくないと考えるウェブサイトを見せないように、インターネットへのアクセスを制限している国もあります。

　メディアは、表現の自由の受益者と侵害者という**二重の役割**をもちます。メディアは、世界的な問題に関する情報を広め、世界的な連帯感を強化することもできる一方で、特定の国家や特定の経済的または他の利益の宣伝の道具ともなりえます。ユネスコの文化および発展に関する委員会によれば、現代の通信技術は情報の流通のコントロールをより難しくしてしまい、**新たな機会**と同時に**新たな脅威**をも作り出し、それはとくにメディアが攻撃や政治的な規制の対象となるときにいえることです。つねによりおおい視聴者をえて視聴率競争を勝ち抜くために、セックスと犯罪物語に関心を集中させることによって、番組の多様性と良質性は商業化の結果として削減されてしまうでしょう。

　メディアの自由に対する重大な脅威は**メディアの集中**であり、それは、地方レベルでも世界レベルでもおこっています。したがって、おおくの国と欧州連合では、メディアの多様性を保つために、メディアの集中を禁止する法律を作っています。

　情報とメディアの自由のさらに精巧な新しい挑戦は、衛星通信の普及とインターネットへのアクセスの増大にみられる**技術の発展**によってもたらされています。かなり頻繁に国家は、国家の政策に批判的と考える反対意見や見解をおそれて、主に宗教的または道徳的な理由によって、**新しいメディア**へのアクセスを制限しようとします。人種主義や排外主義的なプロパガンダまたは子どものポルノグラフィを掲載しているウェブサイトは多数あるので、そのような関心はつねに不当なものであるとは実際はいえません。しかしながら、表現の自由と民主的な社会の利益の合法的な保護のあいだの壊れやすいバランスは、どのようにして保たれうるのかということが問題となります。インターネットはボーダーレスな性質をもつので、答えは国際的なレベルで主に見つかるでしょう。2001年のサイバー犯罪に関する条約で、欧州評議会はすでに、子どものポルノグラフィを非難し、人権保護という側面の推進はかぎられているものの、国内における刑事責任と訴追のための国際協力の強化を図りました。2003年には、コンピューターシステムを通じて行われた人種差別または排外主義的な性格の犯罪を扱う追加議定書が採択されました。上記の条約は2004年に発効しています。

　世界情報社会サミット（WSIS）は、2003年にジュネーブ、2005年にチュニスで開催され、もう1つの非常に重要な問題をとりあげました。それは、通信の時代または「デジタル・

エイジ」における包摂と排除の問題です。表現の自由は、情報インフラへのアクセスの問題によって本質的に影響を受けます。重要な目的の1つは、どのようにして情報および通信技術へのアクセスを「もつ者」と「もたざる者」のあいだのデジタルと知識の格差、いわゆる「デジタル・デバイド」を埋めるかという問題に関する行動計画を作ることです。情報社会に関する世界サミットは、この問題の根底には、技術的なアプローチをとるのか、価値および人権を指向するアプローチをとるのかという考え方の衝突があることをしめしました。最終文書には、人権への言及はほとんど含まれていません。NGOは、「人権、人間の尊厳および情報社会に関する声明」を提出しました〔出典：世界情報社会サミット：http://www.pdhre.org/wsis/statement.doc〕。

2　表現の自由の内容および表現の自由に対する脅威

　表現の自由は、いくつかの要素を含む枠組的な権利であって、一般的に情報の自由やプレスおよびメディアの自由を含んでいます。それは、意見の自由に基礎づけられていて、それと密接に関係しています。その表現形態は、個人的な意見の表明からメディアの制度的な自由まで幅広いものです。意見の自由は、絶対的な市民的権利であるのに対して、表現の自由は一定の制限がともなう政治的な権利です。

　表現の自由は二重の権利であり、あらゆる種類の意見や考えを表明するという発信する自由と、情報や考えを求め受けとる自由があり、それらは両方とも口頭、文章または印刷物、芸術の形、または新しい技術を含めた他のいかなるメディアを通じて行われるものも含まれます。国境はその権利に干渉するために用いられてはなりません。したがって、表現の自由はまた、提案されている「コミュニケーションの権利」の重要な部分となるでしょう。しかしながら、この権利に関する宣言草案は民間によって作られましたが、今のところ国家による支持は受けていません。

> 表現の自由の主な要素：
> ・干渉なく意見をもつ自由（意見の自由）
> ・情報と考えを求め、受けとり、発信する自由（言論の自由、情報の自由）
> ・口頭で、文書で、活字で、芸術の形で；
> ・いかなるメディアをも通じて（メディアの自由）；
> ・国境にかかわりなく（国際的な通信の自由）
> 〔出典：世界人権宣言第19条；自由権規約第19条；欧州人権条約第10条；米州人権宣言第4条；米州人権条約第13条；バンジュール憲章第9条〕

　表現する権利のいくつかの**要素**は、**他の人権にも関連しています**。例えば：

・思想、良心および宗教の自由に対する権利(自由権規約第18条)
☞ **宗教の自由**
・著者が、科学的、文学的、芸術的いかなる作品から生じる道徳的および物質的な利益をも保護され、そこから利益をえる権利、すなわち、著作権(社会権規約第15条1項(c))
・教育についての人権(社会権規約第13条)に関連して、表現の自由は**学問の自由**およびそれらの自由を守るための高等教育機関の自治に結びつきます。

表現の自由のおおきな制限が自由権規約第20条に含まれていますが、同条項は**戦争の宣伝**および差別、敵意または暴力の扇動となる**国民的、人種的または宗教的憎悪**の唱導を禁止しています。国家は立法によってこれらを禁止する義務があります。
☞ **差別禁止**

権利の侵害、脅威および危険

実際は、この基本的な人権が世界中のおおくの国で、表現とメディアの自由に対する制限を通じて、広く侵害されていることがアムネスティ・インターナショナルやヒューマン・ライツ・ウォッチの年次報告書からも分かります。国境なきレポーターによれば、2005年には63人のジャーナリストとメディア関係者が殺害され、1000以上のメディアが非難されたり禁止されたりしたことが記録されています。これは前年度にくらべて60％増加しています。したがって、同組織は、特別な法的な文書、例えば「戦争地域または危険な地域で働くジャーナリストの安全のための憲章」を提案しました。

2001年9月11日のテロリスト攻撃に続く「テロリズムに対する戦争」は、さまざまな政府による情報の自由への新しい脅威をもたらしました。例えば、この点に関して、ライターの連盟であるペン(PEN)は、米国愛国者法の見直しをうながしました。表現とメディアの自由はまた、国際ヘルシンキ人権連盟がその出版物「バルカンにおけるヘイト・スピーチ」で報告しているように、憎悪や紛争を引き起こすために誤用されることもあります。

検閲の脅威というものもあり、それは、国家による検閲の形もあれば、経済的または他の手段を用いての検閲もあります。検閲とは、1989年の冷戦終結以前の東欧社会主義諸国のほとんどで行われていたように、当局が承認してからでないと記事が発行できないということを意味します。経済的な利害関係によって一定の意見の公表が妨げられるということもあり、例えば、軍需産業が戦争に対して批判的な態度をもった記事を妨害する等が考えられます。法的および私的なメディアに対する政治的なコントロールのさまざまな形態が今日、世界中で一般的に見られます。ジャーナリストの独立を守るためにも、彼らの仕事の専門性を保証するためにも、職業規則が役にたち

ます。

　検閲はまた、**自己検閲**を通じても起こることがあり、それは、ジャーナリストやメディアの指導部が政治的または他の利益を事前に自ら考慮する場合に起こります。最終的には、なにが報道する価値があるのか、そして、「活字にするのに適している」のかについて決定する際に、都合良くないと思われる情報、少数者の見解や売れないだろうと思われるものは排除されるでしょう。なにをどのように公表するかについての決定は、しばしば論争となります。**ガイドライン**(Codes of good practice)の作成は方向性をあたえてくれるでしょう。そうでなくても、**メディアの多様性**を保つために、異なる見解が読まれ、聞かれ、そして見られることが保証されるべきです。

権利の合法的な制限

　責任をともなわない自由というのはありえず、無制限の自由は他の人権、例えばプライバシーの権利の侵害を引き起こすかもしれません。しかし、制限は政府によって合法的な理由で正当化される必要があり、それは世論によって、そして、最終的には司法機関によって審査されます。

　世界人権宣言第29条によれば、すべての人の権利と自由の行使は法によって定められる制限、とりわけ「他人の権利および自由の正当な承認および尊重を保証する目的」にしたがいます。自由権規約第19条3項は、規定されている権利は**特別の義務および責任**をともなうことを思い出させます。このことは、表現とメディアの自由は適切な注意をもって扱われなくてはならない非常に繊細な権利であることをしめしています。その義務および責任の内容は規約にしめされてはおらず、通常、職業倫理綱領や国内法で定められていますが、それらが人権の内容を侵害してはいけません。典型的な義務および責任として、客観的な情報をあたえる義務、とくに、誠実にレポートする義務、そして最低限異なる意見を許す義務が関係しています。

　いくつかの責任は表現の自由の制限事由にも一致するものですが、意見の自由に対しては、合法的な制限というのはありません。

　自由権規約第19条3項によれば、3つのタイプの制限が、立法によるものであり、必要だと考えられるかぎりにおいては、可能です：
- 「他の者の権利または信用の尊重のため；または
- 国の安全または公の秩序の保護のため；または
- 公衆の健康または道徳の保護のため」

　法解釈のルールに従えば、権利の制限は制約的に解釈されなくてはなりません。権利の主要部分は損なわれてはならないし、制限は、言及されているような他の者の権利や基本的な公共の利益の保護に必要以上におおきなものであってはなりません。

欧州人権条約第10条においては、制限事由のリストはより長く、より詳細になっています。同条約は、表現の自由の行使は「法律で定める手続、条件、制限または刑罰であって、…民主的社会において必要なもの」に従うと述べています。そのような制限は、次のようなものによって正当化されます：
- 「国の安全、領土保全もしくは公共の安全のため、
- 無秩序もしくは犯罪の防止のため、健康もしくは道徳の保護のため、
- 他の者の信用もしくは権利の保護のため、
- 秘密に受けた情報の暴露を防止するため、または、
- 司法機関の権威および公平性を維持するため」

他のどんな権利も、このような例外事由に関する長いリストをもってはいません。しかしながら、権利の制限を合法化するためには、2つの重要な前提条件が満たされなくてはなりません。すなわち、その例外は：
- 法律で定められており
- 民主的社会において必要である。

「法律で定められる」ということは、制限は国会の行為であって、政府の行政命令ではないということを意味します。とりわけ重要なのが「民主的社会において必要」という条件です。これは、表現とメディアの自由を、民主的な手段によって統治される開かれた多元的な社会の概念に結びつけます。欧州人権裁判所は、いわゆるLingens事件にみられるように、この要求に対して非常にきびしい態度をとってきました。1986年に欧州人権裁判所は、政治家は、普通の人より高度な批判を甘受しなくてはならず、自分の名声を守るためにジャーナリストを黙らせることはできないと判断しました。プレスの自由とバランスをとらなければなりません。このように、比例性の原則がつねに考慮される必要があります。

1965年の人種差別撤廃条約第4条によれば、人種主義的な思想の流布、人種差別の扇動、または、人種主義に基づく活動に対する資金援助は、当事国によって処罰すべき犯罪とされるべきで、また、当事国は人種差別を助長し扇動する団体や宣伝活動を違法であると宣言し、禁止するべきとされています。

☞ **無差別**

3　実施と監視

表現の自由という人権とそれを構成する諸権利を実施するためのさまざまな道具や手続が存在しています。第一に、この自由を国内法に組み入れて、侵害の申立てがさ

れた場合には、法的な救済を提供することは国家の義務です。したがって、権利は、ほとんどの憲法のなかで基本的権利と自由のカタログの一部をなすものとして規定されており、最低限の基準が普遍的なレベルや地域的なレベルの国際的な義務から導き出されます。

さまざまな**メディアと通信に関する法**や規則もたいへん重要なものです。それらは日常的な実行のなかで、権利とそれに対する制限を、国際的な義務や国内憲法に合致するようなやり方でさらに詳細に規定します。また、プレスや電子メディアを規制したり自己規制したりするための**国内監視機関**、例えばプレスまたはメディア・カウンシルのようなものがたちあげられることもありますが、それは、しばしば専門家および／または市民社会の代表によって作られています。メディア部門を規制し、質の高さを確保し、そして競争を刺激するために、国家は、差別なく利用できるライセンスを発行することもできます。

規制または監視メカニズムの仕事は、国家による遵守を監視するという場合もあります。例えば、自由権規約のもとで、国家は定期的に「5年ごと」に自国の義務の実施に関して**国家報告書**を提出する義務がありますが、それは、人権委員会によって審議されます。それは、1983年の一般的意見10のなかで、第19条の解釈をしめしました。同委員会は、国家が自由権規約の第1追加議定書を批准している場合は、通報、すなわち個人からの申立てを受けとることもできます(2009年12月現在113カ国)。

米州やアフリカのシステムのような**地域的な監視メカニズム**は、委員会に対する個人通報を規定しており、委員会は、結論や勧告をしめすことができます。欧州や米州のシステムの場合は、裁判所は国家を拘束する決定をしめしたり、保障をあたえたりすることもできます。さらに、欧州評議会には「閣僚委員会の監視手続」もあり、それはとりわけ締約国における表現と情報の自由もカバーしています。

条約に基づいた手続とは別に、いわゆる憲章に基づいた手続もあります。例えば、**意見と表現の自由に対する権利の促進と保護に関する特別報告者**がそうですが、同報告者は、国連人権理事会に世界中における表現の自由の状況について報告をし、人権の要素に関して見解、勧告およびコメントを出します。

欧州安全保障協力機構の56の構成国について、1997年に**メディアの自由代表**が導入されました。その任務は、自由で開かれた社会と、政府が説明責任をもつシステムにとって決定的に重要である、自由、独立かつ多様性をもつメディアの促進に関する参加国のメディアセクターにおける発展を、国際的な義務および1975年のヘルシンキ最終議定書以降の一連のフォローアップ会議や専門家の会合において採択された欧州安全保障協力機構の基準に基いてフォローすることです。

職業団体や他のNGOの役割

　国際ジャーナリスト連盟、国際新聞編集者協会(IPI)、国際ペンクラブ、国際出版社協会(IPA)または国際表現の自由交流(IFEX)といった職業団体は、世界のさまざまな国や地域におけるメディアの自由について包括的な情報を収集し、制限に関してそのメンバーを支えています。彼らは、これらの自由が侵害される状況に対して、注意をひきつけたり、制限を非難したり、キャンペーンや緊急行動アピールを打ちあげたり、情報の自由に関する規則に従ってメディアの集中、腐敗、国家機密および透明性といった特別の問題に関する報告書を用意したりします。その活動のなかで、それらは、「アーティクル19」や国境なきレポーターのようなプレスとメディアの自由の保護に特化したNGOおよびアムネスティ・インターナショナルや国際人権政策評議会のような一般的な人権NGOの支持を受けています。さらに、それらは、政府間組織や、国連の表現の自由に関する特別報告者や、欧州安全保障協力機構のメディアの自由代表のような特別な機関とも協力しています。

　国内レベルでは、独立メディア委員会や職業団体のような制度的な監視団体やNGOが、問題となっている人権侵害、過度な名誉毀損法および批判的なジャーナリストを沈黙させる慣行を予防することを目標としています。それらはまた、この分野において、職業倫理綱領の尊重についても監視しています。

4　異文化間的見地と論争点

　文化の違いは、表現の自由の実施において多様性をうみだします。米国にくらべると、欧州や他の地域は、あるグループの尊厳を攻撃するものであるヘイト・スピーチに関して、異なる態度をとっています。欧州は、民族的、人種的または宗教的な憎悪の唱道、とくに反ユダヤ主義、ナチスについてのプロパガンダ、またはホロコーストの否定や他の極右の形態を大目に見ることはしません；これは、米国の憲法では、すくなくとも部分的には表現の自由(修正第1条)によってカバーされているものです。

　例えば、オーストリアにおいて、英国の作家デイヴィッド・アービングに、2006年にホロコーストを否定した罪で、3年の懲役判決が出されたことは、米国ではユダヤ人作家からも、自分たちが理解するところの言論の自由を侵害するものだとして非難されましたが、その非難によると、言論の自由は、「自分たちが憎悪する思想のための自由」もまた含むべきであるといいます(ジェフ・ジャコビー、ザ・ボストングローブ、2006年3月3日)。

　欧州人権条約のJersild対デンマーク事件において、緻密な区別が例示されたことがあります。同事件では、人種主義的な声明を出していた若い人種主義者とのインタビューを放映したジャーナリストの処罰は、欧州人権条約第10条における情報の自由

の侵害であったと認定する一方で、その声明を出した者は、第10条によって保護はされないと判示しました。

　欧州人権裁判所の「評価の余地理論」によれば、欧州諸国のあいだで異なる余地があります。これは、ポルノグラフィと考えられる言論、書物または放映に関して、道徳の保護という点でとくに関係してきます。品位や未成年者の保護の問題は、他の有害な内容と同様に国家に任されており、国家はしばしばこの点でメディアを誘導するために独立の機関を用います。政治家や宗教的な団体の公の批判に関しても、さまざまな基準が存在します。例えば、誰かにとって芸術的な自由と考えられるものが、他の人によっては神への冒涜となりえます。したがって、表現とメディアの自由は、一定の制限を尊重しなければならない一方で、国家や影響力のある人物が自分たちへの批判を沈黙させるという傾向から守られなくてはならないという、十分に注意を要する権利です。

　予言者ムハンマドの風刺画は、最初に2005年にデンマークの新聞で公表され、そののち、おおくの西側諸国で再版されたものですが、いくつかのイスラム諸国では暴力的な反応や、デンマーク商品のボイコットが引き起こされ、デンマーク政府は謝罪せざるをえませんでした。この出来事は、プレスの自由と表現の自由の、宗教の自由の一部としての宗教的感情の尊重による制限についての世界規模の論争を引き起こしました。これは国内レベルでの問題だけではなく、今日、グローバルな側面をもつようになりました。アジア諸国において、プレスの「無責任な報告」によって政治的な争いがけしかけられ、国家の安定が脅かされることがあり、そのような国では、表現とメディアの自由のきびしい制限が、国家の安定の維持という理由によって長いあいだ正当化されてきています。2000年に開かれた**アジア欧州会合のセミナー**では、欧州とアジアの対話の問題を取扱いましたが、政府は過剰反応して必要以上にメディアの自由を縮小する傾向があると考えられました。また、メディアの集中やジャーナリストの独立の欠如のような問題は、地域的な違いよりも共通点の方がおおく見つかりました。表現とメディアの自由と、民主的国家の安定性、またはメディアによって不当な疑惑を受けた人物の道徳的な一体性を守るための合法的な制限とのあいだに争いのある場合に公平な線を引くのは、独立した司法部の責任です。

　例えば、ボスニア・ヘルツェゴビナのバンヤルカにおいて、戦争終了から数年後に、ある新聞が戦争犯罪を犯したと疑われる人物のリストを発表しました。これらの人物はまだ公式に起訴されておらず、個人的な復讐の対象になるかもしれないという怖れにより、このリストは当局により合法的に禁止されました。

　Constitutional Rights Project, Civil Liberties Organization and Media Rights Agenda対ナイジェリア事件において、アフリカ人権委員会は、ナイジェリアの軍事政府による行政命令というやり方での、反対勢力に対する新聞の禁止をとり扱わねばなりませんでした：
「これらのような命令は、政府が人々に知られたくない情報を受けとる人々の権利

に対して重大な脅威をもたらす。情報を受けとる権利は重要である：(人と人民の権利に関するアフリカ憲章の)第9条は、情報や意見の主題がなんであれ、国の政治的状況がどのような状況であれ免脱を許すとは思えない。したがって、委員会は、新聞の禁止は第9条1項の違反であると考える」。

ガンビアでの政変後ジャーナリストに対してとられた措置について、アフリカ人権委員会は、次のように考えました：「発表した記事や尋ねた質問のためにジャーナリストを逮捕したり、拘束したりするという脅しは、ジャーナリスト自身の意見を自由に表現し発表する権利を奪うだけでなく、人々の情報に対する権利もまた、奪っている。この行為は明らかに憲章第9条の規定に違反する」。
〔出典：アフリカ人権委員会第13回活動報告書1999-2000：http://www.chr.up.ac.za/hrdocs/documents/13thAnnualActivityReport-AHG.pdf〕

2004年11月24日の「アフリカおよびアラブ地域での情報化社会におけるメディアの役割と位置づけ」会議によって採択されたマラケシュ宣言は、「表現の自由とプレスの自由は、アフリカ、アラブ地域および世界中での情報化社会の建設の核心に位置する」と確認しています。
〔出典：ソウルビートアフリカ――変革のための通信：http://www.comminit.com/africa〕

NGOであるアラブ・プレス・フリーダム・ウォッチは、ジャーナリストのアラブ連合との密接な協力のもとに、プレスの自由と人権を積極的に守るために、そして、民主主義を促進するために設立されました。

> 「話すことは、容易なことではない、沈黙していることは、危険である」。
> 〔マリの格言〕

5　年　表

1948年	世界人権宣言
1966年	自由権規約
1978年	平和および国際理解の強化、人権の促進、ならびに人種主義、アパルトヘイトおよび戦争の扇動への対抗に関するマスメディアの貢献に関する基本原則に関するユネスコ宣言
1983年	自由権規約第19条に関する人権委員会の一般的意見
1993年	意見と表現の自由に対する権利の促進と保護に関する国連特別報告者
1997年	欧州安全保障協力機構のメディアの自由代表

1999年	意見と表現の自由に関する国連人権委員会の決議(1999/36)
2001年	欧州評議会のサイバー犯罪に関する条約と追加議定書(2003年)
2003年	ジュネーブにおける世界情報社会サミット第1部：原則の宣言と行動計画
2005年	チュニスにおける世界情報社会サミット第2部：情報化社会のためのチュニス・コミットメントおよびチュニス・アジェンダ

展　開

1　民主的社会のための自由なメディアの役割

　メディアの多様性は、多元的な民主主義に欠くことのできない要素です。立法、行政および司法権力とならぶ、いわゆる「第4の権力」としてのメディアの役割の重要性は、ジャーナリストやメディア所有者による自由の行使によって他人の人権を侵害しないための特別の注意と責任を必要とします。

☞民主主義に対する権利

　ある特定の社会における自由は、プレスとメディアの自由によって、容易に決まります。権威主義的な政府や独裁者が通常とる最初のステップは、表現の自由やメディアの自由を禁止したり廃止したりすることです。戦争や紛争後の民主的社会の建設や再建のためには、他人の意見を尊重し寛大に取り扱うことができ、憎悪や暴力のそそのかしを慎む多元的なメディアのシステムがもっとも重要となります。

> 「情報は民主主義の酸素である」。
> 〔アーティクル19──表現の自由のためのグローバルキャンペーン〕

> 「ジャーナリストは、民主主義の後見人である」。
> 〔マオド・ド・ブーア＝ブキッキオ、欧州評議会事務次長、2002年〕

　このことは、公的なメディアの独立と、私的なメディア間での多元主義を確保し、客観性、公正さおよび寛大さの基準に関して、メディアの活動を監視する適切な法的枠組を要求します。

2　メディアと少数者

　少数者はしばしば、メディアへのアクセスという点や、自分たちの言語でのメディアをもつことにおいて問題に直面します。欧州では、自由権規約第19条や欧州人権規約第10条に基づいた特別の拘束力ある基準があります。それらのなかにはとくに、1995年の欧州評議会の民族的少数者保護枠組条約第9条があります。したがって、民族的少数者に属する人もまた、意見と表現の自由をもっています。国境にかかわりなく少数者の言語で情報や思考を求め、受けとり、または発信する彼らの自由は、公権力によって尊重されなくてはなりません。政府は、民族的少数者に属する人がメディアへのアクセスという点で差別されないことを保証しなければなりませんが、そのような差別は実際容易に起こるものです。

> 「メディアは、人々に情報をあたえ、訴追、起訴または抑圧されるおそれなくして公権力の行動を調査するための民主主義における中心的な役割をもっている」。
> 〔ケビン・ボイル、『表現の自由に対する制限』、2000年〕

　彼らは、彼ら自身の活字メディアを作ったり、法律に従って電子メディアを作ったりすることを妨げられてはなりません。欧州安全保障協力機構の枠組においては、さらなる基準も存在しています。しかしながら、移民から生じる、いわゆる「新しい少数者」に関しては、しばしばより問題が生じます。民族的、または「古い」少数者とくらべて、彼らはメディアへのアクセスを保証するいかなる法的に保障された権利も通常もっていません。このことは、彼らの表現の可能性がかぎられている状況において、彼らがときどき一般的なメディアのなかで排外主義的な描かれ方をすることを考慮すると、とくに懸念されます。

　1992年の欧州評議会の地域言語または少数言語のための欧州憲章第11条は、当事国に、放送局が地域言語または少数言語での番組を提供するか、地域言語または少数言語でのラジオ局とテレビ局を最低1つずつ作ることを確保、促進および／または容易にするための適切な規定を作るように述べています。

3　メディアの自由と経済的発展

　メディアの自由と経済的発展は、恐怖からの自由と欠乏からの自由が結びついているのと同じように関連をもっています。経済的発展、貧困の改善および人々の基本的、社会的、経済的権利の充足のための表現の自由とメディアの自由の重要性のなかにも、

人権一般への全体論的なアプローチを要求するすべての人権の相互依存性と不可分性を見ることができます。メディアによって報告されることがなければ、資源へのアクセスや再配分における欠陥や腐敗は気づかれないままでしょう。

> 「民主的な形態の政府と比較的自由なプレスをもった国では、深刻な飢餓が生じたことはない」。
> 〔アマルティア・セン、ノーベル賞受賞経済学者〕

4 戦争宣伝と憎悪の唱道

　自由権規約の第20条1項によれば、いかなる戦争の宣伝も法律により禁止され、第20条2項は、民族的、人種的または宗教的憎悪の唱道を通じて差別、敵意または暴力を扇動することを禁止することも求めています。旧ユーゴスラビアにおける戦争では、メディアに戦争を宣伝し、憎悪と民族浄化を引き起こした責任の一端がありました。ラジオミルコリンズの放送は、100万人以上が殺害された1994年のルワンダにおけるジェノサイドでおおきな役割を果たしました。「それらのゴキブリを弾丸で殺すな――ナタで八つ裂きにしろ」とは放送された言葉の1つで、フツ族に、ツチ族とツチ族に同情的なフツ族を殺すように求めていました。そのラジオ局自体は、1993年に、フツ族の大統領ハブヤリ・マナの家族によって創立されたものでしたが、同大統領の死が民族虐殺の勃発の主な理由の1つでした。同ラジオ局の責任は、タンザニアのアルーシャにおかれたルワンダ国際刑事裁判所によって認められています。

5 成功例

- ユネスコは、5月3日を世界報道自由の日と定め、世界報道の自由賞を始めました。
- 戦争犯罪プロジェクトは、メディア、政府、および人権・人道NGOのあいだに戦争法についての意識を高めるために、ジャーナリスト、法律家および研究者間の協力を進めています。
- コソボの事例において、独立メディア委員会とプレス理事会が設立され、メディアに関する規則や法に含まれる基準の実施を監視しています。それらはまた、認可の責任ももっています。2001年にボスニア・ヘルツェゴビナ連邦のオンブズマンから、自分たちは通信規制庁によってとられている認可手続を注意深く見守っており、いくつかの事例では、透明性と、すべての申請者に対する平等な条件を要求したとの報告があり、同局は、この彼らの要求を受け入れました。

「戦争が宣言されると、真実が第一の犠牲者となる」。
〔アーサー・ポンソンビー、イギリスの政治家・執筆家、1928年〕

「言葉が最初に殺す、弾丸はそのあとに過ぎない」。
〔アダム・ミニック、ポーランドの作家〕

6　メディアの自由と人権教育

「ジャーナリズムのなかに、人権とはなんであるかという知識の重大な欠如があります。おおくのジャーナリストは、おおくの政治家や市民社会で働く他の人々と同様、世界人権宣言や国際的な人権諸条約とそのメカニズムについてくわしくは知りません。しばしば彼らは、人権法と戦争法の違いを理解していません。その結果として、人権はしばしば紛争のレポートの場面においてのみ関係するものであると誤って捉えられています」。
〔『ジャーナリズム、メディアおよび人権レポートの挑戦』人権に関する国際理事会、2002年〕

66カ国における78団体からなる国際出版社協会は、国連人権教育に関する10年に対して提出したコメントにおいて、表現の自由と出版の自由に関する意識向上活動の重要性を強調しました〔出典：『人権の促進と保護：情報と教育。国連人権教育の10年行動計画の実施』国連経済社会理事会、2003年、1995−2004年、E/CN.4/2003/100〕。

7　傾　向

メディアとワールド・ワイド・ウェブ

2001年の国連人間開発報告書と2005年のユネスコの報告書「知識社会に向けて」によれば、インターネットはこの数年で急激に成長し、1995年には1600万人の利用者だったのに対して、2004年には5億人以上にまでなりました。しかし、全世界でインターネットへのアクセスをもつ者はまだ11％以下に過ぎず、とくにアフリカでは0.1％以下であることは、「デジタル連帯」の問題を生んでいます。しかしながら、ワールド・ワイド・ウェブによってジャーナリストにも出版社にもさまざまな新しい選択肢があたえられ、メディアに重要なインパクトをあたえました。比較的小規模なメディア会社も今や世界中の人々に声を届けるチャンスをもっています。しかしながら、一定のウェブページへのアクセスをブロックして、インターネットの規制や検閲を行っている国家もあ

ります。2005年にはヤフーやグーグルのような捜索エンジンが中国政府が反体制者を追跡するのを助けているとして、NGOから攻撃されました。

南における知識社会に向けて

情報化社会の知識社会への移行は、情報と通信技術の利用可能性の増大に基礎づけられます。表現の自由の文脈において、国家は、知識へのアクセスをえるために不可欠な情報技術へのアクセスを提供する積極的な義務を負っています。

この目的のために、2003年の世界情報社会サミットの場で、いぜんとして情報技術へのアクセスから排除されているコミュニティのために、デジタル・デバイドを減少させるため、コミュニティ・マルチセンターを創設するイニシアティブがうちたてられました。ここでは次のようなアプローチがとられました。すなわち、地元のラジオを、インターネット、Eメールサービス、電話、ファックスおよびコピーに接続したコンピュータのようなコミュニティのテレセンターのインフラにつなげることによって、アクセスや学習や新旧技術の結びつきを行ったということです。この目的は、コミュニティのメンバーが新しい技術を恒常的につかえるようにして、世界中からの情報にアクセスできるようにするということです〔出典：『知識社会に向けて』ユネスコ、2005年、パリ〕。

13　民主主義に対する権利

キーワード　代表制と参加　多元主義と包摂　人間の尊厳と自由

　すべての者は、直接に、又は自由に選出された代表者を通じて、自国の統治に参与する権利を有する。すべて人は、自国の公務に平等に携わる権利を有する。人民の意思は、統治の権力を基礎である。この意思は、定期のかつ真正な選挙によって表明されなければならない。この選挙は、平等の普通選挙によるものでなければならず、また、秘密投票又はこれと同等の自由が保障される投票手続によって行われなければならない。

世界人権宣言第21条、1948年

説　例

東ティモールにおける民主主義の構築

　1999年、東ティモールは、450年の外国による支配と25年のインドネシアによる占領を経て、国連監視の人民投票で独立の意思を表明しました。インドネシアからの独立を求めたことで、東ティモールは、情け容赦のない暴力にまみえることになりました。親インドネシア武装集団は、インドネシア軍隊の支援のもとで、少なくとも1000人の人民を殺害し、数十万人をインドネシアの西ティモールに追放したのです。町や村は武装集団により破壊されました。

　国連は、この危機に対応するために、1999年9月20日に多国籍軍を派遣し、10月26日に東ティモール暫定行政機構（UNTAET）を設立しました。

国連の支援を受けて、東ティモール民主共和国が2002年5月20日に正式に誕生しました。88名の制憲議会議員が2001年8月30日に行われた東ティモールでの最初の自由で民主的な選挙で選ばれました。制憲議会は同国憲法を定め、国会、首相および象徴的大統領を導入した民主共和国が憲法により樹立されました。
　最初の大統領選挙は2002年4月14日に行われました。勝者はシャナナ・グスマンであり、彼は独立闘争におけるかつてのゲリラの指導者でした。グスマンは東ティモール人民のあいだでは伝説的な人物であり、彼の人気が同国の安定化に寄与することが期待されています。UNTAETに代わり、国連東ティモール支援団(UNMISET)が設立され、2003年5月まで同国にとどまりました。UNMISETは5000人の軍隊と1250人の警察官から成り、東ティモール政府樹立後の最初の1年間に市民に安全をもたらすことに貢献しました。
　2002年9月27日、東ティモールは国連の191カ国目の加盟国となりました。

正義と和解

　東ティモールの民主主義への移行は、1999年に虐殺を行った人たちの大多数が犯罪の責任を負わないという事実により雲行きが怪しくなりました。
　虐殺者の大半はインドネシアで生活しており、同国政府は被疑者を東ティモール当局に引き渡すことを拒んでいます。
　インドネシア政府は、国際社会の強い圧力を受けて、1999年になされた人道に対する罪を訴追する人権裁判所をジャカルタに設立しました。この裁判所は、政府官吏や治安軍構成員を裁くために設置されました。
　動向を注視していたおおくの者は、裁判所が重要な被疑者であるウィラント将軍を起訴しないことを批判しました。同将軍は、大虐殺が行われたさいのインドネシア軍の将軍でした。さらに、すでに裁かれた官吏は、無罪あるいは寛大な判決を下されました。
　国連人権委員会ならびにアムネスティ・インターナショナルやヒューマン・ライツ・ウォッチのような人権団体は、裁判には最初から大きな欠陥があるといずれも主張しました。
　人権擁護者は、国連決議に基づく国際的な刑事裁判所が旧ユーゴスラビアやルワンダのように東ティモールの虐殺に関しても設立されるべきだと主張しています。
　しかしながら、東ティモールの指導者たちは、虐殺を行った武装集団兵の運命をめぐって分裂しています。
　国民統一と和解の精神を促進することに努めながら、グスマン大統領は、暴力行為で告訴された者が恩赦を与えられるべきだと主張しています。しかしながら、

マリ・アルカティリ首相は正義が施されなければならないと主張しています。

直面する難題

さらに、東ティモール政府は、数千人の難民を帰還させる難題に直面しなければなりませんでした。

虐殺者の扱い、数十万人の難民、貧困、そしてもちろん、新たに成し遂げられた民主的構造を促進する任務を含むおおくの難題が、この新しい国の前途に横たわっています。

国連の支援を受けて、新しく独立した東ティモールの民主主義は、これらの難題を処理し、克服することができました。また、同国領海内に埋蔵されている豊富な石油とガスは、市民社会ならびに包摂、参加および人間の尊厳に基づく民主的な文化を構築し維持するために必要不可欠な資源をこの新興国に与えています。

[論 点]
1. 正義と和解は相互に依存しているのでしょうか、それとも、お互いに排除しあうのでしょうか。
2. 民主主義を求めて闘争している国をほかに知っていますか。これらの国が直面している問題は何でしょうか。
3. 民主化の過程は、いかなる要素を特徴にもち、またそれらを育むべきでしょうか。
4. 活動的な市民は、自国での民主化の過程にどのようにして貢献することができるのでしょうか。具体的に示してみましょう。

基礎知識

1 民主主義の向上？

参加する権利は人権の中心にあり、人間の安全保障ネットワークが映し出す原理、構想および価値の基礎です。同ネットワークの構成国により追求される特定の政策指針、すなわち人間の安全保障を促進することは、参加と民主主義の双方に依拠しています。

民主主義は、**人民の支配**として通常言い換えられます。しかしながら、民主主義は、その定義においてかなり複雑なものです。それは統治の一形態であり、国家の社会政治学的ならびに法的組織形態の基礎となる1つの考えでもあります。それは1つのイデオロギーとして見ることもでき、現実と理論の双方において、おおくの異なるモデルの形態となってあらわれます。要するに、民主主義は、数え切れないさまざまな意味

をもっているのです。

　それでもなお、民主主義は、その本質においては人権の諸原理と強く結びついており、人間の尊厳の十分な尊重と保護を確保しなければ機能することができません。参加と代表制に加えて、民主主義はさらに包摂とも関連しており、これは地域社会、地方または国家のなかの市民生活に十分に包摂される権利なのです。個々の市民が包摂され、そして参加する権利をどれほど十分に行使するかはその市民の判断に委ねられていますが、それでもこの権利を否定することはできません。包摂とともに、**多元主義**の考えが民主的統治の中心にあります。多元主義の意味するものは、「よそ者であること」の克服であり、人間としての多様な経験を経てきた人々が法の支配のもとで、尊厳をもちながら、多様性が力や活力の源として考えられるようななかで共生することです。本質的に、市民権や他の適法な在留を正当に主張できる人は、誰でも包摂と人間の尊厳を否定されることはありません。これは、民主主義の試金石なのです。

　非民主的な構造と人権侵害は、明白な**関連があります。**そのうえ、民主主義が機能していたとしても、人権の否定がなされれば、民主主義は脆弱になりえます。1つの侵害はある1つの違反にすぎませんが、人権の否定（これはしばしば真の包摂と多元主義の否定ともなりえます）は社会的で組織的なものです。例えば、国連人間開発指数でつねに上位に位置するカナダのような進歩的な民主主義でさえ、包摂がカナダ先住民には行われてこなかったことが認められます。民主主義が進んだおおくの国家においても、政界その他影響力をもつ分野への女性の十分な包摂はいまだ否定されています。米国では、少数者および同性愛者のような性的少数者は、包摂や多元主義を求め、苦闘のさなかにあります。

　反対に、包摂の失敗や多元主義の実践が不完全な場合には、深刻な結果を招きます。このような結果は、2005年後半にフランスにおける少数者のなかから発生した広範囲で暴力的な市民騒動や、ドイツでのトルコ系合法定住者との継続的な緊張状態となってあらわれました。

　多元主義と包摂の義務をより深く理解することは、民主主義の健全な進展に欠かせません。このことは、今日まで民主主義が疑いの余地なく人権保障と人間の安全保障にもっとも寄与するシステムであることの理由なのです。

　民主主義は、その受益者の関心と能動的な参加に依存しています。知識を提供され、知識にアクセスすることは、民主主義システムに有意義に参加することの前提条件です。このシステムの働きや民主的社会の仕組みと制度を基本的に理解している人たちだけが、貢献し利益を享受できるのです。このメッセージを伝えることは民主主義教育のもっとも重要な機能の1つであり、この教育の目的は責任のある市民の形成なのです。

　この章は民主主義と人権の全体像を描くことを目的とし、民主主義が一度で獲得で

きるものではなく、永続的な作業と関わりを必要とするプロセスであることを明らかにします。

世界での民主主義の進展	世界での分断化
1980年以降、81カ国が民主主義に向けて有意義な歩みをしるし、33の軍事体制が文民政府に交替しました。	81の新たな民主主義国のうち、47カ国のみが十分に民主的です。他のおおくの国は、民主制に移行しているとは思われないか権威主義または紛争状態に後退しました。
世界の200近い国のうち、140カ国が現在多数の政党が参加する選挙を行っています。	世界の人民の57％を占める82カ国のみが十分に民主的です。
世界の人口の62％を占める125カ国には、自由または部分的に自由なプレスがあります。	世界の人口の38％を構成する61カ国では、自由なプレスがありません。
6つの主要な人権条約を批准している国の数は1990年以降劇的に増加しました。社会権規約および自由権規約の批准数は90から150近くに増えました。	106カ国は依然として重要な市民的および政治的自由を制限しています。38カ国は自由権規約を批准も署名もしておらず、41カ国は社会権規約を批准も署名もしていません。
10カ国において、30％以上の国会議員は女性です。	世界全体では、女性の国会議員はわずか14％であり、そして、10カ国では女性の国会議員は1人もいません。

〔出典：国連開発計画『人間開発報告書2002年版』、2002年〕

民主主義の前進（すべての政府における割合）

	1990年	2003年
専制政体	39％	18％
専制と民主制の中間政体	22％	27％
民主制政体	39％	55％

〔出典：国連開発計画『人間開発報告書2005年版』、2005年〕

民主主義と人間の安全保障

　人間の安全保障の問題は、人々の生活や生計に対して広がっている脅威から自由をえることに焦点を当てるものであり、脅威が政治的、社会的または経済的なものであるかを問いません。この問題は、人権および民主的自由の尊重ならびに人間開発のための「エンパワーメント」（個人の能力向上）が人間の安全保障を守り促進することにとって不可欠であるという考え方から出発しています。人権、人間開発および人間の安全保障の3つは、重なりあう相互に連結した概念であり、進歩的な世界秩序の構想の中核にあります。この3つは、民主的な価値が流布されるだけでなく、実践されている社会にのみ定着できるものなのです。

民主主義国家においてのみ、人権の尊重は、恐怖からの自由や人間の基本的生存に対する脅威からの自由を意味します。また、人間開発は、人が人間としての潜在力を十分に発達させるために必要な資源や自由に対する要求をあらわします。さらに、人間の安全保障は、すべての人の機会の平等とならんで、飢え、戦争、環境災害、腐敗した統治ならびに正義と連帯のもとで送る生活に対する他の障害からの自由を思い起こさせます。

要するに、国家または地域社会の政治的、社会的ならびに経済的な生活への公平で自由で民主的な参加のみが、人間の安全保障を促進することができるのです。人権、参加型統治、法の支配、持続可能な発展ならびに資源への平等なアクセスを十分に保障してこそ、人間の安全保障が新しい外交上のパラダイムから民主的な意思決定や国際協力の広範な基礎に転換することが保障されるのです。

2　定義と解説

民主主義とはなんでしょうか？　そして、これはどのようにして発展したのでしょうか？

民主主義は、国家の権威が人民に由来する統治の形態です。「民主主義（democracy）」という言葉は、古代ギリシャのdemos（人民）とkratos（力）という言葉からうまれました。近代民主主義の原理は、17世紀のとくにスコットランド、イングランドおよびオランダにおけるカルヴァン派の宗教運動から徐々に発展しました。これらの国では、地域社会が宗教上の考えだけでなく政治的な考えも擁護し共有しはじめたのです。すべての人は自由と平等であるという思想は、啓蒙時代に誕生し、さらに高揚しました。そして、この思想は、のちに民主主義の中核的な価値として承認されることになりました。

最初の近代民主主義国家は、米国で誕生し、さらにフランスは、フランス革命後に民主主義の原理に基づいて誕生した欧州での最初の国家でした。

1945年以降、欧州でもそして世界中でも自由主義的な民主主義が広まり、これに対置する権威主義的な統治に取って代わりました。ファシズム政府が敗北したのち、20世紀に民主主義が目の当たりにした危機は乗り超えられたかのように思えます。長期にわたる困難な非植民地化の過程では、自決権が西洋諸国により承認され、最終的に大半の旧植民地に民主主義がもたらされました。スペイン、ポルトガル、ギリシャ、アルゼンチンおよびウルグアイにおける独裁政権はすべて、過去数十年のあいだに民主的な政権になりました。1989年のベルリンの壁崩壊と中東欧での共産主義の崩壊により、民主主義はたしかに成功したかのように思えました。しかしながら、いぜんとして、統治の一形態として民主主義を理論的に擁護するすべての国が、実際に民主主義の原理を十分に尊重し、民主主義を実践しているわけではありません。このいくぶん逆説的とも思われる動きは、民主主義と民主化に関する批判的な議論を行うことが

現在でも必要であることを示しています。

> 「民主主義に関する私の考え方によれば、民主主義のもとで弱者は強者と同様の機会をもつべきである」。
> 〔マハトマ・ガンジー、1948年〕

近代民主主義の中核となるもの

社会がどれほど民主的であるかを測るのは困難です。しかしながら、あらゆる民主的社会の基礎を構成するおおくの重要な要素があります。

- **平　等**　平等の原理の意味するところによれば、すべての人間は生まれながらにして平等であり、その共同体の政治生活において平等な機会と参加を享受し、さらに法の前に平等な取扱いを受ける権利を有します。このことは、さらに男女の社会的経済的平等を含みます。

☞女性の人権

- **参　加**　民主主義は、参加なしでは意味がありません。共同体や政治への参加は、民主的なシステムを構築するための前提条件です。民主主義は参加を必要としますが、しかしながら、参加それ自体は広い概念であり、強い政治的意味合いをもつだけでなく社会的経済的意味合いをももちます。もっとも、参加だけでは民主主義の保障とはなりえません。

- **多数決原理と少数者の権利**　たとえ民主主義が定義上では人民による支配であっても、実際は多数決原理です。このことはまた、多数者が少数者の集団の権利やあらゆる要求を考慮する義務を意味します。この義務がどれほど満たされるかが、社会における民主的価値のさらなる向上の指標となるのです。

☞無差別

- **法の支配と公正な裁判**　民主主義は、1人の人間または小さな集団が恣意的な方法で人民を支配することを防ぐことを意味します。法の支配は国家が自律的な法秩序をもつことを保障し、この法秩序は法の前の平等を保障し、公権力を制約し、ならびに独立した公正な司法機関への公平なアクセスを提供するのです。

☞法の支配と公正な裁判

- **人権の擁護**　「すべての人は生まれながらにして平等であり、尊厳と権利において自由である」ことを受け入れることは、民主的社会を機能させる基礎です。民主主義国家は、すべての人権の尊重、保護および実現を確保する義務を負うことにより、すべての市民が「恐怖や欠乏からの自由をえて」生活できることを確保しようとします。民主主義との関連では、集会の自由、言論の自由ならびに思想、良心および宗教の自由のような、市民の参加にとって重要な権利に焦点が当てられま

す。それでもなお、市民的および政治的権利だけでは平和と人間の安全保障を保障することはできません。基本的な経済的、社会的および文化的要求も考慮されて初めて、民主主義にとって好ましい環境がうみだされるのです。

- **政治的多元主義** 伝統的に、多様な考えや意見をまとめ、公の議論のなかにそれを反映させるのは政党の任務です。政治的多元主義だけが、変動する要請に柔軟に適合しながらも民主的統治の安定した基盤でありつづける構造を保障することができます。しかしながら、政治的自由は、憎悪を煽り、暴力を挑発して、民主的社会と秩序に対して脅威となる考えを広めることに悪用される可能性があります。それに対処する方法は、表現の自由を侵害することなく、社会全体の利益も保護しながら、政治的自由が悪用される傾向を民主的に対処することです。ある程度まで、民主主義は、それ自体を保護する必要があるのです。

   ☞ 表現の自由

- **自由で公正な選挙** 選挙とは、民主主義のもっとも基本的で独特の特徴の1つです。政治指導者に関する決定を統治システムに大きく影響される人たち、すなわち人民に委ねる体制はほかに類をみません。あらゆる選挙において、人民は現在の政策への同意だけでなく変化を求める願望を表明し、評価の絶え間ない評価のプロセスに参加することができます。しかしながら、歴史の示すところによれば、誰が参加することができ、誰ができないのかは自明ではありません。例えば、女性は非常に長いあいだこの参加のプロセスから排除されてきました。スイス・アッペンツェル・インナーローデン準州は高度に発達した民主的構造で有名な地域ですが、女性は1990年代の初めになってようやく選挙権を獲得しました。選挙権は、普通、自由、平等、秘密、直接の選挙であることを確保することが不可欠です。

- **権力分立** 権力分立は、絶対主義国家に対する闘争においてジョン・ロックにより概念として紹介され(『市民政府二論』1690年)、モンテスキューにより広められました(『法の精神』1748年)。これは近代民主主義の基本原理です。この原理によれば、国家権力は立法機関、行政機関ならびに司法機関に分けられ、これらの機関は独立して機能しますが、相互にまた人民に対して責任をもちます。このチェック・アンド・バランスのシステムは、適切な統制の仕組みを提供し、それ自体で国家権力の悪用を防ぎます。

民主主義の理論

民主主義の現実が目もくらむほど複雑なことにより、膨大な理論やモデルがうみだされました。

民主主義理論の1つの区分について話す必要があるでしょう。なぜならば、この区分が今日の議論にはあまりにも単純すぎるにもかかわらず、従来から一定の役割を果

たしてきたからです。すなわち、それは、民主主義がもつ同一性と競争の理論の区別です。要するに、民主主義を競争とみると、競いあう多様な正当な意見が認められます(意見の競争は通常は多数決によって解決されます)。同一性としての民主主義は、治者と被治者が同一であるとし、正当な相違の存在を否定します。しかし、この見方はジャン・ジャック・ルソーのいう「一般意思」をみいだすことに努め、これはのちに立法のなかに反映されます。

民主主義の形態

今日、民主主義国家は、その構想と構造において大きく変化します。自由主義的な民主主義に関してなされた従来からの区分は、**直接民主制**と**代表民主制**のモデルのあいだで区分されるものです。

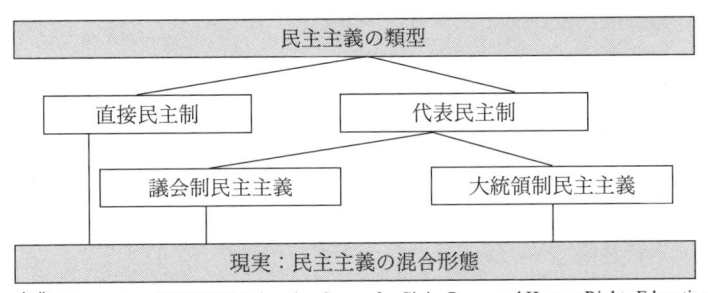

```
                    民主主義の類型
                   /            \
            直接民主制        代表民主制
                     \        /      \
                  議会制民主主義    大統領制民主主義
                        \       |       /
                     現実：民主主義の混合形態
```

出典：International UNESCO Education Server for Civic, Peace and Human Rights Education：http://www.dadalos.org/

直接民主制は、政治決定を行う権利が多数決の手続のもとで市民全体により直接的に行使される統治の形態です。この形態は、小さな団体において実行可能にすぎません。したがって、近代民主主義システムのほとんどすべては直接民主制の要素を有していますが、いずれも純粋に直接民主制ではありません。直接民主制の制度といえるのは、住民集会、住民発議、リコール、住民投票等です。

2つめの基本的な形態は、**代表民主制**です。市民が自らの手ではなく、市民により選ばれ、かつ市民に責任を負う代表者を通じて政治決定を行う権利を行使する統治の形態です。代表民主制がもつ2つの本質的要素とは、治者と被治者の分離と、治者に対する被治者の統制の手段としての定期的選挙です。

代表民主制は、統治の2つの基本的なシステムと関連しています。すなわち、議会制民主主義と大統領制民主主義です。

・**議会制民主主義**：この統治の形態では、議会が中心的な役割を担います。行政府は首相または内閣の首班を長とし、議会の信任に服しています。国家元首は、通常行政権をほとんどまたはなんらもたず、象徴的な機能をもつだけです。

- **大統領制民主主義**：行政府は、国家元首を長とし、元首は人民により選挙で直接選ばれ、議会の信任に服しません。

これら2つのモデルを対比すると、以下のような違いがあらわれます。

- 大統領制では、選挙が政府と議会について個別に行われますが、議会制民主主義では、1つの選挙が双方を決定します（もっとも、国家元首を別個に選ぶことも可能です）。
- 議会制民主主義では、政府は、議会により権威づけられ、さらに議会は、政府に対する不信任を議決することができます。この選択権は、大統領制における議会には認められませんが、しかしながら、大統領制では通常弾劾手続が用意されています。
- 他方で、議会制民主主義における国家元首は、一定の条件のもとで議会を解散することが通常可能です。
- おおくの議会制民主主義では、議員資格保有者であることが政府の構成員となる条件になりますが、大半の大統領制では、議員と政府の構成員を兼ねることはできません。
- 議会制民主主義では、議会と政府は通常他方に比してより密接に結びついていますが、大統領制では、権力はかなり明確に分けられています。しかし、議会制民主主義では、行政権自体は国家元首と首相のあいだでしばしば分けられています。
- 議会制民主主義における立法発議は、大部分政府の責任です。
- 政党とりわけ野党は、代表民主制においてはるかに強い役割を果たします。

民主主義の形態の現実

現在の大半の民主主義は、これらの理想的なタイプを組み合わせたものであり、すべての形態からその特色を取り出したものとなっています。今日、おおくの混合したモデルのなかでもっとも広くみられる形態は、国家元首の役割を強化した議会制民主主義です。

> **例**：議会制民主主義は、英国と大多数の西欧諸国のシステムの基礎となっているモデルです。他方で、米国は、大統領制民主主義の例としてもっともよく知られています。しかしながら、西欧においてさえも、特殊なモデルの例はかなりおおくみられます。それらには、スイス、フランス（半大統領制民主主義）そしてポルトガルが含まれます。ここで述べた区別は、世界中の他のすべての民主主義国家にも当てはめることができます。もっとも、それらの国家は、自由主義

から生まれた同じ伝統を必ずしも共有しているわけではありません。

3 異文化間的見地と論争点

　民主主義は、おおくの形態をとり、多様なあらわれ方をし、諸文化のあいだで異なる理解がされています。**権力分立**や**法の支配**を強調する民主主義もあれば、**参加**の概念にいちじるしく依拠している民主主義もあるでしょう。このような相違が生じるのは、民主主義を構成する中核的な要素の相互作用が異なっていることに主に根拠づけられます。

　これに対する主な批判は、民主主義に関する政治思想、理論および実践のおおくに含まれる「欧州中心主義」に言及します。しかし、民主主義の実践は、それ自体多元的なものです。明らかに欧州中心的ではなくても実行可能な民主主義のおおくの形態があります。例えば、バングラデシュのような最貧で人口過密な国も、権威主義的な形態を選択する誘惑に恐ろしいほどまでに駆られながらも、民主主義を変えようとはしていません。それでも、同国の民主主義は、外からの押しつけというよりは固有でその土地に根づいています。

　西半球にも東半球にも、「完璧な民主主義」のようなものはありません。民主主義のいくつかの構成要素には普遍的な合意があるかもしれませんが、これらのなかでどれが重要でそれがどのように実現されるのかは諸文化のあいだで異なるものなのです。西洋の民主主義一般の理解は、民主的社会において最大限の自由と声を獲得した個人という存在に立脚しています。このモデルの基礎となる市民的および政治的権利を強調しすぎることは、他のいくつかの国々では問題となります。

「アジア的価値」の議論

　中国は、古くからの家父長的な社会モデルを率先して提唱してきました。このモデルは集団の権利と社会の福祉の概念に立脚しており、これらは、個人の権利に基礎をおく西洋の民主主義の考えとはかなり異なります。これらの概念は、個人のための最大限の自由という考えよりも、むしろ共同体志向の感覚と家父長的な指導の伝統的な考えに基づいています。実際、大多数の民主主義国家は、束縛のない個人の自由と秩序ある社会の両極のあいだのどこかに存在しています。例えば、カナダは憲法理念として「平和、秩序および良い統治」を掲げていますし、米国は「生命、自由および幸福の追求」に立脚しています。アジア的モデルは、参加と民主主義に必ずしも合致しないわけではありません。シンガポールやマレーシア、それから若干程度は弱まりますが韓国や日本では、東アジアモデルが実行されています。このモデルは、基盤として儒教の教義に由来し、共通善のために行動する徳と理性をそなえた支配エリートの能

動的な参加を必要とします。儒教の『大学』の考えによれば、調和のとれた個人が調和のとれた家族の長となり、このような家族が調和のとれた共同体をうみだし、その共同体が秩序ある政治組織をうみだし、その政治組織が調和のとれた国をうみだすのです。「アジア的」価値と「西洋的」価値、そして民主主義の考え方のなかにうまれる衝突と呼ばれるものは、民主主義や参加の誤解から生じています。シンガポールの指導者であり思想家であるリー・クアンユーやその他の者による批判は、民主主義自体の批判というよりは、むしろ米国や他の西洋諸国の社会的文化的秩序に向けられているのです。

イスラム世界における民主主義の課題

　イスラム教と民主主義の関係を定義づけることは、イスラム教徒と非イスラム教徒の双方にとって解決しがたいことでした。イスラム教と民主主義が両立しないと主張してきた西洋の論者は、神の主権に関するイスラム教の理解に論拠を基礎づけてきました。それによれば、神が政治的権威の唯一の源であり、神の神聖な法から、信者の共同体を規律するすべての規則が派生するというものです。これはあまりにも単純な認識です。なぜなら、権力の分立は、イスラム教と両立しないわけではないからです。イスラム教と民主主義は十分に両立することが示されてきましたし、他方で、実際に西洋にも神権的な敬意を払う国があるのです。教会と国家が正式に分離されているにもかかわらず、米国は基本精神の一部として自国を「神のもとでの1つの国」と宣言しています。同様に、カナダ憲法において人権を保障する、同国の権利および自由の章典の前文は、「カナダは神の至高と法の支配を承認する諸原理に立脚し…」という文章ではじまっています。

　イスラム教の国々は民主主義の理解とこれへのアプローチをめぐって激しく分裂し、民主主義は中東で非常に広く否定されています。主流となるイスラム教運動の指導者やおおくの学者は、イスラム教と民主主義は両立すると考えています。他方で、神により定められた構造物は人間の社会的な構造物にあらゆる面でまさると信ずる人たちは、双方が両立しないと喧伝しています。非両立論者は、人民主権の概念が神の主権というイスラム教の基本的な信条を否定すると述べることで民主主義を拒絶するのです。彼らの信ずるところによれば、基本的な立法枠組みは、アッラーにより授けられてきたのであり、これを変えることはできないのです。アッラーの代弁者だけが彼の法を実施することができるのです。このような伝統的で保守的なアプローチは、開放性、多元主義ならびに権力の分立のような民主主義の基本的な価値と矛盾します。

　しかしながら、このような明白な不一致にもかかわらず、イスラム世界には民主主義国家の好例があります。世界でもっともイスラム教徒のおおい国であるインドネシ

アは、包摂と多元主義の擁護に立脚する新興の活気あふれる民主主義です。イスラム教徒が世界で2番目におおいインドでは、1947年以来信者が民主主義のもとで暮らしてきました。イスラム教徒が4番目におおいバングラデシュも民主主義国です。実際には、イスラム教徒の多い上位4カ国のうち3カ国が民主主義国であり、イスラム教徒が3番目におおいパキスタンは民主主義による支配に立ち戻ることが予定されています。2005年後半に、アフガニスタンでは選挙を経て民主的な議会が設立されました。同国は、かつて伝統的で保守的なタリバンの支配下にあり、イスラム教の厳格な「神の主権」の考えにしたがっていました。西アフリカにおけるイスラム教国であるマリは、イスラム教徒が人口の多数を占める国家がさまざまな形態の民主的な統治に乗り出しているもう1つの例です。実際に、2005年の時点で、世界の大多数のイスラム教徒は、民主主義または民主主義に移行する社会のなかで暮らしていました。南アジアと東南アジアだけでも、5億人以上のイスラム教徒が、インド、バングラデシュ、アフガニスタン、インドネシア、マレーシアそしてモルディヴにおいて民主主義のもとで生活を送っていたのです。民主主義の欠如が非常に明らかにみられるのは、とりわけ中東においてであり、この地域は他のアジアよりもイスラム教徒がはるかにすくないのです。

　民主主義の包摂に関する1つのイスラム的な見方は、共同の業務を行うさいの協議についてのイスラム教の概念であるシューラー (Shura) において示されます。協議は集団の生活に影響を与える共通の問題において必要となり、これにより人民は十分な表現の自由をもちます。しかしながら、シューラーはアッラーの法により制限され、イスラム教的な参加は西洋的に理解される民主主義とは異なることになるのです。

☞ 宗教の自由

［論　点］
- いろいろな文化のなかにおいて、なぜ民主主義のいくつかの要素が他の要素よりも重要なのでしょうか。
- いろいろな文化のなかにおいて、民主主義の多様な考え方をもつことは受け入れられるのでしょうか。
- 民主主義の多様な解釈が避けられないものであり、受け入れられるのであれば、その限界はどこにあるのでしょうか。すなわち、ある特定の国家を「民主的」と認識するために、いかなる状況においても保持されなければならない中核的な要素は何なのでしょうか。
- さまざまな文化において民主主義の考え方を形成するにあたり、メディアの役割はどのようなものでしょうか。

さらに考えてみよう
- **多数者と少数者の関係**、そしてとりわけ政治的少数者の保護は、きわめて重要な問題です。過半数投票に基づく自由で公正な選挙の実施は、少数者がつくり出され、しばしば政治的な意思決定から排除されることを意味します。一般的に、少数者は、多数者の決定にしたがわなければなりません。したがって、少数者は、彼らの権利を尊重し、彼らの政治的意思を相当な程度考慮することを保障するためには特別な保護が必要となります。
- **市民社会**は、民主主義に関する議論と実践において重要なトピックの1つになりました。民主主義は、自由で能動的な人間と責任のある人民を必要とします。ベルトルト・ブレヒトは、政府が人民に非常に不満ならば、人民を解散して新たな人民を選出すべきであるとかつて皮肉を込めて提案しました。自由で能動的な市民だけが、政府に挑み、政府に選挙前の約束に責任をもたせることができるのです。
- **自由で独立したメディア**は、あらゆる民主主義の重要な柱です。情報の手段に対する統制は、今日では民主主義における意思決定に対する統制とほとんど同じ意味です。メディアは、新聞・テレビ・ラジオ・娯楽産業・インターネットを問わず、民主主義国家の日常生活においてきわめて重要な役割を果たしています。個人、社会ならびに国家は、相互に意思の疎通ができなければなりません。有権者の意思決定を容易にするには、立候補者の目的や目標が知られなければなりません。したがって、表現の自由は、機能的な民主主義を実現するために必要となる非常に基本的であり、かつ注意を要するもう1つの人権なのです。
    ☞表現の自由およびメディアの自由
- **民主主義と人権**は、分離することができません。双方の関係は、相互作用の関係から同一性の関係まで変化します。この点、すべての人権は、民主主義のためにそして民主主義においてきわめて重要です。いくつかの国の法制度は、市民の権利と人権とは異なるものとされています。このことは、いくつかの権利、とくに一定の政治的権利が市民にのみ保障され、他の権利はすべての人に保障されることを意味します。

　人権は、機能的な民主主義において、そしてそのような民主主義を通じて初めて保障されます。しかし、形式的な民主主義だけでは人権と人間の安全保障は保障されません。したがって、人権の実現は、民主主義の活力の指標なのです。

4　実施と監視

　完璧な民主主義は、これまで存在したことがなく、現在でも存在しません。近代民主主義は、平等、無差別ならびに社会正義の尺度として、民主主義の中核要素のすべ

てを公的生活のなかに一定程度まで組み入れてきました。民主主義は、社会の基本的要請とその要請に応えるために活用できる社会構造とのあいだで、継続的な相互作用が行われ、要請が成就し、そして調整がなされるプロセスなのです。

地域的なレベルでは、民主主義の原理を守るさまざまな仕組みが存在します。欧州人権条約は好い例であり、常設的な欧州人権裁判所が設置され、締約国を相手取って条約違反を求める申立てが可能です。民主主義は条約で考慮されている唯一の統治の形態であることから、民主主義は条約と合致する唯一の形態でもあります。1967年に、デンマーク、ノルウェーならびにスウェーデンが、ギリシャで過酷な軍事体制が支配を受け継ぐと同国を相手取って申立てを行う決定をしました。ギリシャ政府は申立てのあとに条約の廃棄を行いましたが、それにもかかわらず裁判は行われ、最終的にギリシャが自らの権利の停止を回避するために欧州評議会から脱退しました。1974年に民主的な政府が再び樹立されると、ギリシャは条約に再び加入し、軍事体制の被害者に補償金が支払われました。

明らかに、すべての仕組みが欧州評議会で設けられたものと同等に実効的であるわけではありません。しかし、民主主義の保護のために闘う他の機構も存在します。1990年に、欧州安全保障協力機構(OSCE)は、**民主制度・人権事務所(ODIHR)** をワルシャワに設置しました。この事務所は、なかでもOSCE加盟国が民主的制度を構築し、強化し、そして保護することを支援する任務を負っています。これは、国内選挙の監視を行いながら、OSCE加盟国による民主主義原理の尊重を確保しています。

国際的なレベルでは、**列国議会同盟(IPU)** が重要な役割を果たしています。IPUは、主権国民国家の議会から構成され、民主主義を世界規模で強化するために、人民のあいだでの対話と協力を高めることに努めています。IPUは、早くも1889年に設立され、今日まで諸国の議会の交流を深め、民主主義を促進する機構なのです。

国連開発計画は、2002年の人間開発報告書において民主主義の進展を測るおおくの客観的指標を提示しました。その指標には以下のものが含まれます。

・直近の選挙日
・実投票者数
・女性が選挙権を獲得した日
・女性が議会で占める議席
・労働組合への加入資格
・非政府組織
・自由権規約の批准
・結社の自由や団体交渉に関するILO条約の批准

加えて、おおくの主観的指標、とりわけ市民的自由と政治的権利、プレスの自由と

説明責任、政治的安定と非暴力、法の支配と腐敗認識指数は、民主的な統治を評価する有益な手段です。これらすべての指標は、民主主義を形成する中核的要素が時間を経てどのくらいまで相互に影響しあい、そして発展したかを反映します。これらの指標は、民主主義国家と他の体制を比較して民主主義へ向けた進展を評価する基礎を提供し、さらには、国の達成した進歩や直面する脅威のレベルに関する質的量的尺度を提供しています。

すべての真正な民主主義国家において、全国的なものか地方的なものかを問わず、住民投票はもっとも強力な監視の仕組みであり、この仕組みには自由で独立したメディアと、つねにそれに関心をもつ市民社会が加わります。政府の指針や権力保持の構造の変更は、このような住民投票の結果として生じることもあるでしょう。というのも、住民投票は、民主的に選ばれた代表者によりなされた約束の履行状況を、独立して統制することもあるからです。

上で示されたすべての民主主義の基準が、普遍的に認められているわけではありません。しかしながら、広いコンセンサスが存在しうる基準は、人権です。よって、人権を確保することは、民主主義を確保するきわめて重要な部分なのです。したがって、人権を制度的に保障するものは、実際のところ民主主義を保障するものでもあるのです。

民主主義の世界規模での実施は、各個人およびすべての個人ならびに国家や国際制度がどのような状況であるかにかかっており、これらは民主主義に活力を吹きこみ、民主主義が権威主義の展開に抗する手助けをすることが求められます。選挙権、意見表明権、そして政治や意思決定に参加する権利を利用することがきわめて重要です。能動的な市民社会に参加することが民主主義全体に貢献するのです。教育はこのような過程において重要な役割を果たします。なぜなら、まずもって、教育により参加を効果的に可能としてくれる知識をえることが可能となるからです。民主主義が繁栄し、すべての人に平等かつ公正に成果をもたらすには、民主主義構築のこうした草の根的な要素にこそ、注意を向けなければならないのであり、このような要素をさらに発展させなければならないのです。

展　開

1　成功例

民主主義への道のり

　1990年2月、フレデリック・ウィレム・デクラークは、歴史的な演説においてアパルトヘイト体制の終焉と民主的な**南アフリカ**を表明しました。彼の政策は国民投票で確認され、70％の白人住民が彼の改革を支持しました。南アフリカにおける最初の民主的な選挙が1994年4月に行われ、1994年5月にネルソン・マンデラが南アフリカの最初の黒人大統領になりました。同国の発展の新しい1ページが開かれたのです。

　中東欧：1989年から数年のあいだで、旧共産主義圏の国々は民主化の波を経験しました。自由で民主的な新たな政党がポーランド、ブルガリア、チェコ共和国、東ドイツ、ハンガリー、ルーマニア、スロヴァキアならびに旧ソ連邦の諸国で結成されました。そして、平和的で民主的な移行により、それらの国の政治状況が変化しはじめたのです。そののちは、民主的な議会選挙や大統領選挙が複数政党制に基づき定期的に行われています。新たな民主主義国家の成功は、能動的な市民を擁する活気あふれる市民社会の存在にも依存しています。したがって、欧州評議会は、2005年を民主的な市民教育に関する欧州年と宣言し、さらに、米国が資金を提供する「キビタス」という組織と部分的に連携しながら、例えばボスニア・ヘルツェゴビナの学校における民主主義、人権および市民教育の大半のプログラムに携わりました。

　チリ：他の南米諸国とは異なり、チリは、民主的に選ばれた政府をそなえた立憲共和国として150年を超える歴史をもっています。アウグスト・ピノチェト将軍のもとでの17年間の軍人支配を経て、1990年にチリで民主主義が再建されたことは、民主的な対話と地域・国際協力に向けての新たなはずみとなりました。今日、チリ共和国は、民主主義を強固にし、地域全体において人権と人間の安全保障を積極的に促進しています。

　フィリピンでのフェルディナンド・マルコスの独裁は、1965年から1986年まで続きました。1986年に、コラゾン・アキノが大統領となり、基本的な市民的自由を回復しました（言論の自由、集会の自由ならびにプレスの自由）。フィリピンは、真の民主主義を樹立する道を歩んできたのです。

2 傾　向

> **民主主義の向上**
> 　**2005年の人間安全保障報告書**によれば、90年代における戦争や内戦の数の減少は、民主主義の数の50％近い増加と一致しています。このことは、真の民主主義国家がお互いに戦争を行うことはほとんどなく、内戦の危険も低くなるという社会通念を確認しているように思われます。しかしながら、同時に民主的でも専制的でもない無支配体制（アノクラシー）の数の増加は、懸念要因です。
>
> 　　　　　　　　　　　　　　　　　〔出典：『人間の安全保障報告書』、2005年〕

女性の政治参加

　今日、女性の政治参加は、たとえ女性が世界の人口の半数以上を占めているとしても、いぜんとして男性の政治参加と比してかなり低い状況です。この明らかな不均衡は、女性の政治参加を除けば民主的とみなされるおおくの国内制度において、ある種の赤字を指し示しています。

　女性の政治参加を奨励し支援する割当制の導入は、議会における男女の不均衡な代表と不平等な地位で特徴づけられる状況を改善する手段として用いられてきました。

> **[論 点]**
> 　政界における代表者の男女間の不均衡を是正するその他の誘因や手段について考えてみませんか。

議会における女性

・議会をもつ主権国家の数は**7倍**に増えました。
・世界全体での女性の国会議員の割合は、過去10年間で40％以上増加しました。
・現在の増加率が継続すると、2040年にはすべての議会で男女の割合が同等になると予測されています。
・女性議員の占有率が10％以下の議会の数は、1995年の63％から現在の37％にまでになり、かなり減少しました。
・**スウェーデン**は、45％の議員が女性であり、女性の代表がもっとも高い国家です（2005年10月）。これに続くのが、ノルウェー、フィンランド、デンマークおよびアイスランドです。対照的に、**アラブ諸国**では、女性の議員占有率がいぜんとしてもっとも低く、2005年10月の時点で同地域の下院における女性の占有率の平均は8.2％です。この数字は、世界平均の半分にすぎませんが、実際のところアラブ地域での8

年前の割合の2倍になっています。
〔出典：列国議会同盟『政治における女性；60年の回顧』、2006年〕

☞ **女性の人権**

議会における女性 1945-2005年

年	1945年	1955年	1965年	1975年	1985年	1995年	2000年
議会の数	26	61	94	115	136	176	177
女性議員の割合(％)(下院)	3	7.5	8.1	10.9	12	12.6	13.4
女性議員の割合(％)(上院)	2.2	7.7	9.3	10.5	12.7	9.4	10.7

〔出典：列国議会同盟『政治における女性：60年の回顧』、2006年〕

女性の政治参加

	女性が選挙権を獲得した年	女性が被選挙権を獲得した年	女性が初めて国会で当選した年	閣僚レベルからみた政府において女性が占める割合(2005年)	国会における議席(下院、2005年)	国会における議席(上院、2005年)
オーストラリア	1902 1962	1902 1962	1943	20	24.7	35.5
オーストリア	1918	1918	1919	35.5	33.9	27.4
ブルキナファソ	1958	1958	1978	14.8	11.7	
中 国	1949	1949	1954	6.3	20.2	
キューバ	1934	1934	1940	16.2	36	
グルジア	1918 1921	1918 1921	1992	22.2	9.4	
ドイツ	1918	1918	1919	46.2	32.8	18.8
インド	1950	1950	1952	3.4	8.3	11.6
マ リ	1956	1956	1959	18.5	10.2	
スウェーデン	1862 1921	1862 1921	1921	52.4	45.3	
英 国	1918 1928	1918 1928	1918	28.6	18.1	17.8
米 国	1920 1965	1788*	1917	14.3	15	14
ジンバブエ	1919 1957	1919 1978	1980	14.7	10	

＊すべての女性が被選挙権を獲得した年についての情報はありません。この権利に関して、憲法は性について言及していません〔出典：国連開発計画『人間開発報告書2005年版』、2005年〕。

オンラインでの民主主義

インターネットの利用が1990年代の中盤に広がりはじめると、よりよい世界について夢をふくらませる人たちもいました。すなわち、誰もがオンライン通信を用いて政治的な意思決定過程に参加できる世界、民主主義の古代ギリシャの理想にかつてないほど近い世界を夢みたのです。しかしながら、現実では、このような夢はまだ実現していません。実際のところ、今後実現するのか非常に疑わしいです。

インターネットへのアクセスが可能になったことは、民主的構造に取って代わるわけではなく、それ自体で政治意識をつくり出すわけでもありません。しかし、インターネットはそれでも利点をもっています。情報はリアルタイムで世界中から探し求め検索することができます。さらに、はるかに重要なのは、非公式な組織構造をつくり出すために、情報を交換し利用することができることです。2000年の米国大統領選挙を例にとりましょう。いわゆる「激戦州」であったいくつかの州では、選挙の結果は完全に公開されていました。重大な要因は、緑の党の候補者であったラルフ・ネーダーの得票数でした。ネーダー自身は大統領に当選する見込みはなく、ネーダーを支持した人たちの大多数は、あとでたずねてみると、共和党候補者のジョージ・W・ブッシュよりも民主党候補者のアル・ゴアを大統領に望んでいたであろうとのことでした。しかし、彼らは、当初はそれを問われたわけではありませんでした。このことにより、すべての激戦州でネーダーの支持者がジョージ・W・ブッシュの勝利の可能性を高めることに心ならずも貢献するという奇妙な事態が生じました。引き続いて行われる投票でこのような望ましくない結果を回避するために、あるインターネットの利用者は、市民が票を交換することを可能にするナップスターのソフトによるサイトをインターネット上に立ちあげるという注目すべき考えを思いつきました。激戦州のネーダーの支持者は、ブッシュが優勢な州に住んでいるゴアの支持者と票を交換することができるようになりました。そして、ネーダーの支持者は、ゴアが勝利する可能性が現実的に存在する州ではゴアに投票し、他方で、ゴアの支持者は彼への投票がなんら影響を与えない州ではネーダーに投票することになったのです。おそらくいくぶん複雑なシステムでしたが（さらに、米国のすべての州では合法とはみなされませんでした）、この「票の交換」現象は、非公式な市民組織を通じた新たな民主主義の可能性のすぐれた事例です。

このことが唯一の事例であるわけではけっしてありません。世界中のNGOの活動は、世界のすべての場所での運動に連結するオンライン通信のおかげで劇的に増加しました。運動は、新しい形態の問題指向型の協力を国境を超えて結集することで、これまで以上におおくの人民をまきこんでいます。全体主義体制は、「革命的な」考えをオンラインで交換することを禁止するというかぎられた手段しかもっていません。個人は、いっそう容易に意見を表明し、それを広く活用させることができ、こうして同

じ考えをもった人々の支持をみいだしているのです。

　民主主義の新たな可能性もありますが、また新たな危険もあります。オフラインの世界での政治意識と民主的構造の欠如が、さらにオンラインでも反映されているのです。

　現在、世界中で約4億人がインターネットの利用方法を熟知していますが、58億人はそうではありません。先進国と発展途上国のあいだで（さらに先進国内の都会と田舎のあいだで）、いわゆる**情報格差**が、あらゆる民主主義のモデルに対して深刻な影響を与えています。人口の大部分がコンピュータの操作方法に習熟していなければ、オンラインでの活動にあまり容易に参加できないか、まったく不可能になってしまいます。

　民主主義の課題は、インターネットへのアクセスの確保についてだけでなく内容についても問題となります。例えば、米国の非常に人種主義的なクー・クラックス・クランは、オンラインでも存在するようになってから構成員の数がかなり上昇し、組織化の度合いが強化されていると主張しています。フランスでは、インターネットのポータルサイトである「Yahoo!」が、オークションのサイトでネオナチの遺品が出品されたことで訴えられました。しかしながら、出品は米国でなされ、同国では出品は違法というわけではありません。さしあたり、「Yahoo!」は、任意でそのような行動を監視し禁止するつもりであることを宣言しました。

　民主主義は、複雑なプロセスであり、それを適切に機能させるには私たちが十分に関与することが必要です。インターネットは、意思疎通を容易にする媒体となることはできますが、オフラインの世界で存在する関与の欠如に取って代わることはけっしてないでしょう。

☞ **表現の自由とメディアの自由**

グローバリゼーションと民主主義

　伝統的に、政治参加は国境でその境界線が引かれ、人民の生活に影響する決定は特定の領域についてなされます。

　グローバリゼーションの時代において、おおくの決定やその結果は、国境を超えて広がります。さらに、多国籍企業や国際機構のような新たな強力なグローバルな行為主体が、私たちの世界における広大な社会経済的変化に責任を担っています。

　このようなグローバル化する世界では、大企業や強大な非民主的機構によって、意思決定がなされています。そのような世界で民主主義が機能しなくなると、近年のもっとも広範な国際的社会運動の1つである反グローバリゼーション運動が引き起こされます。**反グローバリゼーション**支持者たちは、環境保全、債務救済、動物の権利、子どもの保護、反資本主義、平和ならびに人権を含むさまざまな目的のために立ちあがるのです。支持者が共有しているのは、グローバル化された世界では民主的な公共の

場が欠けているという感情です。

　この運動の主要な運動の方法は、大衆デモです。これは、1999年にシアトルでの世界貿易機関第3回閣僚会合の開会式で10万人がデモ行進を行ったさいに、国際メディアの最初の注目を集めました。ワシントンD.C.での世界銀行や国際通貨基金 (IMF) の会合、ダボス (スイス) での世界経済フォーラム、イェーテボリ (スウェーデン) でのEUサミット、ならびにジェノヴァ (イタリア) でのG8サミットで、他の抗議行動が行われました。

　抗議をしている者の大多数は非暴力的なのですが、飛び道具を投げつけたり、財物を損壊したりしてデモで活発に暴力を煽る急進的な抗議集団も存在します。彼らは、メディアの主な注意を自分たち自身に向けさせることで、運動の指針から焦点をそらせており、おおくの人はこのことを残念であると思っています。したがって、活動家たちは、このように激しやすい大衆デモに代わるものとして、2001年2月にブラジルのポルトアレグレで最初の**世界社会フォーラム**の集会を組織しました。このフォーラムには6万人が参加し、「もう1つの世界は可能だ」を合い言葉に、グローバルな資本主義の代替、軍事主義への対抗ならびに平和および社会正義の支持について議論しました。それ以降、このフォーラムは、毎年開催されています。

　市民社会は、集会の権利を行使することにより、民主的なグローバルな統治、国際経済関係の民主化、ならびに国際機構への市民社会の参加についての公の議論のきっかけをつくってきました。この運動は、自由主義経済が経済的および社会的権利の重要性をあざ笑うことで、市民的および政治的自由における自らの基礎を損なう危険が絶えず存在することに注意を喚起しています。

　国際的な意思決定が行われる環境の変化や新たな参加方法が信じがたい夢であるように思われるとしても、グローバルな行為主体は、公衆の注意が高まっているがゆえに自らの行動にますます責任を負い、民主的な代表、透明性および説明責任について考えることを余儀なくされるのです。

☞ 貧困からの自由、労働の権利

国際機構、多国籍企業、およびNGOにおける民主主義の赤字

　地域的および世界的なレベルでの国家の役割は、変化しています。国際機構、多国籍企業ならびにNGOが世界政治における重要な行為主体としてあらわれました。それらの決定や規則は、国家の政策や何百万人もの生活に影響を与えています。したがって、回答が必要な重要な質問の1つは以下のとおりです。これらの国家と非国家主体は、どれほど民主的であるのか、あるいは民主的ではないのでしょうか。この質問への回答をみつけることは、あらゆる国際機構、多国籍企業およびNGOの実行や政策さらには意思決定過程を調査し、そして民主主義の原理である説明責任、正当性、参

加、代表および透明性が満たされているかを評価することを意味します。これらのアクターを民主化する提案が、広く議論されています。提案のなかには、例えば安全保障理事会の改革、地球人民議会の創設、WTO、IMFおよび世界銀行のいっそう民主的で効率的な意思決定システム、WTOでの議会の設置、NGOおよび多国籍企業の行動綱領ならびに倫理綱領の策定が含まれています。

【編訳者紹介】...

　　中坂恵美子(なかさか えみこ)　広島大学大学院社会科学研究科准教授
　　　　「人権」という概念を理解するための序論
　　　　　　4　健康に対する権利
　　　　　　9　子どもの権利
　　　　　　12　表現の自由とメディアの自由

　　徳川　信治(とくがわ しんじ)　立命館大学法学部教授
　　　　　　1　拷問の禁止
　　　　　　3　無差別
　　　　　　7　宗教の自由
　　　　　　8　教育についての権利

【訳者紹介】..

　　板倉美奈子(いたくら みなこ)　静岡大学大学院法務研究科准教授
　　　　　　2　貧困からの自由
　　　　　　10　武力紛争における人権
　　　　　　11　労働の権利」

　　建石真公子(たていし ひろこ)　法政大学法学部教授
　　　　　　5　女性の人権
　　　　　　6　法の支配と公正な裁判

　　西片　聡哉(にしかた としや)　京都学園大学法学部准教授
　　　　　　13　民主主義に対する権利

ワークアウト国際人権法	＊定価はカバーに表示してあります
2010年 6月20日　初　版　第1刷発行	〔検印省略〕

編訳者ⓒ中坂恵美子／德川信治　　発行者　下田勝司　　　　印刷・製本／中央精版印刷

東京都文京区向丘1-20-6　　郵便振替00110-6-37828
〒113-0023　TEL(03)3818-5521　FAX(03)3818-5514　　　発　行　所
株式会社　東信堂

Published by TOSHINDO PUBLISHING CO., LTD
1-20-6, Mukougaoka, Bunkyo-ku, Tokyo, 113-0023, Japan
E-mail：tk203444@fsinet.or.jp
HP：http://www.toshindo-pub.com/index.html
ISBN978-4-7989-0002-5　C3032

東信堂

国際法新講〔上〕〔下〕	田畑茂二郎	〔上〕二九〇〇円 〔下〕二七〇〇円
ベーシック条約集 二〇一〇年版	編集代表 松井芳郎	二六〇〇円
ハンディ条約集	編集代表 松井芳郎	一六〇〇円
国際人権条約・宣言集〔第3版〕	編集代表 松井芳郎	三八〇〇円
国際経済条約・法令集〔第2版〕	編集 松井・薬師寺・坂元・小畑・徳川	三九〇〇円
国際機構条約・資料集〔第2版〕	編集代表 安藤仁介 小室程夫 山手治之	三三〇〇円
判例国際法〔第2版〕	編集代表 松井芳郎	三八〇〇円
国際立法——国際法の法源論	村瀬信也	六八〇〇円
条約法の理論と実際	坂元茂樹	四二〇〇円
武力紛争の国際法	真山全 編	一四二六六円
国連安保理の機能変化	村瀬信也 編	二七〇〇円
海洋境界画定の国際法	村瀬信也 編	三八〇〇円
国際刑事裁判所	江藤淳一 編	四二〇〇円
自衛権の現代的展開	洪恵子 村瀬信也 編	二八〇〇円
国際法から世界を見る——市民のための国際法入門	松井芳郎	二八〇〇円
国際法/はじめて学ぶ人のための〔第2版〕	大沼保昭	三六〇〇円
国際法と共に歩んだ六〇年	小田滋	六八〇〇円
国際法学の地平——歴史、理論、実証	中川淳司 寺谷広司 編著	三八〇〇円
スレブレニツァ——あるジェノサイドをめぐる考察	長有紀枝	三八〇〇円
海の国際秩序と海洋政策（海洋政策研究叢書1）	栗林忠男 秋山昌廣 編著	三三〇〇円
21世紀の国際機構：課題と展望	位田隆一 編	三八〇〇円
国際法と共に歩んだ六〇年	小田滋	六八〇〇円
国際機構法の研究	中村道	八六〇〇円
〔21世紀国際社会における人権と平和〕（上・下巻）	編集代表 香西茂 山手治之	〔上〕七一四〇円
国際社会の法構造——その歴史と現状	編集代表 香西茂 山手治之	五七〇〇円
現代国際法における人権と平和の保障	編集代表 香西茂 山手治之	六三〇〇円

〒113-0023 東京都文京区向丘1-20-6
TEL 03-3818-5521 FAX03-3818-5514 振替 00110-6-37828
Email tk203444@fsinet.or.jp URL:http://www.toshindo-pub.com/

※定価：表示価格（本体）＋税

東信堂

入門 政治学	仲島陽一	二三〇〇円
政治の品位──日本政治の新しい夜明けはいつ来るか	内田満	二〇〇〇円
帝国の国際政治学──冷戦後の国際システムとアメリカ	山本吉宣	四七〇〇円
赤十字標章ハンドブック──標章の使用と管理の条約・規則・解説集	井上忠男編訳	六五〇〇円
解説 赤十字の基本原則〔第2版〕──人道機関の理念と行動規範	J・ピクテ 井上忠男訳	一〇〇〇円
医師・看護師の有事行動マニュアル──医療関係者の役割と権利義務	井上忠男	一二〇〇円
社会的責任の時代	野村彰男編著	三三〇〇円
国際NGOが世界を変える──地球市民社会の黎明	毛利勝彦編著	二〇〇〇円
国連と地球市民社会の新しい地平	功刀達朗・毛利勝彦編著	三四〇〇円
実践 ザ・ローカル・マニフェスト	内田孟男編著	
実践 マニフェスト改革	松沢成文	一二三八円
NPO実践マネジメント入門	松沢成文	二三〇〇円
NPOの公共性と生涯学習のガバナンス	パブリックリソースセンター	一八〇〇円
インターネットの銀河系	高橋満	二八〇〇円
（現代臨床政治学シリーズ）	カステル著 矢澤・小山訳	三六〇〇円
リーダーシップの政治学	石井貫太郎	一六〇〇円
アジアと日本の未来秩序	伊藤重行	一八〇〇円
象徴君主制憲法の20世紀的展開	下條芳明	二〇〇〇円
ネブラスカ州の一院制議会	藤本一美	一六〇〇円
ルソーの政治思想	根本俊雄	二〇〇〇円
海外直接投資の誘致政策	邊牟木廣海	一八〇〇円
シリーズ《制度のメカニズム》		
アメリカ連邦最高裁判所	大越康夫	一八〇〇円
衆議院──そのシステムとメカニズム	向大野新治	一八〇〇円
フランスの政治制度	大山礼子	二〇〇〇円
イギリスの司法制度	幡新大実	二〇〇〇円

〒113-0023 東京都文京区向丘1-20-6
TEL 03-3818-5521 FAX 03-3818-5514 振替 00110-6-37828
Email tk203444@fsinet.or.jp URL:http://www.toshindo-pub.com/

※定価：表示価格（本体）＋税

東信堂

グローバル化と知的様式——社会科学方法論についての七つのエッセー	J・ガルトゥング 矢澤修次郎・大重光太郎訳	二八〇〇円
社会階層と集団形成の変容——集合行為と「物象化」のメカニズム	丹辺宣彦	六五〇〇円
階級・ジェンダー・再生産——現代資本主義社会の存続のメカニズム	橋本健二	三二〇〇円
現代日本の階級構造——理論・方法・計量・分析	橋本健二	四五〇〇円
[改訂版] ボランティア活動の論理——ボランタリズムとサブシステンス	西山志保	三六〇〇円
防災の社会学——防災コミュニティの社会設計に向けて	吉原直樹編	三二〇〇円
防災の心理学——本当の安心とは何か	仁平義明編	三二〇〇円
防災の法と仕組み	生田長人編	三二〇〇円
(居住福祉ブックレット)		
居住福祉資源発見の旅…新しい福祉空間、懐かしい癒しの場	早川和男	七〇〇円
どこへ行く住宅政策…進む市場化、なくなる居住のセーフティネット	本間義人	七〇〇円
漢字の語源にみる居住福祉の思想	李 桓	七〇〇円
日本の居住政策と障害をもつ人	大本圭野	七〇〇円
障害者・高齢者と麦の郷のこころ…住民、そして地域とともに	伊藤静美 藤田忠人	七〇〇円
地場工務店とともに…健康住宅普及への途	山本里見	七〇〇円
子どもの道くさ	水月昭道	七〇〇円
居住福祉法学の構想	吉田邦彦	七〇〇円
奈良町の暮らしと福祉…市民主体のまちづくり	黒田睦子	七〇〇円
精神科医がめざす近隣力再建…進む「子育て」砂漠化、はびこる「付き合い拒否」症候群	中澤正夫	七〇〇円
住むことは生きること…鳥取県西部地震と住宅再建支援	片山善博	七〇〇円
最下流ホームレス村から日本を見れば	ありむら潜	七〇〇円
世界の借家人運動…あなたは住まいのセーフティネットを信じられますか？	髙島一夫	七〇〇円
「居住福祉学」の理論的構築…地域の福祉力・教育力・防災力	柳中権 張秀萍	七〇〇円

〒113-0023　東京都文京区向丘 1-20-6
TEL 03-3818-5521　FAX 03-3818-5514　振替 00110-6-37828
Email tk203444@fsinet.or.jp　URL: http://www.toshindo-pub.com/
※定価：表示価格（本体）＋税

東信堂

責任という原理―科学技術文明のための倫理学の試み	H・ヨナス／加藤尚武監訳	四八〇〇円
主観性の復権―心身問題から『責任という原理』へのらせん	H・ヨナス／宇佐美・滝口訳	二〇〇〇円
テクノシステム時代の人間の責任と良心―新しい哲学への出発	H・レンク／山本・盛永訳	三五〇〇円
空間と身体	桑子敏雄	二五〇〇円
環境と国土の価値構造	桑子敏雄編	三五〇〇円
森と建築の空間史―南方熊楠と近代日本	千田智子	四三八一円
感性哲学1〜7	日本感性工学会感性哲学部会編	一六〇〇〜二〇〇〇円
メルロ=ポンティとレヴィナス―他者への覚醒	屋良朝彦	三八〇〇円
堕天使の倫理―スピノザとサド	佐藤拓司	二八〇〇円
〈現われ〉とその秩序―メーヌ・ド・ビラン研究	村松正隆	三八〇〇円
省みることの哲学―ジャン・ナベール研究	越門勝彦	三三〇〇円
精神科医島崎敏樹―人間の学の誕生	井原裕	二六〇〇円
空間の履歴―桑子敏雄哲学エッセイ集	桑子敏雄	三三〇〇円
バイオエシックスの展望―個体倫理から分子倫理へ	松井昭／坂岡悦子編著	四〇〇〇円
動物実験の生命倫理	大上泰弘	四六〇〇円
生命の神聖性説批判	H・クーゼ／飯田亘之代表訳	四六〇〇円
カンデライオ（ブルーノ著作集1巻）	ジョルダーノ・ブルーノ／加藤守通訳	三三〇〇円
原因・原理・一者について（ブルーノ著作集3巻）	ジョルダーノ・ブルーノ／加藤守通訳	三六〇〇円
英雄的狂気（ブルーノ著作集7巻）	ジョルダーノ・ブルーノ／加藤守通訳	三六〇〇円
ロバのカバラ―ジョルダーノ・ブルーノにおける文学と哲学	N・オルディネ／加藤守通訳	三六〇〇円
食を料理する―哲学的考察	松永澄夫	二〇〇〇円
言葉の力（音の経験・言葉の力第Ⅰ部）	松永澄夫	二五〇〇円
音の経験（音の経験・言葉の力第Ⅱ部）	松永澄夫	二八〇〇円
言葉はどのようにして可能となるのか	松永澄夫編	二〇〇〇円
環境・安全という価値は…	松永澄夫編	二三〇〇円
環境 設計の思想	松永澄夫編	二三〇〇円
言葉は社会を動かすか	松永澄夫編	二三〇〇円

〒113-0023　東京都文京区向丘1-20-6
TEL 03-3818-5521　FAX 03-3818-5514　振替 00110-6-37828
Email tk203444@fsinet.or.jp　URL:http://www.toshindo-pub.com/

※定価：表示価格（本体）＋税

東信堂

《未来を拓く人文・社会科学シリーズ〈全19冊〉》

科学技術ガバナンス	城山英明編	一八〇〇円
ボトムアップな人間関係	サトウタツヤ編	一六〇〇円
高齢社会を生きる	清水哲郎編	一八〇〇円
家族のデザイン	小長谷有紀編	一八〇〇円
水をめぐるガバナンス	蔵治光一郎編	一八〇〇円
生活者がつくる市場社会	久米郁男編	二二〇〇円
グローバル・ガバナンスの最前線	遠藤乾編	二二〇〇円
資源を見る眼	佐藤仁編	二〇〇〇円
これからの教養教育	鈴木佳徳・葛西康秀編	二〇〇〇円
「対テロ戦争」の時代の平和構築	黒木英充編	一八〇〇円
企業の錯誤/教育の迷走	青島矢一編	一八〇〇円
日本文化の空間学	桑子敏雄編	二二〇〇円
千年持続学の構築	木村武史編	一八〇〇円
多元的共生を求めて	宇田川妙子編	一八〇〇円
芸術は何を超えていくのか？	沼野充義編	一八〇〇円
芸術の生まれる場	木下直之編	二〇〇〇円
文学・芸術は何のためにあるのか？	岡田暁生・吉田洋編	一八〇〇円
〈境界〉の今を生きる	荒川歩・川喜田敦子・谷川竜一・内藤順子・柴田晃芳・城山英明・石田勇治・遠藤乾編	一四〇〇円
紛争現場からの平和構築	遠藤乾編	二八〇〇円
公共政策の分析視角	大木啓介編	三四〇〇円
共生社会とマイノリティの支援	寺田貴美代	三六〇〇円
医療倫理と合意形成 ―治療・ケアの現場での意思決定	吉武久美子	三三〇〇円
改革進むオーストラリアの高齢者ケア	木下康仁	二四〇〇円
認知症家族介護を生きる	井口高志	四二〇〇円

〒113-0023 東京都文京区向丘1-20-6
TEL 03-3818-5521 FAX 03-3818-5514 振替 00110-6-37828
Email tk203444@fsinet.or.jp URL:http://www.toshindo-pub.com/

※定価：表示価格（本体）＋税

東信堂

書名	著者	価格
プラットフォーム環境教育　環境のための教育	石川聡子編	二四〇〇円
覚醒剤の社会史―ドラッグ・ディスコース・統治技術	J・フィエン　石川聡子他訳	二三〇〇円
捕鯨問題の歴史社会学―近代日本におけるクジラと人間	佐藤哲彦	五六〇〇円
新版 新潟水俣病問題―加害と被害の社会学	渡邊洋之	二八〇〇円
新潟水俣病をめぐる制度・表象・地域	飯島伸子・舩橋晴俊編	三八〇〇円
新潟水俣病問題の受容と克服	関礼子	五六〇〇円
日本の環境保護運動	堀田恭子	四八〇〇円
白神山地と青秋林道―地域開発と環境	長谷川昭彦	二五〇〇円
現代環境問題論―保全の社会学　理論と方法の再定置のために	井上孝夫	三二〇〇円
空間と身体―新しい哲学への出発	井上敏夫	二三〇〇円
環境と国土の価値構造	桑子敏雄	二五〇〇円
森と建築の空間史―南方熊楠と近代日本	桑子敏雄編	三五〇〇円
環境安全という価値は…	千田智子	四三八一円
環境設計の思想	松永澄夫編	二〇〇〇円
言葉の働く場	松永澄夫編	二三〇〇円
責任という原理―科学技術文明のための倫理学の試み	松永澄夫編	二三〇〇円
『責任という原理』へから	Hヨナス　加藤尚武監訳	四八〇〇円
主観性の復権―心身問題からみた『責任という原理』	H・ヨナス　宇佐美・滝口訳	二〇〇〇円
テクノシステム時代の人間の責任と良心	Hレンク　山本・盛永訳	三五〇〇円
教育にとって経験とは何か	加藤尚武監訳	
経験の意味世界をひらく―教育への哲学的考察	松永澄夫	二〇〇〇円
食を料理する―哲学的考察	市村・早川・松浦・広石編	三八〇〇円
教育の共生体へ―ボディ・エデュケーショナルの思想圏	田中智志編	三五〇〇円
アジア・太平洋高等教育の未来像	馬越徹監修　静岡県総合研究機構	二五〇〇円
人間諸科学の形成と制度化―社会諸科学との比較研究	長谷川幸一	三八〇〇円
大学改革 その先を読む	寺﨑昌男	一三〇〇円

〒113-0023　東京都文京区向丘1-20-6
TEL 03-3818-5521　FAX03-3818-5514　振替 00110-6-37828
Email tk203444@fsinet.or.jp　URL:http://www.toshindo-pub.com/

※定価：表示価格（本体）＋税

東信堂

【世界美術双書】

書名	著者	価格
バルビゾン派	井出洋一郎	二〇〇〇円
キリスト教シンボル図典	中森義宗	二三〇〇円
パルテノンとギリシア陶器	関 隆志	二三〇〇円
中国の版画――唐代から清代まで	小林宏光	二三〇〇円
象徴主義――モダニズムへの警鐘	中村隆夫	二三〇〇円
中国の仏教美術――後漢代から元代まで	久野美樹	二三〇〇円
セザンヌとその時代	浅野春男	二三〇〇円
日本の南画	武田光一	二三〇〇円
画家とふるさと	小林 忠	二三〇〇円
ドイツの国民記念碑――一八一三―一九一三年	大原まゆみ	二三〇〇円
日本・アジア美術探索	永井信一	二三〇〇円
インド、チョーラ朝の美術	袋井由布子	二三〇〇円
古代ギリシアのブロンズ彫刻	羽田康一	二三〇〇円

【芸術学叢書】

書名	著者	価格
芸術理論の現在――モダニズムから	藤枝晃雄編著	三八〇〇円
絵画論を超えて	谷川渥編	三八〇〇円
いま蘇るブリア＝サヴァランの美味学	尾崎信一郎	四六〇〇円
美術史の辞典	川端晶子	続刊
バロックの魅力	P・デューロ他 中森義宗・清水忠訳	三六〇〇円
新版 ジャクソン・ポロック	小穴晶子編	二六〇〇円
美学と現代美術の距離	藤枝晃雄	二六〇〇円
――アメリカにおけるその乖離と接近をめぐって	金 悠美	三八〇〇円
ロジャー・フライの批評理論――知性と感受性の間で	要 真理子	四二〇〇円
レオノール・フィニー――境界を侵犯する新しい種	尾形希和子	二八〇〇円
アーロン・コープランドのアメリカ	G・レヴィン／J・ティック 奥田恵二訳	三三〇〇円
イタリア・ルネサンス事典	J・R・ヘイル編 中森義宗監訳	七八〇〇円
キリスト教美術・建築事典	P・マレー／L・マレー 中森義宗監訳	続刊
芸術／批評 0～3号	藤枝晃雄責任編集	一六〇〇～二〇〇〇円

〒113-0023 東京都文京区向丘1-20-6
TEL 03-3818-5521 FAX 03-3818-5514 振替 00110-6-37828
Email tk203444@fsinet.or.jp URL:http://www.toshindo-pub.com/

※定価：表示価格（本体）＋税